Tanjev Schultz

Schule ohne Angst

Tanjev Schultz

Schule ohne Angst

Wie eine Pädagogik mit Herz Wirklichkeit werden kann

FREIBURG · BASEL · WIEN

Für meine Tochter Leyla

MIX
Papier aus verantwortungsvollen Quellen
FSC® C106847

© Verlag Herder GmbH, Freiburg im Breisgau 2012
Alle Rechte vorbehalten
www.herder.de

Umschlagkonzeption und -gestaltung: R·M·E Eschlbeck/Kreuzer/Hanel
Umschlagmotiv: © David / Stacey Arsenault – Fotolia.com /
Designbüro gestaltungssaal, Sabine Hanel / Alexandra Gober

Satz: Barbara Herrmann, Freiburg
Herstellung: fgb · freiburger graphische betriebe
www.fgb.de

Printed in Germany

ISBN 978-3-451-30420-0

Inhalt

Vorwort 9

1. „Schule ist schön" – oder etwa nicht? 12
   Polonaise der Kultusminister 13 · Schenkt den
   Schülern Zeit! 15 · Hilflose Rufe nach Disziplin 17 ·
   Brennende Kuscheltiere 19 · Zauberworte der Erziehung 21 · Ein Recht auf Umwege 22 · Liebe und
   Missbrauch 25 · Der ganze Mensch 27

2. Leistungsdrill oder Kuschelpädagogik? 29
   Viel wissen, wenig denken 30 · Tränen bei einer
   Drei 31 · Milder Stress gesucht 33 · Der Stopfkopf 36 ·
   Bindungslose Traumtänzer 37 · Fehlende Fantasie 39

3. Gewalt in der Schule – eine lange Geschichte
   kurz erzählt 41
   Furcht in die Seelen streuen 42 · Krieg gegen Kinder 43 · Schule als Kaserne 44 · Gängelbänder und
   Klassenkeile 45 · Noch immer wird geprügelt 47 · Das
   beschämte Kind 48 · Kritik aushalten 50 · Angst vor
   der Schule 50 · Qualen am Reck 51 · Der Zug fährt
   ab 56

4. Aus Fehlern wird man dumm – der schlechte
   Umgang mit schwachen Schülern 59
   Den Faden verloren 60 · Wörter mit Apfelkuchenduft 61 · „Friss oder stirb!" 62 · In Mathe aufgewacht 63 · Die Besten für die Schwächsten 65 ·
   Niedrige Erwartungen erfüllen sich 67 · Intelligentes
   Üben 69

5. Die Schüler: nur Objekte der Notengebung? .. 72
Streng durchgetaktet 74 · Verbissener Leistungskampf 76 · Strategisches Lernen 77 · Simple Ziffern 79 · Ohne Noten geht es auch 80 · Alles wieder vergessen 82 · Freiwillig fleißig 84 · „Es muss Verlierer geben" 85 · Komplexes Feedback 86 · Soziales Lernen 87

6. Die Lehrer: nur Unterrichtsbeamte? 90
Engagement wird nicht belohnt 90 · Die Persönlichkeit zählt 92 · Innerlich gekündigt 93 · Konstruktive Kritik 95 · Dialog mit Schülern 96 · Abgespeist mit dem Beamtenstatus 98 · Leidtragende einer lieblosen Institution 100 · „Hauptsache, der Unterricht läuft" 102 · Raus aus der Schule 103 · Störungen sind normal 104 · Solides Halbwissen 106 · Emotionale Reife 107 · Leidenschaft fürs Fach 108 · Ideologischen Streit überwinden 109 · Pädagogische Optimisten 112 · Surfen auf den Wellen des Wissens 113 · Kleinere Klassen 115 · Stabilität und Fairness 116 · Vertrauen aufbauen 118

7. Lebensraum Schule: Nähe und Distanz in der Pädagogik 120
Kalte Gebäude 121 · Die Suche nach einer Hand 122 · Philosophie im Wohnzimmer 124 · Betrunken auf Klassenfahrt 125 · Pädagogischer Takt 126 · „Wie eine Mutter" 128 · Die Kraft des Humors 130 · Regelmäßige Supervision 131 · Schule als Schutzraum 132 · Vorsicht beim Einmischen 133 · Frau Knüppelkuh und Frau Honig 135

8. „Pädagogischer Eros" – eine gefährliche
   Tradition 137
   Vertuschte Verbrechen 138 · Schwärmen von der
   Knabenliebe 140 · Narzissmus der Lehrer 142 · Nackt
   auf der Schulwiese 145 · Labile Persönlichkeiten 147 ·
   Gefährliche Entgrenzung 149 · Selbst ist der
   Schüler 151 · Demokratie leben 153

9. Kämpfe und Krämpfe der Bildungspolitik 156
   Bildungsgipfel als Misthaufen 158 · Gehetzte Schüler,
   lahme Politiker 161 · Betteln ums Geld 163 · Kinder
   als Versuchsaffen 165 · Halbherziger Aktionismus 166
   · Willkür beim Einstellen der Lehrer 171 · Blockaden
   im Föderalismus 172 · Ein Anfall von Mut 174 · Ewiger
   Streit über die Schulstruktur 176 · Ein System, das
   niemand kapiert 178 · Schließt einen Schulfrieden!
   179 · Die Last der zwei Säulen 181 · Der Schrecken
   von Hamburg 183 · Sture Opposition 184 ·
   Gleichwertige Lebensverhältnisse? 185

10. Schule mit Herz 187
    Ein eigener Acker 189 · Das pädagogische Hexagon
    190 · Zirkus, Labor, Studierstube 193 · Niemand
    darf Angst haben 196 · Herkunftslotterie ausschalten
    197 · Lehrer als Mentoren 198 · Mehr
    Wahlfreiheit 200 · Drei Appelle an Politiker 202 ·
    Alter Mief 203 · Mut zum Glück 204 · Den Urwald
    mit Taschenmessern roden 206

Anmerkungen 210

Literatur 217

Vorwort

Bildung ist ein Dauerbrenner in öffentlichen Debatten. Doch mittlerweile gibt es Zeichen der Erschöpfung. Als 2001 die erste PISA-Studie das Land erschütterte, brach ein Sturm los. Er ist abgeflaut. Eltern, Lehrer und Politiker sehnen sich nach Ruhe vor immer neuen Studien und Reformen. Oft wirkt es ohnehin, als drehe man sich im Kreis. Dabei wäre es wichtig, sich endlich zu entscheiden: Welche Pädagogik wollen wir? Wie sollen unsere Schulen aussehen? Was verstehen wir überhaupt unter Bildung?

Zur Wahl stehen unterschiedliche Ansätze. Es gibt, grob gesagt, die Pädagogik alter Schule: Sie antwortet auf Leistungsdefizite mit mehr Leistungsdruck, auf soziale Defizite mit Aufrufen zu mehr Disziplin. Auf der anderen Seite gibt es eine Pädagogik der Ermutigung. Sie rückt den Schüler als Person ins Zentrum und baut auf seinen Stärken auf. Diese Pädagogik wird oft beschworen, aber noch zu selten praktiziert.

Mit diesem Buch werbe ich für eine solche Pädagogik mit Herz. Nur wenn die Schule für die Kinder zu einem Ort wird, an dem sie sich gut aufgehoben und auch mit ihren Schwächen angenommen fühlen, wird das Land seine Bildungsprobleme lösen können.

Das Plädoyer für eine „Schule ohne Angst" darf sich allerdings nicht in naiver Schwärmerei erschöpfen. Es muss konkret werden und auch zum Missbrauch durch vermeintlich fortschrittliche Lehrer Stellung nehmen. Als Journalist habe ich immer wieder über die sexuelle Gewalt berichtet, der Schüler an der berühmten und nun berüchtigten Odenwaldschule jahrzehntelang ausgeliefert waren. Viele Pädagogen und Politiker hatten gedacht, an diesem Internat in Hessen seien die Ideale einer Schule ohne Angst mustergültig verwirklicht worden. Welch eine Täuschung!

Die Praxis sieht oft anders aus als die Theorie. Bekenntnisse und Beteuerungen sind das eine, Taten das andere. Dieses Buch ist freilich auch nur ein Werk aus Worten. Es kann Anregungen geben, Ideen formulieren, Positionen diskutieren und einfordern. Ich bin kein Lehrer und kein Politiker, und ich maße mir nicht an, über unumstößliche pädagogische und politische Gewissheiten zu verfügen. Dennoch hoffe ich, ein wenig dazu beizutragen, dass sich die Bildungsdebatte den wirklich wichtigen Fragen und Entscheidungen zuwendet.

Manchmal fragen mich Leser, ob ich einst selbst als Jugendlicher unter der Schule gelitten habe. Nein, im Gegenteil. Die meiste Zeit bin ich gut zurechtgekommen, am Ende habe ich diese Institution geradezu ins Herz geschlossen. Gelegentlich gab es Momente der Frustration und des Leidens. Sie führe ich mir vor Augen, um mich in jene Kinder hineinzuversetzen, die mit der Schule generell wenig anfangen können (und mit denen die Schule wenig anfangen kann).

Automatisch läuft bei Erwachsenen ein innerer Film mit den eigenen Erlebnissen ab, wenn über das Thema Schule gesprochen wird. Und so flechte auch ich in diesem Buch ein paar Erinnerungen an meine Zeit als „kleiner Gymnasiast" ein. Man kann allerdings die eigene – verklärte oder verfluchte – Schulzeit nicht zum Maßstab der Beurteilung machen, wenn es um die Gegenwart geht.

Als Journalist habe ich in den vergangenen Jahren zahlreiche Schulen und Unterrichtsformen kennenlernen und mit vielen Lehrern, Schülern, Eltern, Wissenschaftlern und Politikern über aktuelle Nöte und Konzepte sprechen können. Für diese Begegnungen bin ich sehr dankbar. Sie haben mir gezeigt: Eine „Schule ohne Angst" ist machbar – der Kampf dafür weiterhin nötig.

In den beiden ersten Kapiteln setze ich mich mit der Renaissance der Disziplin und des Leistungsdrucks auseinander, einem Gegentrend zur angeblichen „Kuschelpädagogik" unserer Zeit. Im dritten Kapitel erinnere ich an die qualvolle Geschichte schulischer Gewalt – es ist schließlich noch nicht lange her, dass Schläge im Unterricht erlaubt waren. Anschließend spüre ich jenen Erfahrungen von Ohnmacht und Demütigung nach, die viele Schüler auch heute noch erleben. Das vierte Kapitel geht der Frage nach, ob unsere Schulen wirklich genug tun, um alle Kinder – auch die sogenannten Leistungsschwachen – zu stärken. Im fünften Kapitel diskutiere ich die problematische Rolle, die Noten in diesem Zusammenhang spielen.

Die Schule lässt sich nicht reduzieren auf Lehrpläne, Zeugnisse und Zensuren. Sie lebt von den Schülern und Lehrern, die den schulischen Alltag miteinander gestalten. Das sechste Kapitel zeichnet deshalb ein Bild des Lehrers, das in diesem viel mehr sieht als nur einen „Unterrichtsbeamten". Die Schule ist ein komplexer Raum sozialer Beziehungen, ein „Lebensraum", der sich nicht im formalen Unterricht erschöpft. Dabei muss – das betone ich im siebten Kapitel – die richtige Balance zwischen Nähe und Distanz gefunden werden.

Ich habe dieses Buch auch deshalb geschrieben, weil ich geschockt war vom Versagen einiger Reformpädagogen, die vorgeblich für eine „Schule ohne Angst" eingetreten sind, aber jahrzehntelang sexuelle Gewalt ausgeübt, sie gedeckt oder vertuscht haben. Im achten Kapitel rechne ich ab mit der Idee eines „pädagogischen Eros": Der Pädagogik darf zwar nicht ihr Herz ausgetrieben werden, aber sie muss von allen Konzepten Abstand nehmen, die Distanzlosigkeit und Missbrauch begünstigen oder verschleiern.

In den beiden letzten Kapiteln diskutiere ich das Elend der deutschen Bildungspolitik und mache einige Vorschläge, wie die Schulen schöner und besser werden könnten. Es wäre möglich. Man muss nur beherzt ans Werk gehen.

Tanjev Schultz

„Keine Wohltat ist größer als die des Unterrichts und der Bildung."
(Adolph Freiherr von Knigge)

1.
„Schule ist schön" – oder etwa nicht?

Es kann herrlich sein, in die Schule zu gehen. Eines Tages stand die Tochter im Wohnzimmer, stapfte unzählige Male um den Tisch und schmetterte lauthals und ohne Unterlass den „Schulsong", den sie sich bei einem Projekttag ihrer Grundschule ausgedacht hatten: „Schule ist schön! Wo würde ich sonst jeden Morgen hingehn? Schule ist schön! Ich lerne die Welt mit andern Augen zu sehn."

Auch der Vater sah die Welt an diesem Tag mit anderen Augen. Als Journalist mit dem Schwerpunkt Bildungspolitik hat er sonst ständig mit den Nöten und Sorgen im deutschen Schulsystem zu tun. Kaum einer ist wirklich zufrieden damit, wie die Schulen organisiert sind. Eltern schimpfen über marode Schulhäuser und zu große Klassen, über den Föderalismus und ein verkorkstes G8-Gymnasium, in dem man nun in acht statt wie früher in neun Jahren zum Abitur kommen soll. Lehrer klagen über immer mehr Aufgaben und Belastungen, über Kultusminister, die sie von Reform zu Reform hetzen, und über Eltern, die das Erziehen vergessen. Linke warnen vor dem Elend der Hauptschule, Konservative vor der Einheitsschule. Es ist alles ein großes Hickhack.

Und nun tanzt die Tochter um den Wohnzimmertisch und singt ein Loblied auf die Schule – diese herrliche, leider oft verkannte, vernachlässigte oder verunstaltete Institution. Schule ist schön!

Viele Lehrer lassen sich glücklicherweise von den Widrigkeiten nicht beirren, die ihre Arbeit erschweren und behindern. Viele Kinder haben Freude am Lernen und verlassen die Schule als selbstbewusste und verständige Bürger. Schule kann wirklich schön sein. Doch leider gibt es auch viele Gründe für Frust und Unmut.

Ihre Schokoladenseite zeigt die Schule nicht überall und nicht jedem. Man darf dankbar sein für jedes Kind, das singend aus der Schule kommt. Man darf dankbar sein für jeden Lehrer, der seinen Elan behält und an pfiffigen Aufgaben bastelt, die seinen Schülern einen Aha-Effekt bescheren. Man kann daraus die Zuversicht schöpfen, dass die Probleme, die das Bildungssystem belasten, nicht unlösbar sind. Man kann hoffen, dass diese Probleme nicht jedes Engagement erdrücken, sondern auch dazu anspornen, es besser zu machen.

Polonaise der Kultusminister

Zu sehen, wie das Mädchen um den Tisch springt und ihr Lied trällert, löst einen Tagtraum aus. Darin tauchen die Kultusminister aller sechzehn Bundesländer auf – an sich vielleicht keine allzu wünschenswerte Vorstellung. Aber sie sind gut aufgelegt, folgen dem singenden Mädchen in einer Polonaise und stimmen aus voller Kehle mit ein: „Schule ist schön! Ich lerne die Welt mit andern Augen zu sehn."

Denn Schulen sind nicht nur Kostenstellen. Sie sind nicht nur Sanierungsfälle und PISA-Testgelände. Sie sind Teil einer der kostbarsten Institutionen, die unsere Gesellschaft hat. Eigentlich müssten sie aussehen wie Paläste, in denen jeden Tag ein großes Fest gefeiert wird – das Fest der Bildung. „Jawohl, Paläste!", rufen die Minister. Und es sieht beinahe so aus, als stürmten sie gleich los zu einer Revolution. Doch dann endet der Traum.

In der Realität wissen wir nicht nur, dass es in vielen Schulen durchs Dach regnet und von den Wänden bröckelt; dass Lehrer und modernes Lehrmaterial fehlen. In der Realität bleiben noch immer, trotz aller Verbesserungen im PISA-Test, die Deutschland in den letzten Jahren erreicht hat, zu viele Schüler auf der Strecke. Es gibt keinen Grund, selbstzufrieden zu sein. Man kann nicht abheben, wenn immer noch jedes Jahr zehntausende Jugendliche die Schule ohne einen Abschluss verlassen. Man kann nicht wunschlos glücklich sein, wenn viele, die es immerhin bis zum Abschluss schaffen, trotzdem kaum lesen und rechnen können.

Man erinnere sich an Wilhelm Buschs fliegenden Frosch:
„Wenn einer, der mit Mühe kaum
gekrochen ist auf einen Baum,
schon meint, dass er ein Vogel wär,
so irrt sich der."
Viele Schüler wären bereits froh, wenn sie wenigstens einmal auf einen Baum klettern könnten, statt niedergedrückt auf dem Boden zu kauern.

Die Schule und ihre Akteure stehen heute unter großem Druck. Kinder, Eltern, Lehrer – alle fühlen sich verunsichert und gestresst, und zu viele Jugendliche geben sich und ihre Zukunft schon verloren, bevor ihr Leben und ihre Schullaufbahn überhaupt richtig begonnen haben. Fragt man sie nach ihren Berufswünschen, sagen sie: „Hartz IV". Fragt man sie, wie ihnen die Schule gefällt, nuscheln sie: „wie im Gefängnis".

Kindern aus (bildungs-)armen Familien – das zeigte die letzte große Shell-Jugendstudie – fehlt der Optimismus und die Zufriedenheit, die eigentlich ein Privileg der Jüngeren sind. Den Schulen gelingt es bisher nur begrenzt, das auszugleichen, was in den Familien immer öfter schief läuft. Wenn das so weiter geht, wird Deutschland in den kommenden Jahren nicht nur auf einen schweren Mangel an Fachkräften zusteuern, sondern auch immer größere soziale Verwerfungen erleben. Die berüchtigten „Brennpunkte" der Großstädte können sich schnell ausbreiten, wenn der Kreislauf aus Armut, fehlender Bildung und Kriminalität nicht durchbrochen wird.

Auch bei denen, die vergleichsweise behütet aufwachsen und am Ende erfolgreich ihre Abschlüsse machen, gibt es Sorgen und Ängste, die man nicht länger ignorieren darf. In der

Schule kommen viele soziale Probleme zusammen, und sie machen auch vor der Mittelschicht nicht halt. Da sind die Herausforderungen von Patchworkfamilien und die Verlockungen der Medien- und Konsumwelt, da gibt es Abstiegsängste und Mobilitätszumutungen, globale und lokale Bedrohungen und eine wachsende Arbeitsverdichtung in den Büros und Werkshallen. Wenn schon die Erwachsenen unter dem Gefühl leiden, sie könnten kaum noch Schritt halten mit dem Takt der Zeit und den steigenden Anforderungen im Beruf, kann man nicht erwarten, dass ihre Kinder davon unberührt bleiben. Wenn die Welt weniger Halt bietet, muss man erst recht etwas dafür tun, dass die Kinder trotzdem gefestigt und glücklich durchs Leben gehen.

Schenkt den Schülern Zeit!

Auch Lehrer von Gymnasien außerhalb sozialer Brennpunkte berichten, dass sie immer häufiger konfrontiert sind mit den Nöten der Familien: mit den Folgen von Trennungen, Arbeitslosigkeit und beruflichen Brüchen, mit Suchtproblemen, medialer Verwahrlosung und Mobbing. Leider sagen die Pädagogen dann häufig: Wir kommen an viele Jugendliche gar nicht heran. Und eigentlich haben wir für so etwas auch gar keine Zeit.

Es fehlt an Regeln und Ressourcen, die helfen können, die Schulen schöner und besser zu machen. Dazu würden fürs Erste drei simple Leitsätze genügen. Sie klingen so selbstverständlich, dass kaum zu glauben ist, wie sehr die Realität ihnen widerspricht:

1. Im Zeitbudget der Lehrer muss genügend Platz sein, um nicht nur fachlich mit den Schülern zu arbeiten, sondern auch „soziales Lernen" zu ermöglichen. Es muss in den Schulen genügend Zeit und Raum geben, einander kennenzulernen und einander zu helfen.

2. Die Lehrer sollen sich austauschen und gemeinsam Förderpläne und Materialien erstellen – nicht nur für ganze Klas-

sen, sondern vor allem für einzelne Schüler, die zusätzliche Hilfe oder besonderen Ansporn brauchen.

3. Schüler und Lehrer sollen sich regelmäßig Rückmeldungen geben, wie sie den Unterricht erleben, sie müssen sich darüber austauschen, was zu tun ist, um Frust zu vermeiden und den Lernerfolg bei den Schülern zu erhöhen.

In der Realität sieht es anders aus. Die Lehrer hetzen in den Unterricht und zurück ins Lehrerzimmer. Sie ziehen den Stoff durch. Sie sind selbst Getriebene: Getriebene der Lehrpläne und Prüfungsrhythmen. Die Schüler sollen irgendwie mitkommen. Sonst müssen sie eben sehen, wo sie bleiben.

Fast jedes Kind beginnt seinen ersten Schultag mit Neugier und Stolz. Aber das verliert sich – manchmal erschreckend schnell. Die Schule wird zur Routine. Bildungsforscher haben herausgefunden, dass bereits Dritt- und Viertklässler in der Schule eine „Jobmentalität" entwickeln. Neugier und Freude treten in den Hintergrund, vor allem die Leistungsschwächeren gehen innerlich immer weiter auf Distanz.

Schulmüde Jugendliche erleben den Unterricht nur noch als lästige Pflicht und Zumutung, der sie sich zu entziehen suchen: entweder vollständig (als Schwänzer, Verweigerer, Abbrecher) oder innerlich, indem sie die Unterrichtsstunden unbeteiligt absitzen oder durch Stören und Stänkern torpedieren. So ist die Schule nicht schön.

Wem soll man diese Entfremdung anlasten, wer trägt die Verantwortung? Diese Frage wird in Deutschland gerne hin und her gewälzt, dabei verschleudert man wertvolle Zeit und Energie. Es ist müßig, ständig mit dem Finger auf die anderen zu zeigen, wenn es darum gehen müsste, dass jemand mit gutem Beispiel vorangeht.

Sicher sind in der Erziehung zuerst die Eltern und Familien gefordert. Und die Kinder und Jugendlichen sollten einsehen, dass sie ihr Leben selbst in die Hand nehmen müssen und sich nicht gehen lassen dürfen. Doch solche Appelle sind meist folgenlos. Manchmal sind sie auch nur eine bequeme Ausrede dafür, dass gesellschaftliche Institutionen sich nicht intensiver kümmern.

Die Macht der Schule, wie jeder pädagogischen Einrichtung, und sei sie noch so gut, ist zwar stets begrenzt und auf Mitwirkung angewiesen. Aber schöpfen unsere Kindergärten und Schulen wirklich schon alle Möglichkeiten aus, den Kindern Hoffnung und Mut zu machen, sie zu stärken und zu ertüchtigen? Versäumen es die Schulen vielleicht, den Alltag im Klassenzimmer und die Beziehung zu den Schülern so zu gestalten, dass die Freude am Lernen nicht verlorengeht? Sind sie einladend genug, damit die Kinder das Fest der Bildung mitfeiern wollen?

Die Distanz zur Schule, die viele Jugendliche einnehmen, ist bestimmt nicht nur eine Folge der Pubertät und einer natürlichen Opposition zur Welt der Erwachsenen. Es ist möglicherweise auch die Reaktion auf eine empfundene Distanz der Institution zu ihnen.

Hilflose Rufe nach Disziplin

Der Mensch sucht, wenn es Probleme gibt, gern Halt in dem, was er kennt und was ihm vertraut ist. So erklärt sich, weshalb in jüngster Zeit wieder vermehrt nach Disziplin und Ordnung in der Erziehung gerufen wird. Das Lob der Disziplin und das Besinnen auf Strenge soll den Eltern und Pädagogen helfen, mit „kleinen Tyrannen" und Querulanten in den Klassen- und Kinderzimmern fertig zu werden und Versagen in der Schule zu verhindern. Der alte Lösungsweg geht jedoch am Kern des Problems vorbei. Er ist eine hilflose Reminiszenz an vergangene Tage und untergegangene politische Systeme, in denen Gehorsam die erste Schülerpflicht war. Die gute alte Zeit war in Wahrheit eine Zeit der Gewalt und des Missbrauchs pädagogischer Macht.

Lernen ohne jede Disziplin ist natürlich unmöglich. Es sollte jedoch eine Disziplin sein, die nicht die Freude am Lernen und an der Schule abtötet. Es sollte eine Disziplin und ein Sinn für Regeln sein, die mit Vernunft und Einsicht einhergehen – und das lässt sich nicht einfach verordnen und erzwingen. Wichtig ist die Kraft zur *Selbst*disziplin, nicht das Diszipliniert-Werden. Um diese Kraft zu entwickeln, benötigen Kinder eine emotionale Basis in einem sicheren sozialen Bezugsrahmen. Sie benötigen Vertrauen und das Gefühl, als Person anerkannt zu werden – auch mit ihren Fehlern. Es ist die emotionale Basis, die vielen Kindern schmerzlich fehlt.

Deshalb stiftet das Besinnen auf alte „Tugenden" mehr Verwirrung und Unheil als Nutzen. Es verleitet zum Rückfall in eine unachtsame und rücksichtslose Erziehung, in eine kalte Pädagogik, die Kindern mitunter zwar erstaunliche Mengen an Wissen eintrichtern kann – aber kein Gefühl für die Freiheit, die Würde und Größe der Person und der menschlichen Gemeinschaft.

Kinder, die unter gestörten, kalten Beziehungen, unter Achtlosigkeit und emotionaler Verwahrlosung leiden, kann man mit Härte und Strenge vielleicht in Schach halten. Aber man verleiht ihnen so keine Flügel. Man hält sie klein und am Boden. Kinder, denen kein Erwachsener je in Ruhe zugehört hat, kann man mit durchgesetzter Disziplin vielleicht dazu bringen, still zu sitzen und nicht zu stören. Wenn es gut läuft, kann man ihnen auf diesem Weg sogar beibringen, Ehrgeiz zu entwickeln und sich Wissen anzueignen. Aber echte Lernfreude und Zuversicht wird man so nicht wecken. Und auch keinen Sinn für kreatives Handeln, auf das unsere Wirtschaft, unsere Kultur und unsere Demokratie angewiesen sind.

Brennende Kuscheltiere

Deshalb taugen Länder wie China für die Schulen und die Erziehung in Deutschland nicht als Vorbild. Bei der jüngsten PISA-Studie standen die Schüler in Shanghai an der Spitze. Sie haben weltweit am besten abgeschnitten. Doch die Leistungen dort werden mit einem Raub der Kindheit und der Unterdrückung von Meinungsfreiheit erkauft: Lernen ohne Unterlass, Nachhilfe und Nachsitzen bis in den späten Abend, kritikloses Wiederkäuen, Furcht vor Zweifeln.

Kurzfristig mag man mit der alten Schule des Drills Erfolge feiern, und sicherlich muss sich der Westen vor Arroganz und Ignoranz gegenüber den Stärken der Asiaten (und vor einem pauschalen Kulturalismus) hüten. In Deutschland ist es mit der Kreativität und dem kritischen Denken laut PISA auch nicht gerade gut bestellt. Ausgerechnet im Testbereich „Reflektieren von Texten", bei dem es auf eigenes Denken und Urteilen ankommt, haben die deutschen Schüler in der PISA-Studie sehr mäßig abgeschnitten. Kurzum: Der Verzicht auf Drill ist noch keine Garantie dafür, dass aus Schülern kluge und nachdenkliche Persönlichkeiten werden, die ihre Meinungen gut artikulieren können.

Dennoch ist autoritäre Disziplin keine Lösung. Wie steht es mit der Bildung der Persönlichkeit und des Herzens? Mit Fantasie und dem Mut, eigene Wege zu gehen? Sie lassen sich nicht verordnen, sie müssen erlebt und gelebt werden. Dafür sind Freiräume nötig, Spielräume für eigene Entscheidungen und selbstständiges Arbeiten.

„Zwang funktioniert", lautet ungerührt das Credo der Amerikanerin Amy Chua, einer Tochter chinesischer Einwanderer und Jura-Professorin an der Yale-Universität.[1] Der Effekt sturen Übens werde im Westen unterschätzt, schreibt sie in ihrem Buch „Die Mutter des Erfolgs". Chua machte damit 2011 Schlagzeilen als „Amerikas härteste Mutter". Nur durch Strenge, unerbittliches Training und höchste Erwartungen könnten Kinder zu sehr guten Leistungen gebracht werden. Zwar beteuerte Chua, Liebe und Zuhören seien durchaus wichtig. Sie schreckte jedoch nicht davor zurück, ihrer Tochter anzudrohen, die Kuscheltiere zu verbrennen oder für mehrere Jahre die Geburtstagspartys zu streichen, wenn sie nicht fleißig weiter am Klavier übte. Ihr „Coaching" sei effektiv gewesen, behauptet sie, denn Kinder würden von sich selbst aus niemals üben und arbeiten. Man müsse sich als Erwachsener über die Vorlieben der Kinder hinwegsetzen, nur so lernten sie, erfolgreich zu sein und zu Siegern zu werden. Fragt sich nur, ob diese Sieger auch damit umgehen können, wenn sie einmal verlieren. Und ob eine Gesellschaft wirklich gut beraten ist, sich solche leistungsfixierten „Sieger" heranzuzüchten: Gewinnertypen, die allein ihre Aufgaben bearbeitet und den ganzen Tag verbissen trainiert haben, während andere gesellig waren und dabei auch miteinander und voneinander gelernt haben – ganz ohne Plan.

Chuas Erziehungsbuch hat in den USA und in Deutschland heftige Reaktionen ausgelöst. Offenbar traf es einen wunden Punkt. Es zielte auf eine wachsende Verunsicherung im Westen über die richtige Pädagogik und auf weit verbreitete Zweifel, ob die „sanfte", verständnisvolle, demokratische Erziehung und das Abrücken von Zwang und Gewalt in den Schulen und Familien am Ende nicht Schlendrian, Faulheit und Orientierungslosigkeit zur Folge hätten.

In den letzten Jahren häufen sich die Vorstöße von Politikern und Pädagogen, die eine Rückkehr zum alten Drill propagieren; Strenge und Disziplin sind nicht mehr verfemt. Mit seinem „Lob der Disziplin" hat Bernhard Bueb eine Wende im Zeitgeist markiert. Mit Züchtigung und stumpfem Gehorsam hat Bueb nichts am Hut, dennoch sind seine Thesen Wasser auf die Mühlen all jener, die sich nach der harten Hand und der kurzen Leine zurücksehnen, an der Kinder zu führen seien. Viele Eltern und Lehrer haben das Gefühl, dass sie die Kinder in Schach halten müssen. Die Deutschen reden dabei oft noch etwas verdruckst herum, in Großbritannien dagegen äußern sich die Bürger bereits erschreckend freimütig: Fast die Hälfte der Eltern dort ist laut einer Umfrage der Ansicht, an den Schulen sollte die körperliche Züchtigung wieder eingeführt werden.[2] Premierminister David Cameron verkündete im September 2011 in einer Grundsatzrede über Bildung und Erziehung, der wichtigste Wert, der in die Klassenzimmer zurückgebracht werden müsse, sei Strenge. Und habe ein Lehrer das Gefühl, er müsse ein Kind körperlich „bändigen", solle ihm das erlaubt sein.[3]

Zauberworte der Erziehung

Die Flucht zu Disziplin und Gehorsam ist ein simpler Reflex. Man kehrt zurück zu dem, was man kennt. Die Leistungen der antiautoritären Bewegung werden heute nicht mehr uneingeschränkt als befreiend empfunden. So nötig und wertvoll die Liberalisierung der Gesellschaft war: Zu oft verbarg sich hinter der Bewegung und dem von ihr geförderten Zeitgeist tatsächlich eine gefährliche Verantwortungslosigkeit der Erwachsenen und ein fehlender Sinn für den Halt, die Regeln und die Verlässlichkeit, die Kinder brauchen. Nun schlägt das Pendel wieder in die andere Richtung – so wünschen sich das jedenfalls die Verfechter einer angeblich guten alten Zeit und ihrer Werte. Aber nichts ist so verhängnisvoll wie ein ständiges Pendeln zwischen entgegengesetzten pädagogischen Polen. In der Erziehung und den chronischen öffentlichen Debatten darüber sind Extreme fast immer schädlich und vermeintliche Patentrezepte selten so gut, wie ihre Verkäufer sie anpreisen.

Es darf kein Zurück zu einer kaltherzigen Pädagogik geben. Wenn das Lernen die Kinder entmündigt, statt sie zu mündigen Bürgern zu machen, verfehlt das den Sinn der Schule. Die Lehre aus den Fehlern des Laisser-faire darf nicht sein, dass die Gesellschaft nun mit einem großen Sprung hinter die Liberalisierung der Erziehung zurückgeht.

Die Zauberworte der Pädagogik sind nicht Gehorsam und Disziplin. Die Zauberworte sind: Liebe, Zuwendung und Zeit. Sie sind die Schlüssel, die das Tor zur Bildung und Reifung einer Persönlichkeit öffnen. Nichts ist wichtiger, als Kindern ungeteilte Aufmerksamkeit und echtes Interesse zu schenken.

Wie viele Kinder gibt es, die durch die Schulen laufen, ohne dass mit ihnen je ein Mensch gereimt und gedichtet, Blumen gesammelt und Zweige geflochten, den Himmel betrachtet oder einen Bachlauf durchwatet hätte? Wie viele Kinder gibt es, mit denen nie jemand in Ruhe über die Erde gesprochen hat, über Gott und die Welt, über die Zukunft, das Glück, den Tod?

Statt offener Ohren und Zeit zum Zuhören und Reden erwartet Kinder die Betriebsamkeit einer Erwachsenenwelt, die wenig für ihre Fragen übrig hat. Diese Betriebsamkeit muss man eindämmen, unterbrechen und stoppen, wenn man Platz für echte Bildungserlebnisse schaffen will.

Um Missverständnisse zu vermeiden: Das alles bedeutet nicht, den Kindern jedweden Wunsch zu erfüllen oder sich bei ihnen anzubiedern. Es bedeutet nicht, dass sich die Erwachsenen den Kindern unterwerfen sollen. Und es ist auch nicht zu bestreiten, dass ohne beharrliches Üben viele Kenntnisse und Fähigkeiten schlicht nicht erworben werden können, etwa beim Erlernen einer Fremdsprache oder eines Musikinstruments. Es geht nicht um falsche Lässigkeit. Es geht nicht darum, die Ansprüche klein zu halten. Es geht darum, die Kinder wachsen zu lassen – am besten über sich hinaus.

Ein Recht auf Umwege

Lernen soll Freude bereiten – aber zweifellos verlangt es oft auch Selbstüberwindung, Ausdauer und das Aushalten eines „milden Stresses".[4] Worauf es ankommt, ist die richtige Balance und eine klare Ordnung in den Prioritäten: Zeit und Zuhören, Respekt und Liebe sind noch immer die besten Erziehungsmittel. Alles andere deformiert die Seelen. Disziplin und Ausdauer müssen und können gestärkt werden, wenn das Fundament stimmt. Was Kinder nicht brauchen, ist eine rein instrumentelle Wissensvermittlung. Sie haben ein Recht aufs Suchen und Erkunden, auf Um- und Irrwege und auf das Aufbauen echten Interesses.

Trotz nominell gesunkener Wochenarbeitszeiten fehlt in vielen Familien die Zeit, um für den Nachwuchs da zu sein und ihn gut zu fördern. In Wirklichkeit arbeiten Eltern heute oft länger als früher, und die Grenzen zwischen Arbeit und Freizeit lösen sich auf. In anderen Familien wiederum fehlt es ganz an Arbeit und Perspektiven, und die Erwachsenen wissen mit sich selbst nichts anzufangen. Sie haben ihre eigenen Sorgen und wenig Sinn für das, was ihre Kinder brauchen. Alle Hoffnung ruht dann auf den Kindergärten und Schulen. Doch dort bietet sich meist ein ähnliches Bild: Zeit ist knapp, Aufmerksamkeit ein teures Gut. Auf den Einzelnen kann – entgegen allen Beteuerungen, individuell fördern zu wollen – wenig eingegangen und wenig Rücksicht genommen werden. Die Devise lautet: Der Unterricht muss vorankommen. Es klingelt zur Pause. Ein Test steht an. Der nächste Fachlehrer wartet schon. Wer in diesem Strom nicht mitschwimmen kann, gerät leicht in einen gefährlichen Strudel.

Umso gefährlicher ist es, wenn sich in der Gesellschaft die Haltung durchsetzt: Selbst schuld! Soll doch jeder sehen, dass er etwas leistet und sich anstrengt. Von Solidarität und Rücksicht bleibt nicht viel übrig, wenn im Bildungs- und Berufssystem alle um bestmögliche Positionen kämpfen. Und paradoxerweise kann die mentale Härte und Grausamkeit sogar noch wachsen, je mehr die Institutionen auf das berühmte „Fördern und Fordern" eingeschworen werden: Wenn die Kinder trotz aller angeblichen Bemühungen dennoch mit schlechten Leistungen aus den Schulen kommen, sind sie dann nicht hoffnungslose Fälle?

Kinder zu Versagern zu stempeln und sie mit Liebesentzug zu bestrafen, wenn sie nicht den Ansprüchen der Eltern und

Lehrer genügen – davor muss man sich mittlerweile wieder fürchten. Der Zeitgeist bewegt sich in eine Richtung, wo der Wert eines Menschen nur noch in äußeren Leistungen und Erfolgen und in einer geschickten Selbstvermarktung gemessen wird. Brüche, Fehler, Sackgassen, Umwege werden verlacht und müssen verschleiert werden. Der Gesellschaft fehlt es an Geduld. Sie sucht auch in der Bildung den schnellen Erfolg. Wer ungeduldig ist, kann auf dem Feld der Bildung aber nur Pyrrhus-Siege erringen.

Statt Ruck-Zuck-Lösungen braucht die Gesellschaft vor allem eine Vorstellung davon, was Bildung wirklich ausmacht – und einen Sinn dafür, dass diese Bildung den reifen, nachdenklichen Menschen verlangt, der sich auch *unabhängig* von Tests und Prüfungen und *frei* von Karrierekalkülen, von Publikumsapplaus und Selbstdarstellungszwängen auf das Abenteuer des Denkens einlässt.

Die Lehrpläne der Schulen sind immer noch zu voll, die Lehrmethoden zu einseitig, das Prüfungskorsett zu starr und die Bereitschaft, Kinder und Jugendliche Themen und Thesen selbst entdecken zu lassen, zu gering. Das Bildungsmodell, das weiter in den Köpfen vieler Erwachsener herumspukt, ist noch immer ein Modell des Dressierens – wenn auch die Dressurmethoden heute meistens weniger rabiat ausfallen als zu früheren Zeiten.

Kinder gnadenlos abzurichten, wie es Amy Chua in ihrem Bestseller unverhohlen propagiert, kann nicht die Antwort auf die Schulnöte und Erziehungsprobleme des 21. Jahrhunderts sein. In erster Linie geht es ihr ums „Funktionieren": Die Erziehung soll funktionieren. Die Kinder sollen funktionieren. So werden sie zu funktionierenden Erwachsenen. Widerspruch unerwünscht. Es ist ein Menschenbild, vor dem es einen schaudern kann.

Verantwortung für andere? Arbeiten in einer Gruppe und das Akzeptieren und Einbinden von Schwächen und Schwächeren? Dafür ist kein Platz. In einer Gesellschaft, die ihre Kinder auf diese Weise zu Einzelkämpfern und egoistischen Alphawesen „bildet", möchte man lieber nicht leben.

Liebe und Missbrauch

Dem Lob der Disziplin, der Strenge und des Drills muss man deshalb immer wieder das eigentlich Selbstverständliche entgegensetzen: das Lob der Liebe, der pädagogischen Zuwendung und der Anerkennung.

Ein solches Lob, das muss man leider sagen, geht heute nicht mehr so leicht von den Lippen wie früher. Vor Augen stehen Beispiele für Eltern, die ihr Kind durch ihre Liebe erdrücken oder sich nicht trauen, jemals „Nein" zu sagen, und die deshalb jeden Wunsch des Kindes erfüllen und den Kindern dadurch jeden Ehrgeiz und Biss nehmen. Vor Augen stehen Kinder, die von einem impertinenten Elternstolz und narzisstischen, angeberhaften Erwachsenen in einen ungesunden Materialismus und ins Unglück einer besinnungslosen Jagd nach Geld, Macht und Erfolg getrieben werden. Es gibt Eltern, die ihr Kind vorführen wie ein Zirkuspferd.[5]

Manchmal paaren sich Liebe und Drill oder Liebe und Antriebslosigkeit auf perfide Weise. Vor Augen stehen mir dabei auch Schulen, in denen zwar von Zuwendung oder sogar von Liebe die Rede war, in Wahrheit aber Machtmissbrauch und sexuelle Gewalt die traurige Realität ausmachten. Der Missbrauchsskandal an kirchlichen Einrichtungen und weltlichen Internaten, vor allem an der berühmten Odenwaldschule, hat das Wort „Liebe" im Zusammenhang mit Schulen und Erziehung schal werden lassen. Das Internat im Odenwald beging den „Sündenfall" der sogenannten Reformpädagogik: Kaschiert durch eine Rhetorik der familienähnlichen Fürsorge vergingen sich dort Lehrer an den Schülern und befriedigten ihre Triebe.[6]

Nachdem die Täter und ihre Kumpane jahrzehntelang dreist von den alten Griechen und einem „pädagogischen

Eros" schwadronierten, während sie die Kinder sexuell missbrauchten, fällt es nun schwer, unbefangen von der emotionalen Seite und der persönlichen Begegnung zu sprechen, die für echte Bildungserlebnisse so wichtig sind.

Es war immer schon falsch, zu verlangen oder vorauszusetzen, dass ein Lehrer seine Schüler „lieben" solle (oder gar umgekehrt: der Schüler seinen Lehrer). Dass er ihnen mit Empathie und mit Respekt begegne, sollte dagegen selbstverständlich sein. Es geht aber um noch mehr.

Der Beruf des Lehrers ist ein Beziehungsberuf, und dies darf nicht unreflektiert bleiben. Die richtige Balance zwischen Nähe und Distanz zu finden, ist eines der Kernprobleme der Pädagogik. Eine naive Sehnsucht nach einer heilen Schulwelt und nach pädagogischer Nestwärme ist gefährlich. Die Reformpädagogen der Vergangenheit haben für die dort lauernden Gefahren wenig Gespür gezeigt. Viele haben sich heillos verstrickt und allzu bequem eingerichtet in ihrer menschelnden Rhetorik und in lauter wohlmeinenden Absichtserklärungen – und auf diese Weise pädagogische Scharlatane und Pädokriminelle unentdeckt oder unangefochten unter ihrer Fahne segeln lassen.

Das Aufarbeiten dieser „dunklen Seite der Reformpädagogik"[7] und das Abrücken von der unseligen Idee des „pädagogischen Eros" und ihres Kaschierens sexueller Gewalt und emotionaler Abhängigkeit dürfen andererseits nicht dazu führen, dass die Schule endgültig ihr Herz verliert. Die Schule soll keine unpersönliche Bildungsbehörde sein. Sie soll keine seelenlose Anstalt sein, in der die Kinder einfach abgeliefert werden und der sie dann für quälende Jahre der Zucht ausgeliefert sind.

An vielen Schulen leiden die Kinder und Jugendlichen auch nicht etwa an zu großer Nähe und Vertrautheit. Sie leiden eher unter der Unbehaustheit und Unwirtlichkeit, die nicht nur in vielen Familien, sondern auch in den Klassenzimmern zu spüren sind. Sie leiden darunter, dass ihnen (auch) in der Schule kaum jemand richtig zuhört. Sie leiden unter dem Gefühl, ein Versager zu sein und sich keine Fehler erlauben zu dürfen. Kurzum: Sie leiden unter einer lieblosen Institution.

Der ganze Mensch

Wenn man fordert, dass Lehrer die nötige Distanz zu den Schülern wahren müssen, so bedeutet das eben nicht, dass die Schule eine kalte Pädagogik ausüben und dass sie ein gesichtsloses System sein soll, in dem jeder nur seine Rolle spielt und die Personen dahinter völlig verschwinden. Der echte Erzieher, so formulierte es der Philosoph Martin Buber, „hat nicht bloß einzelne Funktionen seines Zöglings im Auge, wie der, der ihm lediglich bestimmte Kenntnisse und Fertigkeiten beizubringen beabsichtigt, sondern es ist ihm jedes Mal um den ganzen Menschen zu tun".[8]

Das ist natürlich ein großer, fast schon erdrückender Anspruch. Er ist nur schwer einzulösen, wenn man ihn beim Wort nimmt. Er birgt wie alle anspruchsvollen Ideale einige Gefahren und kann die Lehrer überfordern oder zu falscher Herzlichkeit verleiten. Bubers hehre Worte sind aber auch ein notwendiger Stachel, eine leuchtende Mahnung, ohne die der Pädagoge die Breite seiner Aufgaben und Möglichkeiten allzu schnell aus den Augen verlieren würde. Sie sind eine Ermunterung, die helfen kann, den Sinn der Schule nicht zu verkürzen. Die Schule wird zu einer kümmerlichen Einrichtung, wenn man sie auf ein schlichtes Funktionssystem reduziert.

Bubers Worte sind geprägt vom historischen Kontext, vom schwärmerischen Bild des Verhältnisses von (Haus-)Lehrern zu ihren Zöglingen, bei dem es im Grunde immer nur um zwei Personen geht. Dagegen unterrichten die Lehrer in der modernen Schule große Gruppen (Schulklassen) und sind für Dutzende Schüler gleichzeitig „zuständig". Statt auf Charisma und eine Bindung an den einzelnen Schüler müssen und sollen sich die Pädagogen, die heute an Schulen unterrichten, auf ein professionelles Ethos stützen und auf effektive Lehrtechniken verlassen – auf ihr Fachwissen, auf eine gute Didaktik und Methodik.

Dennoch sind Bubers Worte nicht falsch. Menschen zu bilden, ist nicht das Gleiche, wie in einem arbeitsteiligen Prozess ein Auto oder einen Computer zu fertigen. Der Mensch darf nie aus dem Blick geraten. Jeder Pädagoge hat im Kleinen eine Verantwortung für das Ganze.

Ohne Vertrauen und Personalität ist eine konstruktive und kreative Lernatmosphäre nicht möglich. Ohne Herzlichkeit und Humor kann man auch den Kopf nicht erreichen. Bildungsnöte sind oft mindestens so sehr ein emotionales und soziales wie ein kognitives Problem. Es kommt bei der Bildung wirklich auf den Menschen an. Nötig ist deshalb auch in Zukunft, bei aller Vorsicht vor Missbrauch und pädagogischen Allmachtsfantasien: eine Schule mit Herz.

2.
Leistungsdrill oder Kuschelpädagogik?

Ein zehn Jahre alter Junge sitzt arglos auf seinem Stuhl, als die Musiklehrerin ihn aufruft: Er soll die Noten aufsagen, die sie in der Unterrichtsstunde zuvor behandelt haben. Anders als viele seiner Mitschüler spielt der Junge kein Instrument. Die Noten sind neu für ihn. Dummerweise hat er sie sich zu Hause nicht noch einmal angeschaut, es gab noch so viel anderes zu tun (in Mathematik, Latein, Deutsch …). Der kleine Gymnasiast muss passen – und lernt nun eine Note kennen, die ebenfalls neu für ihn ist: eine gepfefferte Sechs. Nix gelernt, Pech gehabt. Setzen![9]

Die Szene spielt nicht in grauer Vorzeit. Sie gehört nicht in die Ära einer ruppigen Pädagogik, wie sie für unsere Großeltern und Urgroßeltern noch selbstverständlich war. Die Szene spielt im Hier und Jetzt, an einem gewöhnlichen deutschen Gymnasium. Es ist keine sensationelle Szene, sondern Alltag in vielen Klassenzimmern. Denn auch die Schule und die Lehrer der Gegenwart können manchmal ganz schön austeilen. Sie sind durchaus noch fähig zu Härte und klarer Kante: Aufs Versagen folgt die öffentliche Demütigung. Ermutigung gibt es nur gegen gute Leistung.

Ist der Junge robust und richten ihn die Eltern wieder auf, so wird er die Sechs verwinden, ohne gleich eine chronische Schulangst zu entwickeln. Aber selbst, wenn er es gut wegsteckt: Was ist die Lehre, die er daraus zieht? Die Musik und ihren Zauber hat er jedenfalls nicht entdeckt. Über die Geheimnisse der Töne hat er auf diese Weise nichts gelernt – dafür umso mehr über das schulische Notensystem und den Schrecken, den es verbreitet. Musik: Das ist für den Jungen fortan das Fach, bei dem er auf der Hut sein muss. Ob das wirklich der Sinn von Schule ist?

Natürlich geht es nicht immer und überall in den Klassenzimmern so streng zu. Viele Lehrer geben sich Mühe, die Neugier der Kinder anzusprechen und Begeisterung für das Fach zu wecken, ohne gleich mit Strafen und schlechten Zensuren zu drohen. Aber viel Zeit für den einzelnen Schüler haben sie nicht, und spätestens am Ende des Schuljahres wird im Zeugnis nüchtern abgerechnet.

Viel wissen, wenig denken

Manchmal wird behauptet, heutzutage sei alles so lasch und kuschelig in der Schule. Die Lehrer trauten sich gar nicht mehr, die Notenskala auszuschöpfen. Die antiautoritäre Bewegung der 1968er-Studenten habe nicht nur den Drill und die Gewalt aus den Klassenzimmern gefegt, sondern zugleich auch den Leistungsgedanken, die Disziplin, die Strenge und jeden Gehorsam. Aber das stimmt nicht. Genauso gut könnte man die gegenteilige Diagnose stellen: Das Betragen der Schüler wird wieder viel wichtiger genommen als beispielsweise noch in den 1980er Jahren. Und reihenweise laufen auch heute noch Schüler mit Fünfen und Sechsen nach Hause.

Die Kultusminister haben in den letzten Jahren vieles verschärft und beschleunigt: Einige haben wieder Kopfnoten eingeführt und fast alle das Turbo-Abitur in acht statt neun Jahren (G8) durchgesetzt, dazu zentrale Prüfungen, Vergleichstests und weniger Wahlfreiheit in der Oberstufe – so soll wieder Zug in die Schulen kommen.

Hinzu kommt ein erhöhter Leistungsdruck, den viele Eltern ausüben, die mit zunehmend unsicherer Wirtschaftslage geradezu von dem Gedanken besessen sind, dass ihre Kinder nicht „abgehängt" werden dürfen. Es wird, mindestens im übertragenen Sinne, an den Kindern gezogen und gezerrt, herumgedoktert und herumgepfuscht in einem Ausmaß, wie man es eigentlich gar nicht mehr für möglich gehalten hätte.

Immer mehr Kinder bekommen schon im Grundschulalter private Nachhilfe, manche Eltern lassen ihren Nachwuchs bereits im Kindergarten englische Vokabeln oder chinesische Schriftzeichen lernen. Andererseits werden Hunderttausende Kinder mit Medikamenten ruhig gestellt. Psychologen sind beunruhigt über die Zahl depressiv gestimmter Jugendlicher, über Trinkgelage, Suchterkrankungen und Suizide im Jugendalter. Der Anteil der Jugendlichen, die regelmäßig Alkohol trinken, geht zwar zurück, dafür hat sich aber die Zahl der sogenannten Komasäufer, die mit einem schweren Rausch ins Krankenhaus eingeliefert werden, innerhalb eines Jahrzehnts nahezu verdreifacht.

Viele Heranwachsende verspüren ein Gefühl des Ungenügens und der Leere, und diese Leere wird durch ein Lernen mit der Brechstange nicht gefüllt werden können. „Der Vielwisser", witzelte Karl Kraus, „ist oft müde von dem vielen, das er wieder nicht zu denken hatte."

Denken? Dafür ist absurderweise gerade in der Schule wenig Zeit. Man muss voranschreiten mit dem Stoff, man muss ihn „durchziehen" und irgendwie „durchkommen". Ob jemand überhaupt bereit dazu ist, etwas zu verstehen, und was nötig wäre, um diese Bereitschaft zu fördern – für diese Fragen ist im Schulsystem wenig Platz.

Tränen bei einer Drei

In Umfragen berichten Schüler, dass sie unter sozialem Stress leiden und sich überfordert fühlen; ihre Tage sind eng getaktet, unverplante Zeit gibt es kaum noch.[10] Vor lauter Sorge, den Anschluss zu verlieren, hat das Lernen in manchen Familien und Schulen wieder die Form eines unerbittlichen und angstbesetzten Eintrichterns angenommen. Kinder brechen in Tränen aus, wenn sie im Diktat eine Drei nach Hause bringen. Eltern feilschen mit den Lehrern um Noten, manche drohen gleich mit dem Rechtsanwalt und tun alles dafür, dass ihr

Kind es nach der Grundschule aufs Gymnasium schafft. Nach den PISA-Studien ist vielerorts die Gelassenheit gewichen, die eigentlich notwendig ist, damit Kinder sich unbedrängt entwickeln und ausprobieren können.

Um es klar zu sagen: Ein Erwachen war zweifellos notwendig, nachdem die erste PISA-Studie im Jahr 2001 die Selbstgewissheit und das Selbstbewusstsein der Deutschen erschüttert hatte. PISA ist ein Programm der OECD und steht als Abkürzung für „Programme for International Student Assessment". Alle drei Jahre werden Fünfzehnjährige getestet (in jedem Land nimmt aber nur ein Stichprobenanteil aller Schulen teil). Dabei geht es um gut messbare Kompetenzen im Rechnen, Lesen (Texte verstehen) und im Verstehen und Anwenden naturwissenschaftlicher Konzepte. PISA misst nur einen kleinen Teil dessen, was für Bildung wichtig ist. Ausreichende Fähigkeiten im Lesen und Rechnen sind aber zweifellos eine Voraussetzung für komplexere Bildungsprozesse. Deshalb haben die PISA-Studien zu Recht große Aufmerksamkeit erfahren. Bei zu vielen Jugendlichen hapert es bereits bei den elementaren Kulturtechniken.

Doch zu der bildungspolitischen Nachlässigkeit, die dazu geführt hat, dass zu viele Jugendliche ohne ausreichende Kenntnisse die Schule verlassen, gesellen sich nun auf der anderen Seite eine Hysterie und Verbissenheit, die für eine gute, gründliche Bildung nicht günstig sind.

Abgehängte und leistungsschwache Kinder gibt es weiterhin in großer Zahl, zugleich steigen die Erwartungen übereifriger Eltern. Die Schule wird so zu einer verkrampften Veranstaltung. Ständig muss sie beweisen oder vortäuschen, dass ordentlich gelernt wird. Und wie „beweist" man so etwas am besten? Durch Aktionismus, hohes Tempo und rücksichtsloses Testen.

Damit wächst die Gefahr, dass die Freiräume und die Muße für ein nachhaltiges Lernen verlorengehen und Bildung mit dem Anhäufen toten Wissens und hohe Ansprüche mit einer Orgie von Prüfungen verwechselt werden. An die Stelle eines sozialen, verständigen Geistes tritt ein „pseudo-intellektueller Büchergeist".[11]

Nur weil es die alten Oberlehrer mit Rohrstock und erhobenem Zeigefinger nicht mehr gibt, bedeutet das nicht, dass sich die Schule in eine Wellness-Oase oder eine große, gemütliche Kuschelecke verwandelt hätte. Und je mehr die Schulen zum öffentlichen und politisch brisanten Thema geworden sind, desto stärker wird die Verunsicherung, was eigentlich pädagogisch richtig und was falsch ist. In dieser Verwirrung suchen viele, wie eingangs beschrieben, Orientierung an den alten Hausrezepten: „Das Leben ist hart, und die Schule muss darauf vorbereiten!"

Gnade gilt nicht. Weicheier kommen nicht weit. Wenn über Leistung in der Schule gesprochen wird, schwingt dabei auch heute oft noch – oder schon wieder – die feste Überzeugung mit: Ohne Druck geht es nicht.

Es ist in Mode gekommen, sich über angeblich naive „Gutmenschen", „Kümmerer" und „Kuschelpädagogen" zu erheben und lustig zu machen – als seien stattdessen „Bösmenschen" wünschenswert.

Milder Stress gesucht

Die moderne Lernforschung zeigt: Kinder müssen angespornt werden, nicht gejagt. Sie sind keine Tiere, die es zu dressieren gilt. Zwar ist es, um etwas effektiv zu lernen, es zu behalten und es immer wieder – und auch in neuen Kontexten – anwenden zu können, sehr wichtig, grundlegende Techniken zu automatisieren. Das können bestimmte Bewegungsabläufe sein wie im Sport oder beim Autofahren (Schulterblick, Kupplung treten usw. laufen dann automatisch ab). Oder es können geistige Übungen sein, wie beim Kopfrechnen oder dem korrekten Anwenden der Grammatik. Um diese Operationen zu beherrschen, ist Üben unabdingbar. Um mit dem Wissen mehr anzufangen, als es nur aufzusagen, müssen aber auch kreative Impulse angeregt werden.

Hartes Drillen ist völlig kontraproduktiv, wenn es die Freude am Lernen kaputtmacht. Das bedeutet nicht, dass die Kinder nur machen sollten, wozu sie gerade Lust haben. Und es bedeutet auch nicht, dass jeder Schritt beim Lernen ein Wohlgefühl auslösen muss. Zu starke Gefühle, ob positive oder negative, stören beim Lernen, weil sie dazu führen, dass die Konzentrationsfähigkeit sinkt. Notwendig ist eine Form von „mildem Stress".[12]

Milder Stress meint, dass der Lernende nicht schlapp und lethargisch sein darf. Er soll die Lerninhalte nicht einfach an sich vorbeiziehen lassen. Er muss aktiv werden, sich herausfordern lassen. Milder Stress meint aber auch, dass der Lernende nicht eingeschüchtert und in Angst versetzt wird, sondern in einem Gefühl der Sicherheit Neuland betritt und innerlich bereit ist, sich auf unsichere Wege zu wagen. Wenn das Lernen leichtfällt, kann es dennoch anstrengend sein. Das ist in der Welt der Bildung kein Widerspruch. Und gerade die Anstrengung kann – man kennt es vom Sport – als etwas sehr Schönes erlebt werden.

Freude am Lernen entsteht vor allem dann, wenn ein Kind eigenständig etwas leistet und so Erfolgserlebnisse hat. Wenn es also etwas geschafft hat und das mit einem eigenen Antrieb verbindet – nicht mit einer Steuerung von Außen, eingeschüchtert durch Androhung von Strafen. Der Lernvorgang selbst kann gleichwohl mühevoll, anstrengend, ja, bisweilen sogar quälend gewesen sein. Das Ziel pädagogischer und elterlicher Bemühungen muss es sein, Kinder darauf vorzubereiten, solche Mühen auf sich zu nehmen.

Es gibt Senioren, die können Fontanes „Ribbeck" oder Schillers „Glocke" noch heute herunterschnurren, weil sie diese langen Gedichte in ihrer Schulzeit auswendig gelernt haben. Es wäre sicher schön, wenn die Kinder von heute das im Alter auch könnten. Man muss allerdings genau hinhören, wenn die Älteren von ihren Leistungen erzählen. Mitunter beruht ihr gutes Gedicht-Gedächtnis auf einem gnadenlosen „Gelerne", bei dem ihnen der Sinn der Verse und die Freude an der Lyrik tüchtig ausgetrieben wurden. Sie können die Worte aufsagen, aber das Gedicht sagt ihnen nichts mehr.

In seinem berühmten Schulroman „Unterm Rad" hat Hermann Hesse die schlimmen Folgen wilhelminischer Zucht und Kinderdressur beschrieben: Der vielversprechende Schüler Hans wird von der Unerbittlichkeit, Sturheit und Einseitigkeit der Lernanstalt gebrochen – bis „das überhetzte Rößlein" am Wege endete und nicht mehr zu brauchen war …

Hesses Erzählung spielt in einer anderen, scheinbar entrückten und fremden Zeit. Aber die Mahnung, die sie enthält, ist keineswegs veraltet. Kinder sollen wachsen, die Welt entdecken und verstehen lernen. Dafür brauchen sie ein anregendes und angstfreies Lernmilieu. Kinder müssen herausgefordert, nicht eingeschüchtert werden. Sie sollen ihren Interessen folgen können, nicht abgerichtet werden auf die Erwartungen der anderen. Sie müssen ermutigt werden, nicht zusammengestaucht. Ihr Vertrauen auf sich selbst und ihr Mut und ihre Bereitschaft, Neues zu erfahren und anzunehmen, sollen gestärkt werden.

Psychologen sprechen von einer „Selbstwirksamkeitsüberzeugung", auf der das Lernen und die Zuversicht beruhen, etwas leisten und schaffen zu können. Um diese Überzeugung zu entwickeln, sind Kinder auch auf Lob angewiesen – allerdings nicht auf bedingungsloses und undifferenziertes Lob. Die Anerkennung wirkt nur positiv, wenn sie wirklich verdient ist. Pauschales, überschwängliches Loben und das Verschweigen von Schwachpunkten und vorhandenen Möglichkeiten, es noch besser zu machen, sind dagegen wenig hilfreich. Sie können den Eifer der Kinder sogar bremsen.

Der Stopfkopf

Schüler müssen Techniken erwerben und durch Üben festigen, aber sie sollen auch das Fragen, Zweifeln und Denken kultivieren und sich ihrer Bedürfnisse bewusst werden.

Auch zur Selbstkritik sollten sie fähig sein – eine Herausforderung in einer Gesellschaft, in der die Erwachsenen diese Fähigkeit, vor allem in der Berufswelt, nicht gern zeigen und sie bei Politikern, Managern und Prominenten eher als Schwäche auslegen.

Schüler sollten nicht einfach eine Prüfung nach der nächsten ablegen, sondern etwas lernen, das sie auch als Person bereichert und stimuliert. Und wer wünscht sich nicht, dass sie sich außerdem zu anständigen Menschen und kritischen Bürgern entwickeln? Durch Bildung gewinnen Menschen Freiheit. An den Möglichkeiten zur Bildung, so hat es der amerikanische Philosoph und Pädagoge John Dewey einmal gesagt, hängen die Chancen, eine Person zu werden – ein Mensch, der nicht nur ums nackte Überleben und um seinen Rang in der Hierarchie der Gesellschaft kämpft.

Es geht also um viel. Das Prinzip „Viel hilft viel" ist dabei aber wenig hilfreich. Kinder sind keine Stopfgänse, denen man die Bildung einfach in großen Löffeln verabreichen könnte. Ein „Stopfkopf" kann am Ende gar nicht mehr denken.

Kinder lernen am besten, wenn sie auch Umwege gehen und Fehler machen können, ohne dafür bestraft zu werden, wenn sie geleitet und begleitet und manchmal auch etwas geschoben werden – nicht aber, wenn man ständig an ihnen herumzerrt, ihnen misstraut, sie hetzt und drängt.

Nach dem PISA-Schock ist die Gefahr groß, dass die Ungeduld der Erwachsenen und die Vorstellung, man müsse irgendwie noch mehr für „die Bildung" tun, den Kindern den Raum und die Zeit rauben, die sie brauchen, um sich und ihre Talente in Ruhe und Sorgfalt entfalten zu können. Am Ende ist dann ein oberflächliches, kurzfristiges Lernen („Bulimie-Lernen") wichtiger als nachhaltiges Erfahren, Begreifen und Verstehen.

Die Schulen und ihre Akteure werden heute belagert von einer rastlosen Gesellschaft, in der Design und Schein oft mehr zählen als das Sein: von einer gehetzten Erwachsenenwelt, in der alles schnell gehen muss, und einer Casting-Gesellschaft, in der Wettbewerb, Narzissmus und Konkurrenzdenken den Gemeinsinn und die Rücksichtnahme auf den Nächsten bedrohen.

Die Aufgabe der Bildungspolitik wäre es, dagegen den Eigensinn der Bildung zu schützen. Die Aufgabe der Bildungspolitik wäre es, Platz zu machen für eine wirklich humane Schule, die das Individuum achtet und den Blick für die Gemeinschaft öffnet. Stattdessen jagt eine technokratische Reform die nächste und hält die Lehrer auf Trab, ohne ihnen jene Freiräume zu geben, die sie benötigen würden, um das Zauberwort der individuellen Förderung endlich einzulösen.

Bindungslose Traumtänzer

Es gibt viele Vorurteile gegenüber einer Pädagogik, die vom Optimismus getragen ist, dass Kinder grundsätzlich lernen wollen und in ihrem natürlichen Eifer zwar geleitet und gestützt, aber nicht ständig zurechtgewiesen, normiert und sortiert werden müssen. Schreckensbilder einer aus dem Ruder gelaufenen antiautoritären Erziehung werden gezeichnet, es wird gewarnt vor einem Klima der Verwahrlosung und der Leistungsfeindlichkeit. Was daran stimmt: Man darf Freiheit nicht verwechseln mit Regellosigkeit. Und man darf auch nicht das Gefälle an Macht, Wissen und Erfahrung zwischen Kindern und Erwachsenen ignorieren. Die Abkehr von stupidem Drill darf nicht einhergehen mit einer falschen Toleranz gegenüber ungehörigem Benehmen und ungenügenden Leistungen. Zu oft haben es sich Pädagogen, die sich fortschrittlich wähnten, in einem angeblich schülerfreundlichen Laisser-faire bequem gemacht. Es wurde weggesehen, wenn es nötig gewesen wäre, hinzuschauen. Kinder wurden sich selbst überlassen, wenn man sie hätte begleiten und ihnen beistehen müssen. Man hat sich mit mageren Kenntnissen und schlappen Antworten zufriedengegeben, wenn es eigentlich darum gegangen wäre, die Schüler herauszufordern, ihnen ihre Stärken und Schwächen bewusst zu machen und ihnen Wege zu besseren Leistungen zu zeigen.

Die sture Paukerei der alten Schule und das mitunter laue Herumeiern der neuen Zeit haben eines gemeinsam: Sie nehmen die soziale und emotionale Dimension des Lernens und der Schule nicht ernst. Sie geben den Kindern nicht die Zuwendung und den Halt, die nötig sind, um sich sicher zu fühlen und orientieren zu können. Es gibt eine Verwahrlosung durch Gängelung und eine Verwahrlosung durch Unaufmerksamkeit. Der Kontrollzwang pädagogisch „harter Hunde" ist ebenso schädlich wie die Bindungslosigkeit durch pädagogische Traumtänzerei.

Es sollte in zeitgemäßen Schulen also weder um Leistungsdrill noch um eine haltlose „Kuschelpädagogik" gehen, sondern um eine Bildung und Erziehung, die die Kinder anspornt und ihnen Grenzen setzt, ohne dabei an Respekt, Herzlichkeit und Sensibilität einzubüßen. In einer guten Schule helfen die Zuwendung und das Zutrauen der Lehrer den Schülern, Souveränität im Lernen zu gewinnen, selbstbewusst ihre Kreativität auszuleben, Fehler anzunehmen und als Ermutigung zu sehen, es besser zu machen. Das bedeutet nicht, dass jeder Schüler alles schafft und alles kann. Aber es bedeutet, dass er das Lernen nicht als ein nur von außen gesteuertes, mit Sanktionen bewehrtes Geschäft versteht – sondern als seine persönliche Sache.

Fehlende Fantasie

Eine solche Schule kann ihre Schüler zu exzellenten Leistungen führen: Leistungen, die wirklich über die Schule hinausragen und etwas für das Leben und die Persönlichkeit der jungen Menschen bedeuten. Leistungen, die länger Bestand haben als nur bis zum nächsten Prüfungstermin.

Das sind ja schöne Ziele, mag man sagen. Doch ist es mehr als naive Schwärmerei? Die Praxis ist nun mal unendlich komplex und mühsam, und viele Schüler sind so schwierig, dass sie auch noch so gutwillige und kompetente Lehrer zur Verzweiflung treiben. – Nein, einfach ist es nicht. Aber wenigstens zum Teil könnten die Probleme auch damit zusammenhängen, dass die Gesellschaft sich selbst noch gar nicht darüber im Klaren ist, wie eine gute Schule aussieht, was sie leisten soll und was sie benötigt, um diesen Ansprüchen zu genügen. Die Bildungspolitik hetzt von einem angeblichen Sachzwang zum nächsten, und sie ist beschäftigt mit dem Beseitigen selbsterzeugter Schäden und Nebenwirkungen (zum Beispiel beim sogenannten Turbo-Abitur). Es fehlt nicht nur Geld, sondern auch die Fantasie und die politische Kraft, um die Schulen so schön zu gestalten, wie es Kinder und Lehrer eigentlich verdienen.

Deutschland braucht keine Schule im Stress, keine Kinder und Lehrer mit Versagensängsten, Schulphobie und Burn-out. Wer bessere Leistungen möchte, muss die Schule in einen Ort echter Lernfreude verwandeln: einen Ort, an dem die Kinder und Jugendlichen das Lernen, obwohl es anstrengend sein kann, nicht als Zumutung und den Unterricht, auch wenn er anspruchsvoll ist, nicht als Zwang erleben. Einen Ort, an dem nicht nur das Wissen zählt, sondern der Schüler als Person, und es eine größere Strafe wäre, *nicht* zur Schule zu dürfen, als jeden Tag dort erscheinen zu müssen.

Viele Lehrer wollen das auch gern beherzigen, und sie träumen selbst von so einer Schule. Aber sie stoßen immer wieder an die Grenzen des Systems, in dem sie arbeiten – die Grenzen, die ihnen ihre Kollegen und Vorgesetzten, die Politiker, die Verwaltung und mitunter auch die Eltern setzen. Der Mangel an Geld und Ressourcen ist aber nur eine Seite des Problems. Die andere Seite betrifft unser Bild von der Schule. Jeder hat im Kopf, wie seine eigene Schulzeit aussah, und dieses Bild stemmt sich gegen Veränderungen.

Die Schule, diese eigentlich so wunderbare Institution, war traditionell nicht unbedingt interessiert am Wohlergehen und der Motivation ihrer Schüler. Es wurde gelernt, und damit basta! Diese Rigorosität findet man heute zwar im Allgemeinen problematisch. Im Hinterkopf aber spukt selbst bei fortschrittlich gesinnten Geistern noch oft – oder wieder – die Idee im Kopf: „Da muss man als Schüler eben durch!"

Zum Teil insgeheim, zum Teil offen und unverhohlen zweifeln heute viele an den Errungenschaften der pädagogischen Liberalisierung. Das ist beunruhigend. Denn diese Liberalisierung hatte, mit allen Irrungen und Wirrungen, die sie durchlief, bisher nur wenige Jahrzehnte Zeit, um überhaupt wirken und die Schulen verändern zu können.

Die Schule der Vergangenheit war eine Schule des pädagogischen Zwangs und der Gewalt. Trotz aller Fortschritte hat die Gesellschaft diese Geschichte noch nicht ganz überwunden.

3.
Gewalt in der Schule – eine lange Geschichte kurz erzählt

In historischer Perspektive sind die Schulen heute viel menschlicher als früher. Jedes Kind, das heute in Deutschland aufwächst, kann froh sein, dass es die Schrei- und Strafanstalten früherer Zeiten nicht mehr gibt. Aber ganz beendet ist die traurige Tradition pädagogischer Gewalt noch immer nicht. Die Demütigung von Kindern nimmt bisweilen nur subtilere Formen an als die Bestrafung mit roher Brutalität.

Viele Ältere haben die körperliche Züchtigung im Klassenzimmer noch am eigenen Leib erfahren. Noch Ende der 1950er Jahre hielt der Bundesgerichtshof Schläge mit dem Rohrstock für vertretbar und berief sich auf ein „Gewohnheitsrecht" der Züchtigung. Was die Eltern damals zu Hause durften, sollte auch den Erziehern in der Schule erlaubt sein. Diese Rechtsprechung wirkte eine ganze Weile nach. In den 1960er Jahren war die Prügelstrafe in manchen deutschen Schulen immer noch Alltag. Die Spuren der sogenannten Schwarzen Pädagogik, der Seelenmorde im Klassenzimmer und des Machtmissbrauchs durch Lehrer und Direktoren reichen damit bis in die Gegenwart. Der Psychohistoriker Lloyd deMause hat es einmal so ausgedrückt: „Die Geschichte der Kindheit ist ein Albtraum, aus dem wir gerade erst erwachen."[13]

Lausbuben-Komödien wie die „Feuerzangenbowle" konservieren ein heiteres und irgendwie behagliches Bild von der Vergangenheit. Sie verklären eine Zeit, die beileibe nicht immer so vergnüglich war. „Schule, das roch nach Moder", erinnerte sich einmal der Moderator Joachim Fuchsberger an seine Jugend. Für viele seiner Altersgenossen war die Schule ein unbarmherziges System, ein Moloch, ein Menschenfresser. Lob verderbe den Charakter, hieß es. So blieb es lange. In den 1960er Jahren konnte man vom Pult Sprüche hören wie diesen: „Nur ein geschundener Mensch ist auch erzogen."

Furcht in die Seelen streuen

Das Aufbegehren gegen Autoritäten in den 1960er und 1970er Jahren hat zwar vieles gelockert. Aber es ist nicht wahr, dass die Schule bereits zu einem angstfreien oder gar machtfreien Raum geworden wäre. Die jüngsten Skandale in Internaten und kirchlichen Schulen haben ein Ausmaß des Machtmissbrauchs gezeigt, das die Öffentlichkeit nachhaltig erschüttert hat. Pöbelnde und prügelnde Pädagogen sind keineswegs nur Figuren einer fernen Zeit. Erst jetzt ist ans Licht gekommen, dass in einigen Schulen auch sexuelle Übergriffe lange Zeit zum Alltag gehörten, ohne dass jemand eingeschritten wäre und die Opfer geschützt hätte. Sexueller Missbrauch ist eine Form der Gewalt, die Kindern und Jugendlichen Verletzungen zufügt, die sie ihr Leben lang begleiten werden. Im Falle der Odenwaldschule, einem weltlichen Internat und einer Art Heiligtum linker Reformpädagogik, war sie perfiderweise getarnt als familienähnliche Fürsorge und Zuwendung, ideologisch verbrämt durch das Konzept des „pädagogischen Eros" und die Ideen der sexuellen Revolution.

Spätestens jetzt ist klar: Gewalt gegen Kinder hat keine politische Färbung. Mal ist sie Teil konservativer Erziehung, mal läuft sie unter der Fahne des Fortschritts und dem Deckmantel liberaler Gesinnung. Gewalt gegen Kinder ist aber von keiner Ideologie und Gesinnung zu rechtfertigen. Sie ist schlicht ein Verbrechen.

Es hat Jahrhunderte gedauert, bis die Einsicht gereift ist, dass es schädlich und schändlich ist, Furcht in die Seelen der Kinder zu streuen. Es hat lange gedauert, bis die Gewalt gegen Kinder zu dem Tabu wurde, das sie heute in Deutschland zumindest in der öffentlichen Meinung ist (während sich in vielen anderen Ländern leider weiterhin kaum jemand darüber aufregt).

Im 18. Jahrhundert entwickelten die sogenannten „Philantropen" ein fortschrittliches Bild vom Erziehen und Lernen; den Aufklärern ging es um echte Einsicht, nicht um stumpfsinnigen Gehorsam und Zwang. Disziplin und Pflicht gewinnen ihren wahren Wert und ihre wahre Größe erst dann, wenn sie sich der Mensch selbst auferlegt. Doch so wie noch heute einfühlsame Pädagogen als „Weicheier" verspottet werden, gab es damals massive Widerstände gegen die Reformer. Der Schulmeister Bernhard Snethlage machte sich lustig über Erzieher, die mit ihren Zöglingen reisten und die Zeit vertändelten, indem sie ihnen Blumen zeigten und mit ihnen Schmetterlinge fingen – das alles sei doch nur „Schnickschnack".

Krieg gegen Kinder

Die Geschichte der Erziehung und die Geschichte der Schule als Institution sind zu großen Teilen eine Geschichte der Gewalt. Im 16. Jahrhundert nannte Michel de Montaigne die Bildungsstätten seiner Zeit „wahre Kerker der gefangenen Jugend": „Man komme nur in die Klassen beim Verhör der Lektionen! Da hört man nichts als Schreien der Kinder unter Schlägen und sieht nichts als zorntrunkene Präzeptoren." In der Schule prügelten die Lehrer mit dem Stock, zu Hause wartete der Vater mit der Rute.

Der Stock wurde als künstlich verlängerte Hand des Erziehers betrachtet und pädagogische Prügel als „Schläge des Liebhabers", als Gespräch von Seele zu Seele dargestellt. Angesichts der vielfach vorgekommenen Verbindung von körperlicher Züchtigung und sexueller Gewalt wirkt es heute wie Hohn, dass ein Handbuch zur Erziehung vor 125 Jahren ausführte: „Ist der Lehrer ein rechter Schulvater, so weiß er nötigenfalls auch mit dem Stock zu lieben, oft reiner und tiefer als mancher natürliche Vater."[14]

Schon bei den alten Griechen, deren Zivilisation Bildungsbürger gern bewundern und verklären, gehörten körperliche

Züchtigung und sexuelle Gewalt gegen Kinder zum Alltag. Drohungen, Einschüchterungen und Schläge blieben über die Jahrhunderte hinweg kaum hinterfragte Erziehungsmittel. In einer Art Ratgeberschrift stellte der Theologe Johann Michael Sailer zu Beginn des 19. Jahrhunderts die Erziehung sogar als „heiligen Krieg" dar. Wer seinen Zögling gut bilden wolle, müsse von dem Grundsatz ausgehen, dass die moralische Erziehung nichts weiter sei „als ein Defensiv- und Offensivkrieg wider alles Böse und für alles Gute". Die Schule organisierte man nach dem Bilde des Heeres, Kommandieren und Gehorchen waren die wichtigste Übung: „Lerne vom Militär!", lautete die Maxime.[15]

Schule als Kaserne

Friedrich Ludwig Jahn, der berühmte „Turnvater" oder besser „Turnwüterich" (Karl Marx) des 19. Jahrhunderts, war nicht nur selbst ein berüchtigter Prügelpädagoge, seine Ertüchtigungslehre wurde auch zum Kern einer paramilitärischen Schule, die das Kind nicht als Person würdigte und schützte, sondern als „Menschenmaterial" missbrauchte. Die Schule wurde zur Kaserne.

Wenigstens ist den Qualen – wenn das denn ein Trost sein kann – indirekt eine Reihe künstlerischer Glanzstücke zu verdanken, wie Thomas Manns „Buddenbrooks" und den darin enthaltenen autobiografisch geprägten Schilderungen des schulischen Elends. Der Unerbittlichkeit der Schul- und Zuchtmeister setzte auch Hermann Hesse in dem schon erwähnten Roman „Unterm Rad" zu Beginn des 20. Jahrhunderts ein literarisches Denkmal. Die aggressive Pädagogik seiner Zeit paraphrasiert er darin in kritischer Absicht so: „[W]ie ein Urwald gelichtet und gereinigt und gewaltsam eingeschränkt werden muss, so muss die Schule den natürlichen Menschen zerbrechen, besiegen und gewaltsam einschränken; ihre Aufgabe ist es, ihn nach obrigkeitlicherseits gebilligten

Grundsätzen zu einem nützlichen Gliede der Gesellschaft zu machen und die Eigenschaften in ihm zu wecken, deren völlige Ausbildung alsdann die sorgfältige Zucht der Kaserne krönend beendigt."[16]

Autoritäten durften nicht hinterfragt werden; und wo ihnen doch einmal Widerstand begegnete, schlugen sie zu und ließen die Rebellen ihre Macht spüren. Blinder Gehorsam sollte auf dem Kasernenhof genauso gelten wie im Klassenzimmer. Der Pädagoge Lorenz Kellner schrieb Mitte des 19. Jahrhunderts: „Zu den Ausgeburten einer übel verstandenen Philantropie gehört auch die Meinung, zur Freudigkeit des Gehorsams bedürfte es der Einsicht in die Gründe des Befehls, und jeder blinde Gehorsam widerstreite der Menschenwürde." Dagegen setzte er sein Bild guter Erziehung: Das Kind müsse sich und sein Tun den Erwachsenen bedingungslos unterordnen und darin eine „Vorschule zum Gehorsam gegen den himmlischen Vater" finden.[17]

Gängelbänder und Klassenkeile

Dem ungezogenen Kind sollten die Flausen ausgetrieben und das Wissen eingetrichtert werden – mit dem Ergebnis, dass von Generation zu Generation gequälte, abgestumpfte und traumatisierte Kinder aufwuchsen, die dann als Eltern oft selbst die Hand gegen ihre Töchter und Söhne erhoben und denen der Takt und die Verständigkeit fehlten, ihnen eine freiheitliche Erziehung zu geben und den tückischen Kreislauf der pädagogischen Tyrannei zu beenden. Man erzählte den Kindern Gespenstergeschichten und Schauermärchen und schleppte sie sogar zu Hinrichtungen, um sie zu ängstigen und gefügig zu machen. Kinder wurden eingeschnürt („gewickelt") und übers Knie gelegt, man hat sie versohlt und eingesperrt, barfuß laufen lassen und ihnen auf die Finger geklopft; man hat sie in enge Korsetts gesteckt, an Stühle gebunden, mit Rückenbrettern und Gängelbändern gequält.

Die Schule „kultivierte" regelrecht das Foltern – zum Beispiel beim „Scheitelknien": Ein Schüler musste sich auf die spitze Kante eines Holzstücks knien und durfte sich nicht rühren, bis ihn der Lehrer endlich erlöste.[18]

Man zeigte den Kindern gute Speisen und Leckereien, die dann die Erwachsenen für sich behielten und vor traurigen Kinderaugen verputzten. Man stellte Kinder in die Ecke und rieb ihnen ihre Verfehlungen unter die Nase. Schüler mussten auf einer Strafbank Platz nehmen, mit einer Eselskappe auf dem Kopf. Manche Schulen ließen die Vergehen eines Schülers morgens, mittags und abends von einem Kind öffentlich ausrufen und mit einem dreifachen „Pfui" kommentieren. Lehrer spielten ihre Schüler gegeneinander aus, hetzten sie aufeinander und nutzten „Klassenkeile" als Disziplinierungsmittel. Sogar in „reformpädagogischen" Internaten wurden Schüler Anfang des 20. Jahrhunderts wie „Spitzel" auf ihre Mitschüler angesetzt.[19] Wo nicht offene Gewalt praktiziert wurde, setzte man eben subtilere Techniken der Herrschaft ein und nutzte emotionale Abhängigkeiten aus.

Andernorts verabreichten die Erwachsenen auch selbst Maulschellen und Kopfnüsse, sie rupften am Haar und zogen an den Ohren. Wenn es ganz dick kam, wurden die Kleinen windelweich geprügelt – bis ihnen das Hören und Sehen verging.

In unserer Sprache und unseren Redewendungen sind diese Grausamkeiten bis heute konserviert. In der pädagogischen Praxis hat sich dagegen einiges geändert. Im Großen und Ganzen sind die Grausamkeiten geächtet. Aber manchmal hört man noch den Widerhall aus finsteren Zeiten. Das Trauma, das die Gewalt von Generation zu Generation angerichtet hat und durch Not und Kriege noch gesteigert wurde, ist ein kollektives Erbe, das nur allmählich abgeschüttelt werden kann.

Noch immer wird geprügelt

Humanisten und Reformpädagogen ist es erst in langen, mühevollen Auseinandersetzungen gelungen, die Gewalt gegen Kinder zu ächten und aus dem offiziellen Katalog der Schulstrafen zu verbannen. Sie fielen dabei oft selbst wieder zurück in unselige Traditionen. Nun endlich ist es geschafft: Das körperliche Züchtigen ist in Deutschland mittlerweile nicht nur moralisch verdammt und in den Schulen verboten, sondern seit dem Jahre 2000 auch den Eltern gesetzlich untersagt. Man könnte natürlich erstaunt rufen: Erst seit dem Jahr 2000?!

Trotz dieses formalen Verbots wachsen viele Kinder weiterhin in einem Klima familiärer Gewalt auf. Nach Angaben des Kinderschutzbundes erziehen noch immer 14 Prozent aller Eltern in Deutschland mit Ohrfeigen und Schlägen.[20] In einer anderen Studie liegen die Werte deutlich höher: Demnach berichtet beispielsweise jeder vierte Viertklässler, er habe in den Wochen vor der Befragung Gewalt durch seine Eltern erlebt; und von den angesprochenen Jugendlichen sagen mehr als die Hälfte, dass sie als Kind mindestens „leichtere" Gewalt von ihren Eltern erleiden mussten.[21]

Das ergibt Hunderttausende geprügelte und seelisch verletzte Kinder. Überdurchschnittlich oft entwickeln sich Kinder, die Gewalt erdulden müssen, später selbst zu Tätern. Wer über Jugendgewalt spricht, darf deshalb von der noch immer grassierenden Erwachsenengewalt nicht schweigen. Wer vor „kleinen Tyrannen" warnt, darf die großen Tyrannen nicht vergessen. Und das sind nicht selten die angeblich zu lieben und laxen Erwachsenen.

Die Schule könnte und sollte für vernachlässigte und misshandelte Kinder eine Zuflucht sein, ein Ort, an dem sie lernen, den Kreislauf von Gewalt und Gegengewalt zu durchbrechen, ein Ort, an dem sie Wertschätzung und Anerkennung auch dann erfahren, wenn sie Fehler begehen. Doch die Schule kämpft eben selbst noch mit ihrer traditionellen Prägung als

Unterrichtsvollzugsanstalt. Die Geschichte der rohen Gewalt liegt zwar weitgehend hinter ihr. Aber welche Geschichte vor ihr liegt – da herrscht noch große Unsicherheit. Es fällt ihr schwer, sich Schülern zuzuwenden, die nicht auf Anhieb folgen und lernen, sondern widerspenstig sind, roh und ungehobelt.

Solchen Kindern, die in ihrer Familie unbehaust sind, Sicherheit und Zuversicht zu geben, überfordert das traditionelle Arrangement der Schule, wie wir es gewohnt sind. Die Schule ist fixiert auf die Weitergabe von Unterrichtsstoffen, auf den Zeitplan der Prüfungen – und insgeheim oder sogar ganz unverhohlen auf das Einteilen der Schüler in Raster, nach denen die Gesellschaft ihre Positionen besetzt. Sie hat ihre eigene Agenda und ihren eigenen Fahrplan.

An diesem Fahrplan können auch Lehrer innerlich zerbrechen. Manche erleben irgendwann die Kinder nur noch als Zumutung, der sie irgendwie Herr werden müssen. Und so passiert es, dass auch heute noch in vielen Klassenzimmern regelmäßig herumgebrüllt wird.

Dass Lehrer ausrasten und Kinder sogar schlagen, kommt zwar nur noch selten vor. Aber es kommt vor. Häufiger freilich sind andere Grenzverletzungen. Da wirft ein Lehrer zum Beispiel, um sich durchzusetzen, Stifte, Kleber, Radiergummi, die den Schülern gehören, einfach aus dem Fenster. Und viele Kollegen und Eltern werden ihm Beifall zollen: Die undisziplinierte Meute der Schüler muss ja irgendwie gezähmt werden. Der Ruf nach mehr Disziplin wird zur Rechtfertigung für unreife Reaktionen der Erwachsenen und für deren pädagogisches Versagen.

Das beschämte Kind

In den ersten Schultagen werden die Erstklässler üblicherweise mit großer Herzlichkeit empfangen. Das ist dann wirklich wie ein schönes Fest, zu dem die Kinder eingeladen sind. Doch die Atmosphäre bleibt nicht so. Die bunten Klassenzimmer können nicht darüber hinwegtäuschen, dass auch in den Schulen der

Gegenwart noch immer vielfältige Formen der Demütigung und Beschämung vorkommen und viele Kinder und Jugendliche verbaler und psychischer Gewalt ausgeliefert sind. „Na, du wirst es wohl nie lernen …!" – „ Dumm bleibt dumm." – „In deinem Kopf herrscht ja immer große Leere." – Solche Sprüche fliegen Kindern auch heute noch um die Ohren. Und man sage nicht, die Schüler seien doch selbst nicht zimperlich. Das ist zwar richtig, aber umso mehr ein Grund dafür, dass die Erwachsenen einen anständigen Umgangston vorleben und mit den Kindern einüben sollten.

Mehr als jeder vierte Schüler gibt in Umfragen an, dass er von Lehrern lächerlich gemacht beziehungsweise gemein behandelt worden sei; immerhin 2,5 Prozent der Schüler sagen, sie seien im letzten Schulhalbjahr von einer Lehrkraft geschlagen worden. Wenn man Lehrer nach ihren eigenen Kollegen fragt, sagen mehr als zwei Drittel, dass es an der Schule Pädagogen gibt, die sich kränkend und unfair gegenüber Schülern benehmen. Viele Lehrer geben außerdem zu, dass sie auch schon selbst einen oder mehrere Schüler verletzend behandelt haben.[22]

Jeder Lehrer kennt Kollegen, die man besser nicht auf Kinder loslassen sollte. Zugleich leiden viele Pädagogen umgekehrt unter Jugendlichen, die aus dem Ruder gelaufen sind und keine Hemmungen haben, ihre Mitschüler und sogar ihre Lehrer zu bedrohen und zu drangsalieren.[23]

Typischerweise haben diese Schüler nie erfahren, was Takt und Herzlichkeit im menschlichen Miteinander bedeuten. Sie haben es in ihren Familien nicht gelernt. Und in der Schule auch nicht. Sie haben es nirgendwo gelernt, und am Ende könnten der Staatsanwalt und der Richter die ersten sein, die sich wirklich intensiv mit ihnen befassen.

Kritik aushalten

Man darf den Gewaltbegriff natürlich nicht überdehnen und in jedem Konflikt, in jedem klaren Wort, in jeder Ermahnung gleich einen Angriff auf die Kinderseele sehen. Gerade Kinder, die zu Hause wenig Halt haben, sind angewiesen auf verbindliche Regeln und unmissverständliche Ansagen. Die Schüler müssen lernen, Kritik auszuhalten und daraus Konsequenzen zu ziehen. Doch oft fehlt in der Schule die Zeit, manchmal auch der Wille und die Fähigkeit, überhaupt zu bemerken, was der Unterricht und was unbedachte und grobe Äußerungen von Lehrern (oder von Mitschülern) anrichten können.

Den Pädagogen entgehen oft auch die Mobbing-Attacken innerhalb der Schülerschaft. Wissenschaftler schätzen, dass etwa eine halbe Million Kinder und Jugendliche unter dem Mobbing ihrer Mitschüler leiden, sie also über einen längeren Zeitraum schikaniert und in eine Opferrolle gezwungen werden.[24] Die Folgen sind verheerend – für die Psyche und für die Leistungen in der Schule. Es gibt verbale Tritte, die Kinder bis ins Mark treffen.

Angst vor der Schule

Schulangst ist ein verbreitetes Leiden, und manchmal haben weder Eltern noch Lehrer die leiseste Ahnung davon, was in den Kindern vorgeht. Um dies zu erfahren, reicht es nicht, ab und zu ritualhaft zu fragen, wie es in der Schule läuft. Das offene Gespräch mit den Kindern und Jugendlichen, auch über Sorgen und Ängste, müsste ein fester Bestandteil des Schullebens sein. In vielen Grundschulen gibt es zumindest Morgenkreise, in denen die Kinder zur Sprache bringen können, was sie gerade bewegt. Solche Rituale muss man kultivieren und so einüben, dass sie alle annehmen und sie auch im kritischen Alter, in der Pubertät, nicht als albern und überflüssig erscheinen. Gerade im Übergang von der Grundschule zu den weiterführenden Schulen geht in Deutschland vieles verloren, was für das soziale Miteinander in der Schule wichtig wäre.

Es wäre wohl naiv zu erwarten, dass die Schule immer nur ein reines Vergnügen ist und jedes Kind jeden Morgen voller Freude aus dem Bett springt, um zum Unterricht zu eilen. Es gibt selbst in der besten Schule für den Einzelnen Höhen und Tiefen. Aber das Gefühl der Ohnmacht und des Ausgeliefertseins sollte die Schüler, wenn überhaupt, allenfalls kurzzeitig befallen und nicht chronisch belasten. Wer selbst einmal dieses Gefühl als Schüler für längere Zeit hatte, kann das Grausen ermessen, das es freisetzt.

Qualen am Reck

Wie war das damals in den unteren Klassen des Gymnasiums? Sobald der Winter nahte, wäre der kleine Gymnasiast am liebsten im Erdboden versunken oder hätte sich freiwillig ein Bein oder einen Arm gebrochen, um zu Hause bleiben zu dürfen. Denn sobald es draußen kälter wurde, ging es zum Sportunterricht in die Halle – und dort wurde erbarmungslos geturnt. Boden- und Geräteturnen waren das Schlimmste, was man dem Unsportlichen antun konnte. Bock und Barren erschienen wie Folterinstrumente. Den Umschwung am Reck schaffte er ums Verrecken nicht.

Er drückte sich vor dem Turnen, so gut es ging. Aber es ging eben nicht immer gut, und jeder Tag, an dem Sport auf dem Stundenplan stand, glich einem Martyrium. Die Seelenpein begann schon am Vorabend, sie zog sich durch die Nacht und erstreckte sich über den ganzen Vormittag, bis sie in dem Moment ihren Gipfel erreichte, als sich der Gepeinigte ungelenk über den Kasten schleppte oder verzweifelt vor dem Reck Position bezog. Und es war natürlich ein vollkommen sinnloses Martyrium: Turnen kann er bis heute nicht.

In den Sportstunden war er so verkrampft und so mit dem Unsichtbarwerden beschäftigt, dass er nichts lernen konnte, außer mit der Angst fertig zu werden. Vielleicht ist auch das wichtig für ein gesundes Aufwachsen, könnte man sagen. Aber dieser Einwand läuft darauf hinaus, dass man alles, was einen nicht gleich umbringt, zu einer wichtigen Erfahrung adelt, nach dem Motto: Schmerzen sind gut, weil man dann die Zeit ohne Schmerzen erst zu schätzen weiß.

Dieser Logik folgen jene, die zu mehr Härte in der Erziehung aufrufen und Verweichlichung und Verzärtelung als Gefahren beschreien. Man sollte ihnen antworten: „Wenn Sie als Erwachsener gerne wie ein Fakir auf Nägeln schlafen und sich täglich von ihrem Chef anbrüllen und demütigen lassen wollen, ist das Ihre Sache. Aber aus der Erziehung von Kindern sollten Sie sich doch lieber heraushalten!"

Auch die Welt der Erwachsenen würde besser aussehen und lebenswerter sein, wenn man den rauen Ton, der in manchen Büros herrscht, und die Intrigen und Schikanen, mit denen sich Konkurrenten in der Arbeitswelt das Leben schwer machen, nicht als selbstverständlich hinnehmen würde. Wenn die Schule eine Schule des Lebens sein soll, muss man sich in Acht nehmen vor jenen Erwachsenen, deren Verhalten eben nicht zum Vorbild taugt: den Rücksichtslosen, Eitlen und Selbstgefälligen, den Gierigen und Gefühlskalten.

In früheren Jahrhunderten galten leider diejenigen als vorbildliche Erzieher, die sich durch besondere Gefühlskälte gegen ihre Zöglinge auszeichneten. Wo Liebe und Nachsicht walteten, wurde das als „Affenliebe" gegeißelt, durch die Kinder verzogen würden. Weil heute manche Eltern verlernt haben, den (vor allem materiellen) Wünschen ihrer Kinder ein Nein entgegenzusetzen (und ihnen also unbedacht jedes Computerspiel und jedes Spielzeug beschaffen), fühlen sich die Vertreter der „harten Hand" bestätigt. Sie übersehen aber, dass die Eltern, um die es dabei geht, oft keineswegs auf Härte und auf Strafen verzichten. Sie sind überhaupt nicht weich, liberal und antiautoritär. Es ist für sie einfach nur bequem, ihre Kinder mit Spielzeug und Technik scheinbar ruhig zu stellen. Sie scheuen die Auseinandersetzung mit ihren Kindern in diesem Fall, und sie scheuen damit auch echte Zuwendung. Sie können gleichwohl hart strafen, wenn sie ihre Kinder als undankbar und lästig empfinden. Beziehungsstörungen sind die Folge, Narzissmus, fehlende Frustrationstoleranz, mangelndes Durchhaltevermögen. Wenn Kinder ständig missachtet werden, ist das ebenso problematisch wie das Behandeln der Kinder als vermeintliche „Partner", denen gegenüber die Erwachsenen das Gefälle an Erfahrung und Verantwortung verschleiern.

Die Vorstellung, man müsse sich davor hüten, Kinder zu verzärteln, vergrößert in dieser Situation nur den Schaden. Man pendelt von einem Extrem ins andere, und die Kinder verlieren vollends den Halt. Sie erscheinen wieder wie Feinde, die es zu besiegen gilt. Und dann braucht man sich nicht zu wundern, wenn entsprechend unsensible Erwachsene herauskommen.

Eine Enzyklopädie des Erziehungswesens warnte Ende des 19. Jahrhunderts vor einer „Gefühlspädagogik" und bläute Eltern und Lehrern ein: „Auch abgesehen vom Krieg bleibt das Leben doch immer ein Kampf und fordert kampfgeübte und in Übung erstarkte Leute." Im Zweifel sei große Härte stets besser als zärtelnde Güte.[25] Und so führten die Lehrer ihren Krieg gegen das Böse im Kind.

Die Analogie zum Krieg hat ausgedient, glücklicherweise. Dafür gibt es nun ein anderes Leitbild: das der Ökonomie und der unternehmerischen Konkurrenz. Die Kinder sollen nun „fit" gemacht werden fürs Wirtschaftsleben. Sie sollen lernen, sich zu präsentieren und etwas (oder sich selbst) zu verkaufen. Die Kunst der Selbstdarstellung und die Kunst des Durchsetzens sollen geübt, ein „unternehmerisches Selbst" gebildet werden.[26] Jeder soll sich „gut aufstellen", sich selbst optimieren und bis in die letzten Winkel seiner Seele zum Unternehmer in eigener Sache werden. Die Ökonomie dringt auf diese Weise immer tiefer in die Lebenswelt der Jüngeren ein.

Ginge es in den Schulen zu weich und gutmütig zu, so fürchten manche, wären die Schüler später heillos überfordert. Sie würden untergehen im Konkurrenzkampf der (vermeintlich) freien Wirtschaft. Und so verlangt die Gesellschaft, so verlangen viele Eltern nach einer entsprechenden Schulung und Abhärtung schon in jungen Jahren. Nur so erklärt sich, dass rigide Erziehungsmethoden, wie sie beispielsweise die bereits erwähnte Amy Chua propagiert, auf so großes Interesse und bei vielen Pädagogen und Eltern auf so fruchtbaren Boden treffen.

Die Sportlehrer früher im Gymnasium haben wahrscheinlich einfach nur ihre Arbeit gemacht. Über die Leistungsgesellschaft, über die richtige Balance zwischen Disziplin und Freiheit haben sie vielleicht nie viel nachgedacht. Sie waren weder Prügelpädagogen noch Sadisten; als Schüler empfand man keinen persönlichen Hass gegen sie. Sie erschienen nur wie die Vollstrecker von Vorgaben, denen sie genauso unterworfen waren wie die Schüler: Im Winter wird eben an den Geräten geturnt, so war es immer schon und so gehörte sich das.

Dieser Eindruck war im Grunde noch niederschmetternder, als wenn man als Schüler überzeugt gewesen wäre, ein einzelner Lehrer führe einen privaten Feldzug. Als Schüler musste man sich als Opfer eines Systems verstehen, dem man einfach nicht gewachsen war und dem man nicht entkommen konnte.

Viele Lehrer merken auch heute nicht, welche Ängste und Qualen einige Schüler leiden und wie oft ein paar schlichte pädagogische Ermunterungen ausreichen würden, um diese Ängste zu nehmen und das gefürchtete Fach interessant zu machen. Es geht nicht darum, mit Lehrern abzurechnen. Es geht darum, sich in die Lage hineinzufühlen, in der Kinder weiterhin stecken. Der kleine Gymnasiast damals blieb mit seinem Horror allein – wie so viele Schüler, ob es nun um ihr Leiden in Sport, Mathe oder Physik geht. Intuitiv war dem Jungen schon damals klar, dass sein eigenes vermeintliches Versagen auch ein pädagogisches Versagen war. Eines Tages ließ er sich vom Reck einfach herunterplumpsen und begrub dabei eine zierliche Lehrerin unter sich. Die Mitschüler lachten. Glücklicherweise lachten sie den Jungen nicht aus. Es sah einfach komisch aus. Der Sturz war in aller Hilflosigkeit immerhin ein kleiner Triumph, ein Akt der Gegenwehr. Aber es hätte nicht viel gefehlt, und der kleine Gymnasiast wäre nur wegen des winterlichen Sportunterrichts zum notorischen Schwänzer und Schulverweigerer geworden.

Es gibt Sportlehrer, die sensibel reagieren und darauf achten, dass sie die Bewegung der Kinder wirklich fördern, statt sie in eine Angstlähmung zu versetzen. Aber das setzt voraus, dass man die emotionale Seite jedes Lernprozesses nicht abtut als „Nervthema" von Weicheiern und Übereltern. Es könnte mehr von diesen Lehrern geben.

Bis heute hat sich in vielen Schulen eine Tradition der Gedankenlosigkeit erhalten, die Kindern gehörig zusetzen kann, auch in vermeintlich „weichen" Fächern wie dem Sportunterricht. So ist es vielerorts noch immer üblich, dass die Schüler sich für Gruppenspiele die Teams selbst zusammenwählen und dann immer die gleichen dicken oder unbeliebten Kinder bis zum Schluss auf der Bank übrigbleiben. Kinder und Jugendliche, die diese Zeit auf der Bank kalt lässt, sind entweder sehr selbstbewusst oder schon so abgestumpft, dass man lieber gar nicht wissen will, wie sie sich aufführen werden, wenn sie später einmal in die Lage kommen sollten, Macht über andere auszuüben.

Unterschiede zwischen den Kindern kann man nicht verbergen und sollte man auch nicht überspielen. Man darf nicht so tun, als könnten alle gleich gut am Reck turnen, gleich gut rechnen oder musizieren. Schüler müssen es aushalten, zu erleben, dass andere in bestimmten Bereichen geschickter, schneller, besser sind als sie selbst. Die Frage ist nur, wie ihnen das vor Augen geführt wird und wie man mit solchen Unterschieden umgeht.

Der Zug fährt ab

Oft ist es so, dass Schüler im Laufe der Zeit ein Selbstbild entwickeln, das sich nur noch schwer korrigieren lässt und ihnen dann dauerhaft im Wege steht. Sie glauben, für Mathematik einfach zu dumm zu sein oder in Sport auf alle Zeit eine hoffnungslose Niete zu bleiben. Zu selten helfen Erwachsene ihnen dabei, dieses Selbstbild zu verändern oder verständlich zu machen, dass es überhaupt nicht schlimm ist, wenn man auf manchem Gebiet kein Weltmeister werden wird. Nicht jeder kann ein Mathegenie oder ein Olympiasieger am Barren werden. Völlig hoffnungsvolle Fälle sind allerdings selten. So dürfte es einfach nicht passieren, dass Jugendliche sich als „defizitär" empfinden und ein Fach hassen oder so sehr fürchten, dass sie ihm ausweichen, wann immer sie können.

Die Schule, so wie sie derzeit organisiert ist, findet sich mit den über die Jahre verfestigten Ängsten und Vorurteilen der Schüler viel zu schnell ab. Wenn der Zug einmal abgefahren ist, kommt für einen Schüler so schnell kein neuer mehr vorbei, auf den er aufspringen könnte. Mit Fächern wie Mathematik und den Fremdsprachen, in denen die Wissenslücken über die Jahre hinweg wachsen wie das Ozonloch, schließen viele Jugendliche innerlich ab, weit bevor sie die Schule verlassen. Welche Verschwendung!

Die Schule müsste versuchen, ihnen neue Zugänge zu zeigen, die vielleicht doch die Faszination wecken. Stattdessen wird es dem Zufall oder allein dem Ehrgeiz der Schüler oder dem besonderen Engagement einzelner Lehrer überlassen, ob und wie sie noch einen Weg finden, die Misere zu beenden, Versäumtes aufzuholen und wieder Anschluss zu finden.

Vom schweren, nervenzehrenden Beruf des Pädagogen wird noch zu reden sein. Lehrer, die sich für ihre Schüler einsetzen und keinen von ihnen aufgeben wollen, stehen unter einer starken Spannung. Denn die Funktion der Schule, wie wir sie kennen, erschöpft sich nicht im Bilden und Erziehen der Kinder, sondern verlangt immer auch das Erstellen von Rangfolgen und das Anweisen eines Platzes im Gefüge der Gesellschaft: das Verteilen von Berufschancen, von Status und Prestige.

Gesellschaftskritiker haben deshalb früher von einer „strukturellen Gewalt" gesprochen, die von der Schule ausgehe. Diese strukturelle Gewalt könnte ein Grund dafür sein, weshalb Jugendliche irgendwann das Vertrauen in ihre Lehrer und in die Schule als Institution verlieren. Sie bemerken, dass die Schule eben nicht oder jedenfalls nicht nur dazu da ist, ihnen Gutes zu tun und sie in eine vielversprechende Zukunft zu geleiten. Sondern dass sie auch dazu da ist, die Schüler einem Wettbewerb zu unterwerfen, der unweigerlich Verlierer produziert. Und dass es so gesehen der Gesellschaft vielleicht gar nicht so ungelegen kommt, wenn einige Schüler sich schwerer tun als andere. Denn wie sonst wollte man die Hierarchie der Arbeitswelt, das Lohngefälle und die unterschiedlichen Aufstiegschancen eigentlich begründen?

Dass es auf Leistung ankommt (das Prinzip der „Meritokratie"), erscheint in einer demokratischen und auf komplexes Wissen angewiesenen Gesellschaft durchaus plausibel und gerecht. Der Wettbewerb, in dem die Bürger ihre Leistungsfähigkeit unter Beweis stellen sollen, findet jedoch schon in jungen Jahren in den Schulen statt – und das kann, nicht zuletzt wegen der unterschiedlichen familiären Voraussetzungen, ziemlich hart und ungerecht sein.

Einer ehrlichen Klärung, welche Aufgaben die Schule hat, weicht die Gesellschaft angesichts dieser Spannungen lieber aus. Eine solche Klärung wird auch dadurch erschwert, dass die lange Geschichte der Gewalt Spuren in der kollektiven Psyche hinterlassen hat, die nicht von einem Tag auf den anderen verschwinden. Jetzt, da zum ersten Mal in der Geschichte der Erziehung die offene, körperliche Gewalt geächtet ist, hinterlässt sie eine Leerstelle. Es gibt überhaupt keinen Grund, dieser Gewalt nachzutrauern, und dennoch gibt es genug Leute, die das insgeheim oder unverhohlen tun. Daraus ergibt sich die entscheidende Frage, ob die Gesellschaft überhaupt schon angekommen ist in einer neuen Lern- und Erziehungskultur, in der die offene Gewalt nicht bloß subtileren Formen des Drucks, des Strafens und Demütigens gewichen ist, sondern wirklich Platz gemacht hat für gewaltlose Formen der Verständigung und Ermutigung.

Haben wir in der Praxis wirklich schon so große Fortschritte gemacht, wie es das liberale Selbstbild unserer Zeit behauptet? Ein wichtiger Test dafür ist, wie die Gesellschaft und wie die Schule mit schwachen Schülern umgeht. Das Ergebnis ist ernüchternd.

4.

Aus Fehlern wird man dumm – der schlechte Umgang mit schwachen Schülern

Kinder müssten nicht zur Schule gehen, wenn sie schon alles wüssten und könnten. Sie bräuchten keine Lehrer, wenn sie ganz von alleine herausfänden, was es mit den binomischen Formeln und den Gesetzen der Thermodynamik auf sich hat. Sie müssten sich nicht morgens aus dem Bett quälen, wenn sie auf Anhieb verstünden, wie man einen Aufsatz schreibt und weshalb die Erde sich um die Sonne bewegt. Die Schule lebt davon, dass Kinder ahnungslos sind und dass sie Fehler machen. Oft hat man allerdings den Eindruck, nichts in der Schule sei so verpönt wie Fehler zu begehen. Und besonders schlimm ist es, wenn man sie nicht auf der Stelle einsieht.

Das Anstreichen von Fehlern geht leicht von der Hand. Traditionell arbeiten Schulen defizitorientiert, und das ist bis heute zu spüren. Kindern Rückmeldungen zu geben, die ihnen helfen, wirklich etwas aus ihren Fehlern zu lernen, ist keine triviale Angelegenheit. „Wir Lehrer kommen leider aus dem Rotstift-Milieu", hat eine humorbegabte Konrektorin dazu einmal bemerkt. An ihrer Schule, der Sophie-Scholl-Schule im bayerischen Oberjoch, will man es besser machen: Dort bearbeitet jedes Kind auf seinen jeweiligen Lernstand und seine Interessen zugeschnittene Aufgaben und bespricht sie ausführlich mit den Lehrern. Der Lehrer steht nicht mehr die ganze Zeit vor der Klasse; er geht herum, hilft hier und dort, regelmäßig sitzt er auch hinten in einer Ecke und bespricht mit Einzelnen die Lernerfolge und Lernschritte der vergangenen und der kommenden Tage. Die anderen Schüler arbeiten unterdessen in Ruhe weiter.

Den Faden verloren

Vor allem schwächere Schüler leiden in vielen Schulen darunter, dass der Stoff vorne abgespult wird, sie aber nicht mehr hinterherkommen, wenn sie einmal den Faden verloren haben. Die einen langweilen sich und schalten ab, weil sie längst begriffen haben, worüber der Lehrer spricht. Die anderen langweilen sich und schalten ab, weil sie gar nicht mehr begreifen, worüber der Lehrer spricht.

Schulen lassen eine chronische Unter- und Überforderung zu; beides mündet in eine paradoxe Mischung aus Langeweile, Stress und Druck – in eine psychische Spannung, die nicht mehr produktiv ist, sondern blockiert und belastet.

Gute Schüler werden in ihrem Eifer unnötig gebremst. Sie sollen warten, bis die anderen so weit sind. Sie sollen mit der Antwort lieber schweigen und nicht vorpreschen. Die Schule geht also auch mit ihnen nicht besonders pfleglich um. Aber die Schnellen und Wissbegierigen verstehen es oft, andere Wege zu finden, ihren Interessen und Talenten nachzugehen, außerhalb der Schule, in der Freizeit und in den Familien.

Die größte Schwäche des deutschen Schulsystems ist sein schlechter Umgang mit den Schwachen. Sie können meistens nicht ausweichen. Wenn die Schule sie nicht mitnimmt, haben sie kaum eine Chance. Für die leistungsschwächeren Schüler und ihre Probleme bleibt wenig Zeit, es gibt zu wenig Ermutigung, zu wenig Hilfe und Förderung. Wo die Eltern nicht einspringen oder gute private Nachhilfelehrer engagiert werden, bleiben die Langsameren einfach zurück, müssen eine Klasse wiederholen oder die Schule verlassen. Und selbst, wenn sie bleiben dürfen, schleppt man sie nur irgendwie mit. Für eine halbwegs solide Bildung reicht es nicht.

Vielen Lehrern fehlen die Zeit und manchmal das Wissen und der Wille, auch diejenigen zu Erfolgen zu führen, um die sich Pädagogen ganz besonders bemühen müssten. Die PISA-Studien und andere Leistungstests haben immer wieder diese

Schwachstelle offengelegt und gezeigt, dass etwa jeder vierte bis fünfte Jugendliche größte Schwierigkeiten sogar mit einfachen Texten und Rechenaufgaben hat. Kinder von Einwanderern sind überdurchschnittlich stark in dieser Gruppe vertreten. Sie verlassen die Schule besonders oft ohne Abschluss und schaffen es viel seltener auf ein Gymnasium.

Eine bessere Sprachförderung ist deshalb seit langem ein großes Thema der Integrations- und Bildungspolitik. Aber es fehlt dabei an Kontinuität und Kraft, um es nicht bei ein paar Zusatzstunden vor der Einschulung zu belassen. Es fehlt vor allem am Verständnis dafür, dass sich die Bildungsprobleme nicht sofort in Luft auflösen, wenn man ein paar Stunden zusätzlich verordnet – als ginge es um eine Super-Medizin, die man verschreibt und die sofort gesund macht.

Wörter mit Apfelkuchenduft

Sprache kann, wie der deutsch-türkische Schriftsteller Zafer Senocak bemerkt, duften und schmecken.[27] Sie muss alle Sinne berühren, damit die Menschen sich in ihr wohl fühlen. Zafer Senocak hat die deutsche Sprache bei einer pensionierten Volksschullehrerin gelernt, mit Geduld und Gebäck. Für ihn dufteten die Wörter nach Apfelkuchen. Viele Kinder haben andere Eindrücke: Für sie riechen die Wörter nach Hochhaussiedlungen, Dreck und Unrat, Amtsstuben und Polizeifluren.

Ohne herzliche Zuwendung und stabilen pädagogischen Zugang, der für das Kind einen Sinn im Lernen stiftet, wird keine Bildungsoffensive je gelingen. Schüler sind nicht als Träger von Defiziten zu betrachten, sondern als Kinder, die immer schon etwas können und darauf aufbauend Neues lernen werden.[28] Wer etwas nicht beherrscht und sich auch beim zweiten Mal noch schwer damit tut, wird viel zu schnell aufgegeben. Anders ist gar nicht zu erklären, wie es passieren kann, dass so viele Schüler am Ende der neunten Klasse noch immer nicht vernünftig lesen und rechnen können.

In vielen Schulen herrscht, auch bedingt durch die Rigidität, mit der Lehrpläne im Klassenverband vorangetrieben werden, eine seltsame pädagogische Kultur: Der Stoff wird „durchgenommen" und irgendwann abgeprüft. Doch es folgt kaum eine Nachbereitung. Fehler und Defizite werden festgestellt, um die Sache anschließend auf sich beruhen zu lassen und zu neuen Themen überzugehen oder die Leistungsanforderungen im Laufe der Zeit einfach immer weiter zu senken.

„Friss oder stirb!"

Zum Teil fühlen sich die Lehrer auch persönlich beleidigt, wenn ein Kind nicht so lernt wie gewünscht. Schnell gilt ein Schüler dann als unfähig, dumm oder hoffnungslos faul. Aus Fehlern wird man hierzulande nicht klug, sondern dumm. Fehler und Schwächen werden zu wenig genutzt als Quelle für Lernfortschritte, als Ansatzpunkte, um die Kinder und Jugendlichen dort zu erreichen und weiterzuführen, wo sie gerade stehen. Stattdessen werden sie abgefertigt durch Korrekturen und Zensuren. Und sie werden zu anderen schwachen Schülern gesteckt, die die Aufgaben auch nicht lösen können. So bleibt man unter sich. Dieser Umgang mit Fehlern ist selbst fehlerhaft.

„Friss oder stirb!" – Nach dieser Maxime sind Generationen von Schülern behandelt worden, und erst allmählich geben sich einzelne Schulen und Lehrer mehr Mühe, Fehler und Schwächen genauer auszuwerten und daraus Schlüsse für den Fortgang des Unterrichts und die Förderung einzelner Schüler zu ziehen.

Jeder Schüler, auch der leistungsschwächere, hat seine Stärken. Manche Stärken sind verborgen, andere stehen einfach nicht im Fokus der traditionellen Schulfächer. Viele Kinder und Jugendliche haben ganz erstaunliche Fähigkeiten, die allerdings nicht immer direkt schulkompatibel sind – man müsste sie erst schulkompatibel machen.

Es gibt Jugendliche, die in Deutschaufsätzen schlecht abschneiden und bei Schiller und Goethe gleich auf Durchzug schalten, aber begeistert Rap-Musik hören und ganz erstaunliche Texte schreiben können, wenn sie dem Textformat folgen dürfen, von dem sie so fasziniert sind. Es gibt andere, die ein enormes technisches Verständnis haben, deren Ehrgeiz aber jäh erlahmt, sobald man sie mit abstrakten Formeln und der akademischen Sprache der Naturwissenschaften konfrontiert. Die pädagogische Kunst liegt darin, an solchen Fähigkeiten und Interessen anzusetzen, sie Schritt für Schritt auszubauen und den Horizont zu weiten. Das kostet Geduld und auch Geld, denn es verlangt eine Art der Individualisierung, die sich Politiker, die in starren Lehrdeputaten und Stundenzahlen rechnen, kaum vorzustellen vermögen. Viele Kinder können nur aus der emotionalen und kognitiven Verwahrlosung gerettet werden, wenn man ihnen pädagogische Bezugspersonen an die Seite stellt, die sich intensiver um sie bemühen, als dies im Rhythmus des normal getakteten Lehrbetriebs möglich ist. Und diese Pädagogen sollten nicht erst dann auf den Plan treten, wenn ein Jugendlicher bereits schulmüde, massiv auffällig oder gar kriminell geworden ist.

Für echte Prävention fehlen in der Bildungs- und Sozialpolitik noch immer der Sinn, das Geld und die Geduld. Es geht nicht um Spezialisten für „Problemkinder". Es geht darum, dass Kinder gar nicht erst als Problem erscheinen.

In Mathe aufgewacht

Die Schulen finden sich in vielen Fällen zu schnell damit ab, wenn ein Jugendlicher in einem Fach nur noch Bahnhof versteht. Da helfen im bestehenden System oft nur die Zufälle, um einen Schüler zu retten; manchmal genügt ein Lehrerwechsel. Hat das nicht fast jeder so am eigenen Leib erlebt? Wie war es denn zum Beispiel in Mathe? In den ersten Schuljahren war man ein begeisterter Rechner, als dann aber die wirkliche Mathematik ihren Lauf nahm, schwirrte es im Schädel. Der Lehrer schien über die Köpfe der Schüler hinwegzureden. Das Interesse am Fach erlahmte, man schleppte sich von Klassenarbeit zu Klassenarbeit und ließ die Dinge laufen. Ein Elend.

Plötzlich, in den letzten Schuljahren, wird man wach. Es kommt ein neuer Lehrer mit ganz anderem Ton, na endlich! Ein Mathematiker und Mensch, dem es gelingt, Respekt und Bewunderung für die Rätsel und die Kraft des mathematischen Denkens zu wecken. Er stiftet einen Zusammenhang zur Philosophie, zur Naturforschung, zu den Grundfragen des Menschen nach Raum und Zeit, nach Zufall und Determination, Ende und Unendlichkeit. Und zum ersten Mal spürt der mathemüde Schüler wieder einen Kitzel. Und irgendwann sieht er ein, dass ein armer Tropf ist, wer sein mathematisches Unverständnis auch noch mit stillem Stolz und Überheblichkeit zu einer Heldentat stilisiert.

Alte Versäumnisse machen dann, nach diesem späten Aufwachen, weiterhin das Leben schwer. Bei längst eingeführten Formeln stockt es. Aber der Bann ist gebrochen. Es geht wieder was. Und fast wichtiger als die schlagartige Besserung in den Leistungen ist die wiederentdeckte Freude an dem Fach – auch wenn der Schüler es nicht mehr zu einem Mathegenie bringt. Der Frust ist weg.

Die Schulen müssten versuchen, systematischer für solche kleinen Erweckungserlebnisse zu sorgen. Nicht alles ist planbar, und einer der schlimmsten Fehler der Pädagogik liegt in der Fehleinschätzung, Bildung ließe sich am Reißbrett organisieren. Aber, wie gesagt, oft ist der Impuls eines anderen Lehrers hilfreich. Das sollte sein Kollege nicht persönlich nehmen. Die Lern- und Lehrstile sind verschieden, und den Einfluss der Persönlichkeit und der Beziehung zwischen Lehrer und Schüler kann man gar nicht hoch genug einschätzen. Deshalb wäre es notwendig, wenn das bisher recht starre System der Fachlehrer, die weitgehend als Einzelkämpfer arbeiten, flexibilisiert würde. Es ist keine Schande, wenn andere Pädagogen mithelfen und sich um jene bemühen, bei denen die Kunst des Kollegen offensichtlich nicht weiterkommt.

Die Besten für die Schwächsten

Richtig wäre es, wenn die besten und geschicktesten Lehrer für die schwächsten, in ihren Familien am meisten belasteten und am wenigsten geförderten Schüler zuständig wären. Es ist ein Leichtes, Kindern etwas beizubringen, die schon gelernt haben, wie man lernt; die Eltern haben, die sie unterstützen; die bereits Interesse, Motivation und Selbstdisziplin und viel Vorwissen mitbringen. Die Pädagogik ist gerade dort gefordert, wo die Voraussetzungen weniger günstig sind: wo erst einmal eine Basis geschaffen werden muss, auf der ein Schüler irgendwann allein weiterkommt.

Diese Basis wird nur schaffen, wer eine Beziehung zu dem Kind herstellt, die sich nicht erschöpft im Zuteilen und Bewerten von Aufgaben, im Markieren der Fehler mit dem roten Stift. Viele Lernprobleme haben nicht so sehr kognitive als vielmehr emotionale Ursachen. Diese bilden den Hintergrund für fehlende Disziplin, Querulantentum und Konzentrationsstörungen.

Die Qualität der Beziehung zwischen Eltern und Kindern, aber auch zwischen Lehrern und Schülern hat großen Einfluss darauf, ob und wie ein Kind lernt und ob es bereit ist, Hilfe anzunehmen und Grenzen zu achten.[29] Eine Schule, die nicht bereit ist, etwas dafür zu tun, dass ihre Schüler so viel Stabilität erlangen, dass sie sich dem Lernen nicht verschließen, handelt verantwortungslos. Ihr fehlt das Herz, ohne das auch das Hirn nicht arbeiten kann.

In Deutschland kann sich eine Schule schon glücklich schätzen, wenn sie einen einzigen Sozialarbeiter für Hunderte Kinder beschäftigen kann. Und sie kann sich glücklich schätzen, wenn sie überhaupt einmal einen Schulpsychologen zu Gesicht bekommt. Die Zusammenarbeit mit der Jugendhilfe, mit Sonderpädagogen und psychologischen Fachkräften ist vielerorts vage – wenn es sie überhaupt gibt. Und auch das Bewusstsein dafür, dass nicht jedes „Problem" an andere Professionen delegiert werden kann, ist unterentwickelt. Lehrer sind selbst Pädagogen, nicht nur Vermittler von Fachwissen. Dass die Schule soziale Probleme und emotionale Nöte der Kinder und Jugendlichen nicht einfach ignorieren oder deren „Bearbeitung" anderen überlassen kann, ist eine Erkenntnis, die in Deutschland erst langsam reift. Es fehlt an pädagogischem Optimismus und an den Ressourcen, die Schulen brauchen, um Einzelnen geduldig helfen zu können und denen einen Ausgleich zu bieten, die zu Hause zu wenig positive Anregungen erhalten.

„Wer soll es machen, wenn nicht wir?" – so formulierte es einmal die Rektorin einer Dortmunder Grundschule, die in einem Stadtteil liegt, in dem die Arbeitslosigkeit sehr hoch ist und schon morgens die Trinker an den Büdchen den Schulweg der Kinder säumen. In vielen Familien läuft von früh bis spät der Fernseher, die Kinderzimmer sind eng, wenn es überhaupt welche gibt, und manchmal fehlt sogar ein vernünftiger Tisch, an dem in Ruhe Aufgaben erledigt werden könnten. Wenn die Eltern den Kindern kein Vorbild sind, ist es müßig, auf Appelle an die Erziehungsverantwortung zu vertrauen. Die Schule muss einspringen, so gut sie kann. Die Dortmunder Rektorin sagt: Die Kinder stecken in einem Teufelskreis aus Armut und fehlender Anerkennung – „und nur wir können ihn auflösen".[30]

Der erste Schritt dazu ist, dass die Schule und ihre Lehrer diese Aufgabe überhaupt sehen und annehmen. Der nächste Schritt ist zu prüfen, was notwendig ist, um diese Aufgabe, die über das übliche Unterrichtsgeschäft hinausgeht, möglichst gut erfüllen zu können. Die Politik ist dafür verantwortlich, wenn es den Schulen an Ressourcen und Freiräumen dazu mangelt, mehr zu leisten, als nur den Lehrplan abzuarbeiten. Die ersten beiden Schritte kann eine Schule aber schon alleine gehen.

Im Falle der Grundschule in Dortmund suchen die Lehrerinnen bereits Monate vor der Einschulung der Kinder Kontakt zu den Erzieherinnen in den Kindergärten. Sie wollen gut auf die neuen Erstklässler und auf ihre unterschiedlichen Bedürfnisse und Entwicklungsstände vorbereitet sein. In der Schule gibt es ein „Elterncafé", mit den Eltern werden „Erziehungsverträge" geschlossen. Die Entwicklung jedes Schülers wird von den Lehrern, die im Team arbeiten, ausführlich dokumentiert; die Schüler bekommen spezielle, auf jeden einzelnen zugeschnittene Wochenpläne.

Niedrige Erwartungen erfüllen sich

Manchmal können schon eine bestimmte Haltung und eine geschärfte Wahrnehmung etwas bewirken. Studien in den USA haben ergeben, dass Schwarze und Schüler aus benachteiligten Familien in ihrem Lerneifer gebremst werden, weil sie unter Stereotypen und niedrigen Erwartungen leiden, die man ihnen gegenüber hegt („stereotype threat"). Auch in Deutschland haben Bildungsforscher festgestellt, dass es die Kinder von Einwanderern schwerer haben, gute Noten und eine Übertrittsempfehlung für das Gymnasium zu erhalten – und zwar selbst bei eigentlich guten Fähigkeiten. Am Ende leiden auch die Leistungen, wenn ein Schüler wenig Vertrauen auf sein Können hat und ihm suggeriert wird, er werde es ohnehin nicht weit bringen.

Mädchen lassen sich beispielsweise, wie andere Studien zeigen, von dem Vorurteil beeindrucken, sie seien mathematisch weniger begabt als Jungen. So kommt es zu einer sich selbst erfüllenden Prophezeiung: Wer glaubt, etwas nicht zu können, kann es am Ende tatsächlich nicht. Vorurteile haben einen entmutigenden Effekt.

Die Schule muss solche Denkblockaden durchbrechen. Sie kann sich nicht auf die Devise verlassen: „Jeder ist seines eigenen Glückes Schmied". Das Selbstbewusstsein und die Kraft, erfolgreich gegen Etikettierungen anzukämpfen, haben nicht alle Kinder. So sehr die Schule ihnen ein Gefühl dafür geben muss, dass sie selbst die Gestalter ihres Lernweges sind, so sehr muss sie auch dafür sorgen, dass die Schüler nicht Gefangene ihrer Herkunft bleiben.

Leider reagieren die betroffenen Schüler nicht unbedingt immer gleich begeistert, wenn man sie in die Freiheit entlassen will. Die Kinder und Jugendlichen richten sich ein in den Verhältnissen, die sie kennen. Sie sehen stundenlang fern und spielen am Computer, wenn dies das einzige Kulturprogramm ist, das ihre Familie kennt. Sie erleben das Lernen als Zumutung, wenn das die Botschaft ist, die ihnen ihre Freunde, Geschwister und Eltern vermitteln.

Die Schule kann mit diesen Schülern meist nur wenig anfangen, sie hat systembedingt nicht die Ausdauer und die emotionale Intelligenz, die hier nötig wären, um eine Wende einzuleiten. In der Ära der Gewalt galt der schlimme Satz: „Je weniger Prügel Hänschen bekommt, um so mehr wird man in den meisten Fällen den Hans prügeln müssen."[31] Heute ist klar: Je weniger Zuwendung, Anerkennung und Anregung Hänschen bekommt, umso mehr wird man sie dem Hans geben müssen. Aber wer gibt sie ihm?

Von anderen anerkannt zu werden, Zuwendung und Wertschätzung zu erfahren, ist eine wichtige Bedingung auch für kognitive Leistungen. Unpersönliches und emotionsloses Lernen ist nicht bloß unangenehm. Es ist auch ineffektiv und widerspricht der menschlichen Natur.[32]

Wenn ein schwacher Schüler, dem die Eltern oder Verwandte nicht helfen, Glück hat, springt vielleicht ein sehr engagierter Lehrer, ein Tutor oder Mentor ein. Aber dieses Glück wird eben nicht systematisch gesucht und gefunden. Es gibt in Deutschland eine Tradition der organisierten Verantwortungslosigkeit im Umgang mit den „schwierigen" Kindern und den „schlechten" Schülern. Die Verantwortung wird delegiert, von einem Lehrer zum nächsten, von einer Schule zur anderen, von den Schulen zur Jugendhilfe, von der Jugendhilfe zu den Eltern, von den Eltern zur Polizei. Am Ende kann es passieren, dass ein Schüler zwar als „Fall" schon oft und in vielen Stuben und Amtszimmern Thema war – aber kein Erwachsener je eine Ahnung davon bekommen hat, was in dem jungen Menschen eigentlich vorgeht.

Und jeder, der auf diese Weise aus dem Ruder läuft, gilt als angeblicher Beleg dafür, dass es wieder Zeit sei für eine härtere Gangart in der Pädagogik. Denn die besagten Jugendlichen, heißt es, ließen überhaupt keine Autorität mehr gelten und verweigerten sich nicht nur jedem Befehl, sondern erst recht jedem Hinweis, jedem Rat und jeder noch so gut gemeinten Hilfe. Die Frage jedoch ist, wo und wie dieses Übel begonnen hat.

Ist es wirklich die Folge antiautoritärer Zügellosigkeit oder nicht eher die einer kruden Mischung aus fehlenden Grenzen und fehlender Liebe und Zuwendung, aus Desinteresse, Grenzverletzungen und autoritärem Gehabe von Erwachsenen (Eltern)? Wer das ändern will, muss so früh wie möglich in die Familien hineinschauen (möglichst schon während der Schwangerschaft) und ein Hilfs- und Frühwarnsystem flächendeckend aufbauen, das die Erziehungskompetenz der Eltern stärkt – aber eben nicht im Sinne einer „harten Hand".

Intelligentes Üben

Besser als Kinder für ihre Rohheit anzuklagen, wäre es, sie für ein kultiviertes Verhalten und für das Lernen zu gewinnen. Die Pädagogen müssen für sie, wie der PISA-Forscher Manfred Prenzel es nennt, eine Praxis des „intelligenten Übens" entwickeln: Leistungsschwächere Kinder und Jugendliche brauchen individuell angepasste, vielfältige Übungsaufgaben, die an schon vorhandenen Fähigkeiten anknüpfen und so Schritt für Schritt Erfolge ermöglichen.[33]

In Deutschland hat man es sich lange Zeit sehr einfach gemacht, wenn ein Kind schwierig und lernunwillig wirkte. Man schickte es eben auf die Haupt- oder gleich auf die Sonderschule. Gymnasiasten ließ man eine Klasse wiederholen oder reichte sie an die Realschule weiter. Es fehlte ein Frühwarnsystem, mit dem eklatante Schwächen in den Grundkompetenzen (vor allem des Lesens, Schreibens und Rechnens) rechtzeitig erkannt und behoben werden können. Stattdessen senkte man einfach immer weiter das Anspruchsniveau, bis sich alle am Ende damit abgefunden hatten, dass manche Schüler angeblich so wenig können.

Es gibt seit neustem Ansätze, das zu ändern. Das Bewusstsein von Politikern und Pädagogen dafür, dass man mit der alten Haltung nicht mehr weiterkommt, ist gewachsen. Doch die Voraussetzungen für eine neue Förderkultur sind noch immer ungünstig, die Schulen dafür unzureichend ausgestattet, die Lehrer dafür meist nicht ausgebildet. Die Quittung dafür: weiterhin zehntausende Jugendliche, die jedes Jahr ohne Abschluss die Schule verlassen. Und ein hoher Anteil sogenannter „Risikoschüler", die so schlecht lesen und rechnen, dass ihre Chancen, später einen qualifizierten Beruf ausüben zu können, sehr bescheiden sind.

Gut möglich, dass es immer ein paar Jugendliche geben wird, die ihren Eltern und Lehrern entgleiten. Und zweifellos sind Lernschwächen zu beachten, die sich nicht so einfach „wegtrainieren" lassen. Die Menschen sind verschieden, Begabungen sind unterschiedlich verteilt. Völlig unangebracht ist jedoch eine biologistische Vereinfachung des Problems, ein genetischer Fatalismus nach dem Motto: Die einen sind eben dümmer als die anderen.

Ein solcher Fatalismus widerspricht allen Erkenntnissen seriöser Forschung. Ja, es gibt Unterschiede in der Intelligenz. Aber die meisten Menschen liegen doch ziemlich dicht beieinander, und es kommt bei ihnen vor allem auf das Vorwissen, auf das Üben und auf ihre Motivation an, wie weit sie im Lernen kommen. Intelligenz lässt sich nicht vollständig lösen von sozialen Faktoren und von der Lerngeschichte eines Menschen (und bis heute ist umstritten, was Intelligenz eigentlich ausmacht, welche Dimensionen es gibt und wer sie definiert).

Durch Fleiß, Routine und beharrliches Interesse können Menschen über sich hinauswachsen. Die Grenzen, die die Gene setzen, sind nicht sehr eng gesteckt. Es gibt Länder, in denen der Anteil besonders leistungsschwacher Schüler deutlich geringer ist als in Deutschland. Vielleicht ist es hierzulande besonders schwierig, in soziale Milieus vorzudringen, die wenig für die Bildung der Kinder tun. Aber unmöglich ist es gewiss nicht. Es reicht nicht, intelligent zu sein – man muss es auch werden können. Denn Lernen macht intelligent.[34]

Je mehr jeder Einzelne gefördert wird und sich seine unterschiedlichen Talente und Interessen entfalten können, desto sichtbarer werden zwar am Ende auch die genetischen Unterschiede in den Begabungen sein. Das ist jedoch nicht schlimm, geht es doch nicht um Gleichmacherei, sondern darum, dass alle eine echte Chance bekommen, Bildung zu erlangen. Es geht darum, dass junge Menschen die Schwelle überschreiten können, die sie zu einem eigenständigen, selbstbewussten Leben führt und zur vollen Teilhabe in der Gesellschaft.

Verdruckste Schadenfreude darüber, dass manche Kinder nicht so schnell und fleißig sind wie andere, ist vollkommen fehl am Platz. Konservative Pädagogen wie der Lehrerlobbyist Josef Kraus halten nicht nur die Fahne hoch für Autorität und Disziplin.[35] Sie scheuen sich auch nicht, von faulen und dummen Schülern zu sprechen und zu suggerieren, bei vielen sei nun einmal Hopfen und Malz verloren.

Solche Sprüche überdecken nur, dass für das Gros der schulischen Probleme die Veranlagung wirklich nicht das Problem ist. Der Verweis auf die Gene ist für Lehrer wie Kraus schön bequem, weil er die Schule von ihrer Verantwortung entlastet. Kurzum: Es ist eine dumme, faule Ausrede.

5.
Die Schüler: nur Objekte der Notengebung?

Eltern freuen sich, wenn ihr Kind mit einer guten Note nach Hause kommt. Das ist normal. Beruhigt und ein wenig stolz sieht man sich das Ergebnis an. Fragt man nach, bekommt man dann aber auch mit, dass der Tag für den Mitschüler Paul und die Schulfreundin Anna ein ganz schöner Reinfall war. Die haben nämlich nur eine Drei bekommen oder eine Vier oder Schlimmeres. Die Note Drei wird heutzutage von vielen als Schmach empfunden. In der Grundschule bedeutet eine Drei: Der Übergang aufs Gymnasium ist in Gefahr. Und weil das so ist, fühlen sich jene, die noch schlechter abschneiden, erst recht als völlige Versager. Manchmal weinen die Kinder schon in der Schule, manchmal erst zu Hause.

Viele Grundschullehrer erzählen, dass die Anspannung der Schüler und die Furcht vor schlechten Noten in den vergangenen Jahren immens gewachsen sind. Auf den weiterführenden Schulen hört der Spaß endgültig auf. Leistungsschwächere Schüler fühlen sich unwohl und überfordert, sie kränkeln und machen sich Vorwürfe.[36]

Es gab eine Zeit, da haben Kinder und Jugendliche die Schule gut gemeistert, ohne dass das ein großes Thema war. Jedenfalls wirkte das so, damals in den 1970er und 1980er Jahren, als die Liberalisierung in den Schulen schon angekommen, PISA, das Internet und der Globalisierungsstress aber noch in weiter Ferne waren. Man hat draußen auf der Wiese mit dem Fußball gebolzt, den halben Tag Donald-Duck-Hefte oder Karl May gelesen und die Hausaufgaben schnell noch morgens im Bus hingeschmiert, manchmal auch erst kurz vor Beginn des Unterrichts in der kleinen Pause. Jeder kennt doch kluge, letztlich sehr erfolgreiche, starke und charismatische Persönlichkeiten, die so durch die Schule gekommen sind. Und die anschließend einen Weg genommen und gefunden haben, der zu ihnen passte. Ob sie damals in Algebra mit den Schultern zuckten oder wirres Zeug bei einer Gedichtinterpretation stammelten: längst vergessen.

Manche haben im Unterricht den Kopf auf die Tischplatte gelegt und vor sich hingedöst und dann, weil sie ja keine Genies waren, nicht gerade die allerbesten Noten nach Hause getragen. Die Eltern kümmerte das erst, wenn wirklich die Versetzung gefährdet war. Es war auch nicht so, dass ihre Kinder den ganzen Tag nur vor dem Fernseher herumlungerten oder von morgens bis abends am Computer hockten. Wer in der Schule passiv wirkte, war in seiner Freizeit nicht unbedingt faul. Oft sogar unglaublich aktiv: Die einen ruderten wie wild und organisierten eine Wanderfahrt nach der anderen. Dabei lernten sie Land und Leute kennen. Andere machten in einer Umweltschutzgruppe mit oder spielten in einer Schüler-Band. So erkundeten sie die Welt und folgten ihren eigenen Ideen und Projekten. Und das war für sie auch eine gute Schule.

Sicher: Dieses Idyll ist womöglich etwas überzeichnet. Vor allem trifft es nicht auf die vielen Hauptschüler und die Kinder von Einwanderern zu, die schon damals weitgehend unbeachtet von den gesellschaftlich „besseren" Kreisen ihren Weg gingen – beziehungsweise: nicht gingen. Deutschland war hinsichtlich seiner Bildungspolitik, trotz des ewigen Streits über Gesamtschulen, ein recht selbstzufriedenes Land.

Das hatte viele Nachteile, aber auch ein paar Vorzüge. Die Eltern – vielleicht auch die Lehrer – waren insgesamt gelassener und konnten der Idee, dass man nicht nur im Unterricht und in organisierter Nachhilfe etwas lernt, mehr abgewinnen als heute. Diese Gelassenheit ist zumindest in der Mittelschicht weitgehend gewichen. Zum Schaden der Kinder.

Streng durchgetaktet

Heute wird kaum noch etwas den Zufällen des Lebens überlassen. Die Bildung ist durchgeplant, der Bildungsweg umzäunt und schön asphaltiert. Wo bleiben die Umwege? Wie kann man überhaupt noch neues Terrain erobern? Wie kann man grandios scheitern, um sich aufzurappeln und wieder aufzustehen?

Zwar war man in früheren Zeiten, vor den PISA-Studien und vor der Konjunktur des Bildungsthemas, mit Sicherheit zu nachlässig, wenn es um die viel zu große Zahl echter „Bildungsverlierer" ging. Lange Zeit zehrten die Deutschen von ihrem Ruf, eine Bildungsnation zu sein. Dabei dämmerten sie in einem seligen Geisteszustand, der ein wenig an den einfältigen Simplicissimus in Grimmelshausens barockem Schelmenroman erinnert: „Ich war so vollkommen in der Unwissenheit, dass mir unmöglich war zu wissen, dass ich so gar nichts wusste."

Erst die internationalen Schulstudien haben den Deutschen seit Ende der 1990er Jahre vor Augen geführt, wie inakzeptabel schlecht die Lese- und Rechenleistungen insbesondere an vielen Haupt- und Gesamtschulen waren (und sind). Die Studien haben bewirkt, dass die tiefe Kluft zwischen den sozialen Milieus endlich (wieder) für alle sichtbar und nicht nur als individuelles Risiko erkannt wurde. Und damit auch die Folgen einer falschen Gelassenheit, wenn es um die Förderung von Kindern aus Familien ohne große Ambitionen und ohne lange Bildungstradition ging. Diese Gelassenheit ist dahin. Und das ist gut so.

Aber dadurch sind nun im Gegenzug viele wichtige Aktivitäten und Freiräume bedroht, die Jugendliche früher nutzen konnten, um sich auszuprobieren, sich zu beweisen und eine eigene Welt zu entdecken. Natürlich war diese Welt weitgehend ein Privileg von Kindern, die alles in allem recht behütet aufwuchsen und deren Eltern gesicherte Positionen im Beruf bekleideten. Dennoch war diese Welt schön, und wenn sie zerstört wird, bedeutet das nicht, dass es allein deshalb schon gerechter bei der Verteilung von Bildungschancen zugehen würde. Der in Deutschland sehr enge Zusammenhang zwischen sozialer Herkunft und schulischen Leistungen hat sich bei der jüngsten PISA-Studie zwar ein wenig gelockert. Aber er ist immer noch erschreckend stark.

Die leichten Verbesserungen bei PISA sind das eine. Das andere sind Verschiebungen in den Mentalitäten. Die Frage ist, ob durch die wachsende Aufmerksamkeit für geprüfte schulische Leistungen Bildung zunehmend instrumentell betrachtet wird: als bloßes Vehikel für beruflichen Erfolg. Die Frage ist, ob die Eltern und Lehrer noch die nötige Ruhe und Geduld aufbringen, wenn ein Kind nicht nach dem vorgegebenen Takt tickt.

Nicht alle Kinder kommen mit der Situation zurecht – sie spüren, dass es den Erwachsenen bei dem Thema Schule und Bildung sehr ernst ist. Wenn sie in Tränen ausbrechen, weinen sie stellvertretend für ihre oft panischen Eltern. Die Eltern hören nicht nur jeden Tag, dass man ohne gute Bildung heutzutage aufgeschmissen ist. Sie befürchten auch, dass ihr Kind, wenn es zu oft durch schlechte Noten auffällt, wie in einem Strudel nach unten gezogen wird. Und diese Furcht ist leider nicht unbegründet.

Manche Schüler, vor allem die älteren, überspielen ihre Enttäuschung, wenn sie schlechte Zensuren kassieren. Sie tun ganz cool und scheinbar unbeeindruckt oder entwickeln sogar, wenn sie regelmäßig schlechte Nachrichten nach Hause bringen, einen absurden Stolz, ähnlich der Gaunerehre legendärer Banditen. Wenn sich Schüler nur noch als Objekte der Notengebung empfinden, betrachten sie die Schule verständlicherweise mit kühlem Blick.

Verbissener Leistungskampf

Familien, in denen überwiegend gute Zensuren auf dem Tisch landen, sind natürlich ziemlich zufrieden mit dem System der Schulnoten. In den anderen Familien ist man weniger froh. „Schlechte Verlierer", mag man denken. Denn der Sinn von Noten liegt doch angeblich darin, dass sie ohne Ansehen der Person vergeben werden, auf der Basis gemessener, objektivierbarer Leistungen. In der Schule soll es um Wissen und Fähigkeiten gehen. Und wenn ein Schüler etwas nicht beherrscht (andere aber schon), sollte man da wirklich lange drumherum reden und ihn mit dieser Wahrheit verschonen?

Nein, das nicht. Aber das Problem ist die Kategorie „Verlierer". Fehler und Faulheit werden nicht aufgefangen (was nicht heißt, sie hinzunehmen oder gar zu glorifizieren), stattdessen ist ein verbissener Leistungskampf entstanden, dessen Wert für die Charakterbildung man bezweifeln darf.

Die Unterschiede in den Leistungen kann man auch auf andere Weise spiegeln als durch ein simples Schema, das man allen Kindern in gleicher Weise und zur gleichen Zeit aufdrückt. Es gibt Alternativen, von denen noch zu sprechen sein wird. Wenn Schüler in einem starren Leistungssystem wie Versager dastehen und deshalb das Lernen lieber gleich lassen, ist etwas schief gelaufen in den Familien und im Bildungssystem.

Offensichtlich sind beide Prinzipien zu einem gewissen Grad sinnvoll und berechtigt: auf der einen Seite das Vergleichen von Leistungen und das Beurteilen ohne Rücksicht auf die Person und ihre Geschichte, auf der anderen Seite das Bewerten mit Blick auf die individuelle Person, ihre Entwicklung, ihren Einsatz und ihr Bemühen.

Die Debatte, ob Noten im Prinzip gut oder schlecht, sinnvoll oder schädlich sind, flammt daher aus gutem Grund immer wieder auf. Sie ist ermüdend, aber notwendig. Denn allein die Debatte darüber weitet den Horizont und bewahrt Eltern, Lehrer und Arbeitgeber vor einem verengten Blick, der nur auf die Zensuren schaut und nicht mehr auf die Menschen dahinter.

Je stärker Eltern um Gymnasialplätze für ihre Kinder kämpfen, je mehr Hauptschüler um eine Lehrstelle bangen und Abiturienten sich einen Studienplatz durch Bestnoten verdienen müssen, desto angespannter reagieren sie natürlich auf den pädagogischen Bewertungsapparat. Zugleich neigen in dieser Wettbewerbssituation jene, deren Kinder wenig Probleme in der Schule haben und mit den Zensuren gut zurechtkommen, dazu, das bestehende System zu verteidigen.

Strategisches Lernen

Für die guten Schüler sind Noten eine feine Sache, eine schöne Bestätigung und ein Ansporn, auch in Zukunft fleißig und aufmerksam zu sein. Allerdings: Auch sie können davon korrumpiert und in ihrer Lernhaltung beeinträchtigt werden. Der Sinn für die Inhalte kann leicht in den Hintergrund geraten, wenn in erster Linie auf die Zensuren geschielt wird. So entstehen strategische Lerner. Ihr Einsatz für ein Fach und ihr Interesse für ein Thema bemessen sich an der Relevanz für die Prüfungen. Kalkuliert werden dann Erwartungen und Aufgabenstellungen, während andere Überlegungen und Zweifel ausgeblendet werden. Sobald die Prüfung bestanden ist, gerät das meiste schnell in Vergessenheit. Hauptsache gute Noten. Hauptsache, es gibt Applaus. Und auf zum nächsten Auftritt!

Im Extrem führt das zu jenem „Bulimie-Lernen", das eigentlich eine Qual für alle Beteiligten ist, aber durch verschärftes Tempo, beispielsweise im G8, manchmal unvermeidlich wirkt: Das Wissen wird unreflektiert verschlungen, um es in der Prüfungssituation schnell wieder auszuspeien. Hinterher bleibt nicht mehr übrig als ein schaler Geschmack. Denn wirkliches Lernen hat nicht stattgefunden, der Stoff hat die Person des Schülers gar nicht erreicht. Ein Lehrer nannte das früher

„Ablaichen": Der Schüler legt ein paar Wissenseier und verschwindet.

Psychologen sprechen dagegen von „intrinsischer Motivation", wenn jemand aus eigenem Antrieb heraus etwas lernt und erforscht. Pädagogen wünschen sich, dass Kinder möglichst viel intrinsische Motivation mitbringen, diese bewahren und immer wieder neu entwickeln. Dass sie also erfasst werden von der Leidenschaft für ein Thema, vom Staunen, von der Neugier und dem Ehrgeiz, etwas herauszufinden, zu durchdenken und zu verstehen.

Kinder und Jugendliche lieben es, wenn sie etwas schaffen, was sie sich vorgenommen haben – und ganz besonders, wenn sie es selbstständig hinbekommen. Als die Tochter noch gar nicht richtig sprechen konnte, rief sie schon ständig: „Ich map das!" – Ich mache das!

Das Anziehen der Schuhe, das Bestreichen des Brotes, das Bauen eines Lego-Turmes – der Erwachsene soll nicht vorgreifen und alles selbst erledigen. So ist es auch später in der Schule. Wenn die Schüler den Eindruck haben, sie könnten sich zurücklehnen, werden viele es irgendwann tun, ohne noch zu rufen: „Ich mache das!" Doch richtige Freude bereitet ihnen diese Passivität nicht. Die besten Momente im Leben eines Schülers sind die, in denen er schafft, was er sich selbst vorgenommen hat, wenn er selbst eine Lösung findet. Dafür braucht er zwar Anregung und Inspiration, immer wieder auch Hilfe und Beistand. Aber er braucht ebenso das Vertrauen seiner Lehrer und den Freiraum, seinen Interessen nachgehen und etwas ausprobieren zu können.

Da die Schule aber keine völlig freie und freiwillige Veranstaltung ist, muss sie sich umso mehr bemühen, dem Prinzip der Freiheit und des selbstständigen Lernens Platz einzuräumen. Das bedeutet zum Beispiel, dass sie den Schülern immer wieder Wahlmöglichkeiten gibt: diesen oder jenen Roman zu lesen; dieses oder jenes Fach intensiver zu belegen; ein eigenes Projekt über einen längeren Zeitraum zu verfolgen.

In einer Schule, die nur ihrem eigenen Rhythmus folgt (und dem der Kultusbürokratie) und nicht auch dem des einzelnen Schülers, kann man einen gewissen Grad an natürlichem Eifer bei den Schülern nicht mehr voraussetzen. Man muss im Gegenteil befürchten, dass Kinder und Jugendliche das Lernen, je älter sie werden und je länger sie die Schule besuchen, nur noch als Pflicht begreifen, die mal mehr und mal weniger lästig ist.

Simple Ziffern

Das traditionelle System der Benotung trägt zu diesem Problem erheblich bei. Es reduziert komplexe Lernprozesse auf simple Ziffern, es betont den Wettbewerb und trübt den Blick dafür, dass sich hinter den Ziffern ganz unterschiedliche Entwicklungsschritte der Jugendlichen verbergen. Vor allem bei leistungsschwächeren Schülern bedrohen die Zensuren die Kraft der intrinsischen Motivation.

Andererseits wünschen sich, wie gesagt, viele Familien und sogar die Kinder Noten, auch wenn es nicht immer die besten sind. Sie suchen den Wettbewerb und schätzen die scheinbare Transparenz. Viele Eltern sind interessiert an einem klaren Urteil, wie es um ihr Kind „steht", wie es sich so „macht" und welche Chancen es hat.

Und auch viele Lehrer schätzen die Noten, bei allem Fluchen über lange Zeugniskonferenzen und nächtliche Benotungsorgien, und sei es, weil diese angeblich das letzte Disziplinierungsmittel sind, das ihnen noch bleibt. Noten reduzieren zudem die Komplexität des Unterrichtsgeschehens, sie verdichten und schematisieren den Akt des Beurteilens – und das auch noch auf halbwegs rechtsverbindliche Art.

Jeder weiß gleichwohl, wie anfechtbar und irreführend Noten sein können. Zensuren gaukeln Präzision nur vor. Das beginnt schon damit, dass ein Schüler, der in allen Fächern auf 2,4 steht, am Ende nur Zweier im Zeugnis hat – ein Schüler, der in allen Fächern auf 2,6 steht, aber lauter Dreier. Wer die beiden Zeugnisse liest, bekommt einen völlig falschen Eindruck davon, wie groß der Unterschied zwischen den beiden Schülern ist.

Eine Folge des dubiosen Notenzaubers ist, dass manche Eltern gleich zum Rechtsanwalt eilen, wenn sie irgendwo eine Ungerechtigkeit wittern. Das wiederum führt dazu, dass die Lehrer sich immer weiter absichern, alles formalisieren und das Lehren und Lernen noch mehr ins Korsett einer verwalteten und verrechtlichten Welt gepresst wird – bis darin kein Kind und kein Lehrer mehr richtig atmen kann.

Interessanterweise würden sich wohl die meisten Erwachsenen sofort dagegen wehren, wenn man sie mit simplen Ziffernnoten beurteilen würde. Zwar sind die meisten Arbeitszeugnisse ebenfalls sehr schematisch und formelhaft geschrieben („hat sich stets bemüht"; „zur vollsten Zufriedenheit seine Aufgaben erledigt"). Aber reine Ziffern würde sich kaum jemand gefallen lassen.

Ohne Noten geht es auch

Der frühere Bundespräsident Roman Herzog, der Ende der 1990er Jahre Bildung zum „Megathema" erklärte, hat daran erinnert, dass es keine Bildung ohne Anstrengung gebe. Das hat auch nie jemand behauptet. Insgeheim sollte Herzogs Mahnung heißen: Die Schüler müssen wieder mehr schwitzen. Roman Herzog war nicht nur ein Haurck-Redner, sondern auch ein pädagogischer Schweiß- und Tränen-Prediger, wie sie in den letzten Jahren immer zahlreicher und populärer geworden sind. „Wer die Noten aus den Schulen verbannt, schafft Kuschelecken, aber keine Bildungseinrichtungen, die auf das nächste Jahrtausend vorbereiten", verkündete Herzog[37] – und viele plapperten es ihm nach.

Die so reden, haben wahrscheinlich noch nie eine Schule kennengelernt, die ohne traditionelle Noten auskommt. Sonst würden sie mehr Respekt vor den Leistungen haben, die diese Schulen zuwege bringen. In den vergangenen Jahren haben viele von ihnen erfolgreich beim Wettbewerb um den Deutschen Schulpreis abgeschnitten – einen Preis, den unter anderem die Bundespräsidenten Horst Köhler und Christian Wulff und die Bundeskanzlerin Angela Merkel schon einmal höchstpersönlich überreichten. Wussten sie nicht, was für angeblich leistungsfeindliche „Kuschelschulen" sie da auszeichneten? Oder haben die Politiker mittlerweile eingesehen, dass, anders als Roman Herzog meinte, eine Schule mit Herz kein Widerspruch zu einer Schule mit Hirn ist?

Es gibt in Skandinavien und auch in Deutschland Schulen, die so lange wie möglich, beispielsweise bis zur neunten Klasse, auf Ziffernnoten verzichten und stattdessen auf ausführliche „Lernentwicklungsberichte" setzen. Nicht nur private Waldorf- oder Montessori-Schulen haben damit sehr gute Erfahrungen gemacht, auch einige staatliche Schulen, die es geschafft haben, sich vom traditionellen Zensieren zu lösen. Eine Gesamtschule in Göttingen beispielsweise verzichtet in der Unter- und Mittelstufe auf Ziffernnoten, dennoch ist die Schule, wie Vergleichstests und die Ergebnisse in den Abschlüssen und im Zentralabitur zeigen, äußerst leistungsstark. Es ist ein „Ammenmärchen", sagt der Schulleiter, dass man Noten braucht, um ein hohes Leistungsniveau zu erreichen.

Bei den Lernentwicklungsberichten geht es nicht um schlichte Wort-Zeugnisse, die wenig ergiebig sind, wenn sie das Raster der Ziffernnoten nur schematisch in Worthülsen übertragen und alle Schüler und Eltern die gedrechselten Sätze schnell wieder in Zensuren übersetzen. Wenn solche Berichte mit Bedacht geschrieben werden, sind sie für die Kinder und Eltern viel informativer und hilfreicher als traditionelle Zeugnisse. Es steht dort, was die Kinder in dem Schuljahr gemacht haben, was ihnen leicht und was ihnen schwer gefallen ist. Es gibt Raum dafür, bestimmte Leistungen besonders zu würdigen und spezielle Probleme zu benennen. Vor allem aber lassen die Berichte Platz dafür, konstruktive Anregungen für die Zukunft zu geben.

Hilfreich ist es außerdem, wenn die Kinder und Jugendlichen regelmäßig über ihre eigenen Lernwege und Lernfortschritte reflektieren und selbst entsprechende Berichte anfertigen und mit ihren Lehrern besprechen. Sie sind dann nicht mehr nur Objekte einer von Außen gesteuerten Notengebung. Geht es um ihre Bildung, sind sie selbst gefragt. Sie sind die Subjekte, die Personen, um die es geht, und die selbst ihr Schicksal in die Hand nehmen können.

Solche Berichte lassen Platz für Differenzierungen, die den verschiedenen Stärken und Schwächen einer Person besser gerecht werden als eine Standardnote, die überhaupt nicht erkennen lässt, ob eine „Fünf" deshalb zustande kam, weil ein Kind seine Aufgaben schlicht nicht erledigt hat oder weil es kognitive Schwierigkeiten hatte, die Aufgaben zu lösen.

Alles wieder vergessen

Gut belegt von der Forschung ist der „Bezugsgruppen-Effekt": In einer insgesamt leistungsstarken Klasse neigen die Lehrer dazu, höhere Ansprüche zu stellen. Deshalb ist es dort schwerer, eine gute Note zu bekommen als in einer insgesamt schwächeren Klasse. Umgekehrt können Schüler davon profitieren, wenn ihre Mitschüler noch weniger Durchblick haben als sie selbst. Hat das nicht jeder selbst in der Schule erlebt? Manchmal hatte man einfach Glück, zum Beispiel in Chemie: Als Oberstufenschüler war man in dem Fach zwar keine große Leuchte, aber weil bei vielen anderen schon gar kein Licht mehr brannte, heimste man trotzdem ordentliche Noten ein. Wie aber sieht es heute mit den ehemals guten Chemiekenntnissen aus? Trotz der guten Noten: Man hat keinen blassen Schimmer mehr. Das Haltbarkeitsdatum des Schulwissens ist längst abgelaufen. Der Schüler hat in der Schule lediglich „funktioniert". Mehr nicht. Und jetzt ist alles weg.

Die meisten, die sich ehrlich befragen, stellen mit Erschrecken fest, wie wenig sie aus ihrer Schulzeit behalten haben. Eine PISA-Spezialstudie kam sogar zu dem ernüchternden Ergebnis, dass bereits in der Schulzeit viele Jugendliche während eines Schuljahrs überhaupt keine Fortschritte machen. Sie hätten genauso gut zu Hause bleiben können, kommentierte das der PISA-Forscher Manfred Prenzel lakonisch. Zwischen dem neunten und dem zehnten Schuljahr hatte nicht einmal jeder zweite Schüler seine Kompetenzen in den Naturwissenschaften verbessert. Und dabei hatten an der Studie sogar nur die eher leistungsstärkeren Jugendlichen teilgenommen; Hauptschüler und Klassenwiederholer waren gar nicht dabei.[38]

Andere Studien belegen, dass sogar Schülern und Studenten, die in Tests gut abschneiden, eine Einsicht in das Gelernte fehlen kann. Sie können beispielsweise Newtons Bewegungsgesetze korrekt wiedergeben und in Prüfungsaufgaben anwenden. Im Alltag behalten sie dennoch eine falsche, naive Sicht auf die Welt der Physik. Das Gelernte hat sie nicht wirklich erreicht. Sie fallen immer wieder zurück in ihre alten intuitiven Ansichten.[39]

Das Absitzen des Unterrichts und das bloße Durchkommen bei Prüfungen haben mit Bildung wenig oder nichts zu tun. Diese Strategie ist jedoch so weit verbreitet, dass sie das Selbstverständnis der Schule als Ort des Lernens in Frage stellt. Zum Lernen kann man niemanden zwingen, heißt es oft. Das ist wahr. Aber vielleicht liegt das Problem gerade darin, dass sich Schüler dennoch unter einem Zwang fühlen – dem sie sich dann entziehen.

Wenn Schüler sitzenbleiben und eine Klasse wiederholen, wachen sie manchmal auf und lernen fleißig. Oft erleben sie das wiederholte Jahr jedoch als Strafe, nicht als Chance, und die Effekte für den Lernfortschritt sind bei den meisten eher bescheiden, wenn es überhaupt einen positiven Effekt gibt. Wo es nicht gelungen ist, den eigenen Antrieb des Kindes zu stärken und sein Interesse am Lernen wachzuhalten, sind auch Zwangsmaßnahmen nur noch ein Akt der Hilflosigkeit.

Freiwillig fleißig

Jeder kennt von sich selbst Beispiele, wie sich aus freiwilligem Tun ein großes Bildungserlebnis entwickelt hat, das jedes Prüfungswissen in den Schatten stellt. Zurück zu dem kleinen Gymnasiasten, der so eine Heidenangst hatte vor dem Geräteturnen: Er interessierte sich sehr für die Natur und begann schließlich, in Umweltschutzorganisationen mitzuarbeiten. Den Stimmbruch hatte er noch nicht erreicht, da hielt er unter großem Lampenfieber kleine öffentliche Vorträge über Seehunde oder über bedrohte Vogelarten. Das muss putzig gewesen sein, vielleicht hat es auch ein bisschen altklug gewirkt. Doch in jedem Falle war es für den Jungen ein großes Glück.

Dann bot sich an der Schule eine Gelegenheit, diese Interessen zu vertiefen. Eine „Öko-AG" am Nachmittag versammelte engagierte Schüler und Lehrer, sie unternahmen Exkursionen, arbeiteten im Wald, am Schulteich und im Biologielabor. Die eine oder andere dieser Erfahrungen war bestimmt auch im Unterricht von Nutzen, so wie das Einüben rhetorischer Fähigkeiten durch die kleinen Vorträge in der Freizeit. Aber darauf kam es bei der Sache gar nicht an. Die Teilnehmer hatten die Schule dabei nicht vor Augen. Es ging nicht um Noten.

Ähnlich wird es glücklicherweise auch heute vielen Jugendlichen ergehen, die in ihrer Freizeit anspruchsvolle und komplizierte Dinge tun können und die dabei oft eine Verantwortung tragen, die man ihnen in der Schule gar nicht zugetraut hätte. Wahrscheinlich könnte man diese Kompetenzen und das Engagement, das sich dabei zeigt, noch besser in den Schulen nutzen und darauf aufbauen, wenn man dem Lernen außerhalb des formalen Unterrichts mehr Aufmerksamkeit schenkte – vor allem bei jenen Schülern, die angeblich lernunwillig und unmotiviert sind.

„Es muss Verlierer geben"

Leider ist es jedoch so, dass das Schulsystem, allen Sonntagsreden zum Trotz, darauf angelegt ist, einem gewissen Anteil von Jugendlichen schlechte Leistungen zu attestieren.[40] Wo käme man denn hin, wenn plötzlich alle etwas könnten? Wenn Lehrer in einer Klasse lauter gute Noten verteilen, erregen sie sofort den Verdacht ihrer Vorgesetzten und vieler Eltern, dass es da nicht mit rechten Dingen zugehen könne. Es muss, so die Logik, immer welche geben, die nicht mitkommen, die es nicht schaffen, die den Anforderungen nicht genügen. Es regiert ein pädagogischer Pessimismus. Das merkt jedes Kind – und viele verhalten sich entsprechend.

Noten sind, so sehen es manche Lehrer, das letzte verbliebene Druckmittel, das sie noch haben. Die Strafen, die die Schule verhängen kann, sind heutzutage begrenzt. Wenn den Kindern noch etwas um die Ohren fliegen kann, dann sind es Zensuren und Zeugnisse. Verlassen sich Pädagogen vor allem auf die disziplinierende Macht der Noten, vernachlässigen sie jedoch ihre eigentliche, mitunter sehr mühsame Aufgabe: in Schülern eine Begeisterung für das Lernen und die Inhalte des Faches zu wecken und zu erhalten, die nicht schon am Tag der Prüfung wieder endet.

Das Notensystem delegiert Verantwortung, es verleiht der Schule eine Autorität, die sie jede Stunde neu durch pädagogisches Geschick gewinnen und festigen muss. Und es untergräbt damit die natürliche und professionelle Autorität, die Lehrern und der Schule zukommen sollte. Zensuren dienen nur zum Teil der Transparenz von Leistungen. Der Anreiz durch gute Noten und die Strafe durch schlechte Noten sind auch dazu gedacht, die Kinder anzutreiben. So wird eine extrinsische, von außen (und nicht von der Sache) kommende Motivation geschaffen, ein Schielen auf die Note, das dazu neigt, die wünschenswerte intrinsische Motivation zu verdrängen. In der psychologischen Lernforschung ist immer wieder gezeigt worden, dass richtig eingesetzte verbale Ermutigung das Interesse an einer Sache eher stärken kann als Anreize wie Noten oder Geld.[41]

Beim Loben kommt es darauf an, nicht pauschal die Person in den Himmel zu heben, sondern sich auf konkrete Leistungen zu beziehen und dabei durchaus auch Defizite und Mängel zu benennen und Hinweise für mögliche Verbesserungen zu geben. Notwendig ist ein gehaltvolles „Feedback". Das gilt für einzelne Lernschritte, und es gilt auch für die Bewertung von Leistungen in den Zeugnissen.

Komplexes Feedback

In großen Klassen, die noch überwiegend frontal unterrichtet werden, ist es nicht ganz leicht, ein solches Feedback zu geben. Nötig ist eine komplexe Kultur der Rückmeldung: Jeder Schüler muss kontinuierlich – und nicht erst durch den Ernstfall einer Prüfung – gespiegelt bekommen, was er schon erreicht und verstanden hat und an welchen Schwächen und Stärken er weiter arbeiten kann. Das setzt eine stärker individualisierende Organisation des Unterrichts voraus, etwa mit Wochenplänen für jeden Schüler; mit Aufgaben auf unterschiedlichem Niveau innerhalb einer Klasse; mit einem System aus Einzel- und Gruppenarbeit.

Zur Bewertung durch den Lehrer sollte verstärkt die Eigenbeurteilung treten. Die Kinder und Jugendlichen müssen einen Sinn für ihre eigenen Fähigkeiten entwickeln und lernen, sich realistisch einzuschätzen. Darin liegt eine Chance, die Schüler zu den Herren ihres eigenen Lernprozesses zu machen und sie zu ertüchtigen, Stärken selbst zu finden und auszubauen und sich ihren Schwächen zu stellen. Über Ziele und Wege trifft der einzelne Schüler dann auch Vereinbarungen mit den Lehrern. Es gibt einige Schulen, die bereits so arbeiten, beispielsweise die Evangelische Schule Berlin-Zentrum. Dort hat jeder Schüler einen Lehrer als Mentor, mit dem er sich einmal die Woche zu einem „Feedback-Gespräch" trifft. In diesen Gesprächen halten sie gemeinsam Rückschau auf das Geleistete und entwickeln Pläne und Vorsätze für die Zukunft. Zugleich sind die Gespräche eine gute Gelegenheit, Probleme oder Erfolge zu besprechen, die nicht unmittelbar etwas mit dem Unterrichtsstoff zu tun haben.

Außer solchen Gesprächen sind zudem Phasen wichtig, in denen die Schüler sich sicher sein können, dass sie überhaupt nicht kontrolliert und beurteilt werden. Solche Such-, Findungs- und Übungsphasen haben allerdings nur Aussicht auf Erfolg, wenn bereits eine Lernkultur etabliert ist, in welcher der Antrieb bei fehlendem Notendruck nicht sofort erlahmt. Einer solchen Lernkultur kommt entgegen, dass für Kinder und Jugendliche die Schule vor allem ein sozialer Ort ist, an dem sie Freundschaften und ein Generationengefühl entwickeln können. Eher nebenbei ist es der Ort, an dem unterrichtet wird: Im Bewusstsein der Schüler ist das nicht unbedingt das Wichtigste.

Soziales Lernen

Politiker und Pädagogen haben meistens nur den formalen Lernbetrieb im Blick. Sie übersehen die große Chance, die die Schule als sozialer Raum für Lernprozesse bietet, die über das Wissen der Schulbücher hinausweisen. Die soziale Dynamik in Freundschaften und Cliquen, gemeinsame Ausflüge und Projekte sind oft viel prägender – und im übrigen auch für das spätere Berufsleben, bei dem es in der Regel auf die Zusammenarbeit mit anderen ankommt, keinesfalls belanglos.

Die Kinder und Jugendlichen verbringen den halben Tag und manchmal noch mehr Zeit in der Schulgemeinschaft. Die Schulen müssten schon allein deshalb viel mehr Wert auf soziales Lernen und kulturelle Bildung legen. Und sie müssen Gelegenheiten schaffen, die die Schüler bewegen, die sie anstacheln, sich zu beweisen und neuen Herausforderungen zu stellen.

Die Evangelische Schule Berlin-Zentrum schickt ihre Schüler in der Mittelstufe jedes Jahr in ein Abenteuer. Sie dürfen dabei selbst ein Projekt wählen, es umsetzen und dafür Verantwortung übernehmen. Die einen planen beispielsweise eine lange Fahrradtour durch Deutschland, andere machen naturwissenschaftliche Experimente, bauen ein kleines Fahrzeug oder arbeiten auf einem Bauernhof oder in einem Künstleratelier.

An manchen Grundschulen gibt es regelmäßig „lebenspraktische Tage". Hinter dem etwas sperrigen Titel verbirgt sich ein einfaches Vorhaben: An diesen Tagen zeigen Eltern, Lehrer oder andere ausgewählte Personen etwas Praktisches aus dem Alltag ihres Berufs oder aus ihren Hobbies, das so im Unterricht nicht vorkommt: das Schneidern von Textilien; ein Besuch bei der Feuerwehr, im Wasserwerk oder im Stadtrat; das Basteln eines Drachens; die Reparatur eines Fahrrades. Ähnliche Aktionen organisieren Schulen, wenn sie Projekttage veranstalten. Aber oft sind das nur isolierte Aktionen, ohne Verbindung zum sonstigen Unterricht und zum Alltag in den Klassenzimmern. Nur wenige Schulen nutzen die Projekte, um den Unterricht und das Schulleben insgesamt zu prägen und zu verändern.

Im traditionellen Stundenplan ist leider wenig Platz für Aktivitäten, die sich einer klaren Fächerzuordnung entziehen. Es ist ohne Frage richtig, Mathe und Deutsch und Physik in der Schule zu haben. Aber es lohnt sich, sich einen völlig anderen Stundenplan vorzustellen. Darauf könnte stehen: Toleranz, Verzeihen, Niederlagen verkraften, Konflikte austragen, Nachdenken. Oder eher praktisch: Lampen installieren, Kuchen backen, Schlitten bauen, Gedichte schreiben, ein Lied komponieren.

Es fällt auf, dass der Kunstunterricht eines der wenigen traditionellen Fächer ist, bei dem die Schüler regelmäßig selbst etwas gestalten können. Solche Gestaltungsaufgaben sind als Erfahrung keineswegs nur für angehende Künstler wichtig, sondern ebenso für Ingenieure, Naturwissenschaftler oder Unternehmer – sie sprechen einen bedeutenden Teil des menschlichen Ausdrucksvermögens an. Sie erlauben eine Auseinandersetzung mit sich selbst und mit der Welt.

Das alles sind Aspekte von Bildung, die sich nicht so einfach benoten lassen wie eine Mathearbeit. Wenn dieser Umstand aber dazu führt, dass diese Aspekte immer weiter an den Rand gedrängt werden – dann steht es wirklich schlecht um die Bildung im Land.

6.
Die Lehrer: nur Unterrichtsbeamte?

Adolph Freiherr von Knigge hat in seinem berühmten Buch „Über den Umgang mit Menschen" (1788), das sehr viel mehr als ein plumper Sittenkodex ist, die Bedeutung des Lehrberufs fein zugespitzt: „Es ist wahrlich eine höchst schwere Arbeit, Menschen zu bilden – eine Arbeit, die sich nicht mit Gelde bezahlen lässt. Der geringste Dorfschulmeister, wenn er seine Pflichten treulich erfüllt, ist eine wichtigere und nützlichere Person im Staate als der Finanzminister."[42]

Verglichen mit früheren Jahrhunderten verdienen Lehrer heute gar nicht so schlecht, und doch gibt es solche, die auf einer Party lieber vermeiden, ihren Beruf zu erwähnen. Zu oft haben sie erlebt, dass nervige Debatten über die Schule, die PISA-Studien und das Elend des Bildungswesens losbrachen und sie mit einer Mischung aus Neid und Mitleid betrachtet wurden. „Ach, dann haben Sie schon bald wieder Ferien?!" Oder: „Wie halten Sie es denn aus mit der verrohten Jugend? Ich könnte das nicht!"

Wer sich so etwas zu oft anhören muss, fühlt sich irgendwann einsam. Wird über Lehrer diskutiert, erinnert das ein wenig an Gespräche über Fußball. Alle haben eine Meinung, klare Sympathien und Antipathien. Wen scheren da die Fakten?

Engagement wird nicht belohnt

Obwohl die meisten Menschen neidvoll auf die vielen Ferien blicken, wollen die wenigsten mit den Lehrern tauschen. Jeden Tag vor Schülern zu stehen, von denen man nicht voraussetzen kann, dass sie darauf scharf sind, etwas über das Plusquamperfekt oder die Photosynthese zu erfahren, ist nicht nur anstrengend, es kann auch undankbar sein oder jedenfalls so wirken. Die Ansprüche an die Schule sind hoch, die gesellschaftlichen Erwartungen und die Forderungen der Eltern, Rektoren und Behörden können ziemlich drückend sein. Geht es doch um das Kostbarste, was Eltern anderen anvertrauen können: ihre Kinder. Ein gewisses Maß an Misstrauen lastet deshalb stets über dem Verhältnis zwischen Eltern und Lehrern. Dazu kommt, dass noch immer viele Menschen in den Lehrern lediglich „Halbtagsjobber" sehen, die sich ein gutes Leben machen, ohne sich im Beruf ein Bein auszureißen.

Die realen Arbeitszeiten der Pädagogen liegen im Durchschnitt deutlich höher, als es mit Blick auf die Stundenpläne und Ferientermine den Anschein hat. Studien zeigen, dass Lehrer im Schnitt mehr als 50 Stunden in der Woche arbeiten und beileibe nicht die gesamte Ferienzeit faulenzen.[43] Aber es stimmt natürlich, dass es einen gewissen Spielraum gibt, je nachdem, wie ausgiebig ein Lehrer sich auf den Unterricht vorbereitet, wie korrekturintensiv seine Fächer sind und wie stark er sich in zusätzlichen Aktivitäten, die für das Schulleben so wichtig sind, engagiert. Jeder Lehrer kennt selbst Kollegen, die es immer sehr eilig haben, ihre Aufgaben abzuhaken und das Schulgelände zu verlassen. Unter dem Ruf, der sich so verbreitet, leiden dann am Ende alle.

Besondere Leistungen und hohes Engagement werden bei Lehrern kaum belohnt und oft nicht einmal wahrgenommen. Auch das macht diesen Beruf so anstrengend. Wer im Job hoch hinaus will und Ruhm und Geld anstrebt, wird in Deutschland nicht unbedingt Lehrer. Es gibt Länder wie Finnland, in denen eine Laufbahn in der Schule höher geschätzt wird und sich die Universitäten die besten Kandidaten aussuchen können. In Finnland kommt nur etwa jeder zehnte Bewerber zum Zug. In Deutschland, so ein verbreiteter Eindruck, werden eher mittelmäßige Schüler später Lehrer oder jedenfalls viele, denen sonst nicht viel einfällt und die ein hohes Bedürfnis nach Sicherheit haben.[44]

Es stimmt, dass die Abiturnote späterer Grund-, Haupt- und Realschullehrer im Schnitt etwas schlechter ist als die anderer Akademiker. Doch an Gymnasien sieht es anders aus. Dort haben die Lehrer im Schnitt genauso gute Noten im Abitur gehabt wie andere Akademiker. Und in allen Lehrämtern sind die Zeugnisse der jungen Lehramtstudenten in den vergangenen Jahren besser geworden. Immerhin jeder Fünfte hatte im Abitur eine Eins vor dem Komma.

Aber was bedeuten solche Befunde überhaupt? So wenig, wie man die Schüler zu bloßen Objekten der Notengebung reduzieren darf, sollte man den Pädagogen ihre früheren Zeugnisse zum Vorwurf machen. Entscheidend ist, wie gut sie ihren Beruf ausüben. Aus ihren durchschnittlichen Schulleistungen lassen sich dazu keine besonders treffsicheren Prognosen ableiten (angehende Lehrer wählen typischerweise ja auch nicht gerade diejenigen Fächer im Studium, mit denen sie schon als Schüler wenig anzufangen wussten).

Die Persönlichkeit zählt

Neben dem Wissen, das Lehrer im Studium und im Referendariat erwerben, ist vor allem die Persönlichkeit entscheidend. Es geht um Charaktereigenschaften, die meist sehr beständig sind und sich nicht so einfach an- oder abtrainieren lassen. Ist man eher ein Duckmäuser oder ein kritischer Kopf? Ist man schüchtern, neurotisch, exzentrisch? Selbstbewusst, selbstkritisch, selbstverliebt? Ist man autoritätshörig? Wissensdurstig? Humorvoll? Wer als Lehrer mit Kindern umgehen darf, sollte vor allem in der Lage sein, die Perspektiven zu wechseln, sich selbst zu hinterfragen, ohne dabei unsicher zu werden. Er sollte gelassen und belastbar sein.

Der Frankfurter Schulforscher Udo Rauin erregte 2008 mit der These Aufsehen, dass viele Lehrer bereits während ihres Studiums nicht richtig für ihren zukünftigen Beruf „gebrannt" hätten. Es seien viele „Hedonisten" dabei, die sich vor allem einen Job wünschten, der sich gut mit ihren Hobbies und einer Familie vereinbaren lasse. Gut ein Viertel der Lehramtskandidaten wähle die Schullaufbahn nur aus Verlegenheit. Und ausgerechnet von den Leistungsstarken würden viele schon während der Ausbildung aussteigen und sich ein anderes Berufsfeld suchen.[45]

Nun kann man sagen, dass es grundsätzlich nicht verkehrt ist, wenn neben dem Beruf genug Zeit und Muße bleibt für die eigene Familie und für Hobbies. Das Zeitregime von Lehrern ist schon deshalb besonders familienfreundlich, weil sie nicht extra eine Betreuung organisieren müssen, wenn die eigenen Kinder Ferien haben. Auch die in vielen Schulen weiterhin übliche Konzentration des Unterrichts auf den Vormittag ist praktisch. Übersehen wird freilich, dass viele Lehrer nicht einmal einen vernünftigen Arbeitsplatz in der Schule haben und ständig mit dem Gefühl nach Hause gehen, ihre eigentliche Aufgabe liege noch vor ihnen. Und so sitzen sie dann oft bis spät in den Abend und korrigieren Klassenarbeiten oder organisieren den nächsten Schulausflug – so jedenfalls ist es bei all denen, die ihren Beruf mit Leidenschaft ausfüllen und hohe Ansprüche an sich und die Schule stellen.

Die Frankfurter Studie zu den Müßiggängern unter den Lehramtsstudenten war nicht unbedingt repräsentativ; sie beschränkte sich auf mehrere Hundert Studenten an den Pädagogischen Hochschulen in Baden-Württemberg. Eine Expertise des Max-Planck-Instituts für Bildungsforschung kam zu einem anderen Ergebnis. Demnach folgen Lehramtsstudenten überwiegend „echten" beruflichen Motiven. Und sie zeigen ein größeres „soziales Interesse" als andere Akademiker – ein gutes Zeichen für den Beziehungsberuf Lehrer.

Innerlich gekündigt

Dennoch entsprechen die Befunde der Frankfurter Studie durchaus Eindrücken, über die Lehrer selbst berichten, wenn sie mit ihrem eigenen Berufsstand kritisch ins Gericht gehen: Sie erzählen von Kollegen, denen am wichtigsten ist, nur ja nie ihren Heimatort verlassen zu müssen, oder von solchen, die innerlich längst gekündigt haben, die teamunfähig sind und resistent gegenüber allen Neuerungen – oder aber völlig unkritisch mitmachen bei jeder pädagogischen Mode, die ihnen angetragen wird.[46]

All das sind Ausschnitte aus der Welt der Schule, die einen Teil der Wirklichkeit wiedergeben, aber nicht das Ganze. Pauschale Lehrerschelte hilft jedenfalls nicht weiter. Wichtiger ist zu fragen: Ob nicht zu vieles in der Schule und bei der Ausbildung der Pädagogen allein dem Glück und Zufall überlassen wird? Ob bei der Auswahl von Lehramtskandidaten etwas verbessert werden kann? Ob man das Studium nicht praxistauglicher machen und die Referendare von der Willkür mancher Seminarleiter befreien kann? Und ob man die Schule nicht zu einer lernenden Organisation ausbauen kann, die systematisch mit ihrem „Personal" arbeitet, es stützt, coacht und entwickelt?

Heute ist es oft so, dass die Lehrer im Kollegium einander kritisch beäugen und belauern und dass sie unterschiedliche Maßstäbe an ihren Unterricht und an die Leistungen und das Verhalten ihrer Schüler anlegen. Die Kinder müssen eben sehen, wen sie gerade als Lehrer vor sich haben und welcher Stil bei ihm gefragt ist.

Man braucht die Pädagogen bestimmt nicht mit Samthandschuhen anzufassen. Konstruktive Kritik müssen sie vertragen, so wie die Angehörigen anderer Berufe auch. Und so wie ihre Schüler. Viele Lehrer, misstrauisch geworden durch pauschale Beschuldigungen, fühlen sich mittlerweile schnell angegriffen und sind verstimmt, sobald jemand einen Hauch von Kritik äußert. Unter den Kritikern wiederum sind viele, die zwar über den angeblich lauen Job spotten, sich selbst aber unter gar keinen Umständen auch nur eine Stunde im Klassenzimmer antun würden. So entsteht eine Spirale des Argwohns, die niemandem nützt. Am wenigsten den Schülern.

Konstruktive Kritik

Vor ungerechten Angriffen muss man Lehrer vehement verteidigen. Man kann sie nicht pauschal als faul verunglimpfen oder sich mit Lehrerhass brüsten und dann noch erwarten, dass es in den Schulen herzlich zugeht und Kinder ermutigt und nicht heruntergeputzt werden. Wer glaubt, die Probleme des Schulsystems ließen sich lösen, indem man Lehrern ständig auf die Finger klopft, irrt gewaltig. Er folgt letztlich der gleichen Logik von hohler Dressur und Disziplin, die in der Erziehung und Bildung der Kinder endgültig überwunden werden und die einem Klima der Kreativität, der Motivation und Selbstständigkeit weichen sollte. Nicht nur die Kinder lernen und arbeiten am besten, wenn sie daran Freude haben, wenn man sie ermutigt und ertüchtigt.

Pädagogen und Schüler müssen dabei auch miteinander arbeiten und offen miteinander kommunizieren. Viel zu selten holen Lehrer an deutschen Schulen ein Feedback darüber ein, wie ihr Unterricht eigentlich ankommt. Sie fragen nicht nach, wie gut bestimmte Lehrmethoden aus Sicht der Schüler gelingen und was nicht so gut funktioniert und welche Formen der Unterstützung sich die Jugendlichen wünschen. Sie fragen auch zu selten nach, wie Kommentare und Kritik des Lehrers von den Schülern empfunden werden und welche Lehren daraus zu ziehen sind. Viele Pädagogen sehen sich gar nicht in der Pflicht, in Erfahrung zu bringen, was die Schüler an ihnen schätzen und was nicht.

Positive Ausnahmen bestätigen die Regel. Am Friedrich-Schiller-Gymnasium in Marbach hat Direktor Günter Offermann vor einigen Jahren ein „Ruck-zuck-Feedback" eingeführt. Nach ein paar Wochen im neuen Schuljahr geben sich Lehrer und Schüler gegenseitig Rückmeldungen darüber, wie sie den Unterricht wahrnehmen. Die Jugendlichen können drei Punkte aufschreiben, die ihnen am Stil und Vorgehen des Pädagogen gefallen und so beibehalten werden sollten, und drei Punkte, die sie als problematisch empfinden. Auch die Lehrer bewerten das Unterrichtsgeschehen in der Klasse. So kann ein konstruktiver Dialog entstehen. Offermann betont, es gehe nicht um Schuldzuweisungen, sondern um Verständnis füreinander und um die Möglichkeit, noch besser miteinander auszukommen.

Solches Ruck-zuck-Feedback ist ein Element einer umfassenden Qualitätsentwicklung, zu der für das Gymnasium in Marbach beispielsweise auch gehört, dass der Schulleiter regelmäßig Unterrichtsbesuche macht. Entscheidend ist in diesem Zusammenhang, ein Klima des Vertrauens zu schaffen, in dem Kritik tatsächlich möglich und nicht jede Maßnahme, jeder Vorschlag oder Einwand als Kontrolle und als feindliche Aktion wahrgenommen wird.

Mehr Austausch und Feedback können heilsam und entlastend sein. Die meisten Lehrer hätten sicher Interesse an entsprechenden Instrumenten und Gesprächen, auch mit ihren Schülern. Aber sie wissen oft nicht, wie und wann sie diese führen sollen. Sie sind in diesem Punkt unbeholfen, sie haben so etwas nie gelernt, weder im Studium noch im Referendariat, und im Stundenplan ist das alles ohnehin nicht vorgesehen. Dort steht der Stoff, der zu „behandeln" ist. Wie man die Schüler behandelt, steht dort nicht.

Dialog mit Schülern

Dabei sind die Zuwendung zu ihnen und der Dialog mit ihnen Voraussetzungen dafür, dass das Lernen gelingen kann. Der Mensch ist eben, wie es der Mediziner und Psychotherapeut Joachim Bauer sagt, ein „Beziehungstier"; und das „Beziehungsgeschehen" entscheidet maßgeblich darüber, wie gut und nachhaltig Lernprozesse ablaufen.[47] So ist es eine völlige Verschwendung von Ressourcen, wenn Lehrer in den Schulen auf Kinder einreden, die überhaupt nicht dazu bereit oder in der Lage sind, etwas inhaltlich aufzunehmen oder anzunehmen. Erst einmal muss der Boden bereitet werden, auf dem die Pflanzen des Wissens wachsen können. Doch dieser Boden wird in deutschen Schulen kaum gepflegt. Ob er fruchtbar ist, überlässt man der „Natur".

Wie oft sind die Lehrer für ihre Schüler einfach nicht ansprechbar – sie sind froh, wenn sie im Lehrerzimmer verschwinden, einmal durchatmen und einen Kaffee trinken können. Die kollektive Kommunikation im Klassenraum hat ihre Vorteile, aber für sehr viele pädagogische und fachliche Fragen ist sie weder effizient noch effektiv. Komischerweise sind die meisten Schulen dennoch bis heute so organisiert, dass Gespräche im kleineren Kreis und regelmäßige Sprechstunden für die Schüler zur absoluten Ausnahme gehören.[48]

Natürlich gibt es Klassenlehrer, die ab und zu ein klärendes Gespräch führen. Aber oft läuft das unter dem Vorzeichen: ein ernstes Wort sprechen. Über Atmosphärisches und über soziale Beziehungen oder über Lernhaltungen, Motivationen und Lebensziele wird in der Schule in der Regel erst geredet, wenn ein Konflikt so weit fortgeschritten ist, dass er nicht mehr ignoriert werden kann. Doch dann ist es schon zu spät.

Fast immer geht es in solchen Gesprächen um Probleme, Verstöße und Defizite der Schüler – fast nie um mögliche Verbesserungen auf Seiten des Lehrers und seines Unterrichts. Nur gelegentlich kommt es vor, dass sich ein Klassenlehrer den Ärger anhört, den seine Schüler mit einem bestimmten Fachlehrer haben. In den meisten Fällen läuft es umgekehrt: Fachlehrer beschweren sich über das Verhalten einer Klasse, und deren Klassenlehrer versucht es daraufhin mit einer Standpauke.

Was in Schulen fehlt, ist ein systematischer Dialog über die Qualität des Unterrichts, bei dem die Betroffenen – die Schüler – Gelegenheit haben, zu Wort zu kommen. Dabei ließe sich klären, welche Probleme mit der Lernkultur es bei den Schülern gibt – es ginge also keineswegs darum, einseitig die Lehrer oder die Schüler zu beurteilen. Es ginge darum, gemeinsam Wege zu suchen, den Unterricht lebendiger, spannender und effektiver zu machen und den Lernerfolg zu vergrößern. Es ginge darum, dass die Lehrer den Schülern zuhören – und zwar als Prüfer ihrer selbst. Das würde die Identifikation der Jugendlichen mit der Schule steigern. Und das wäre natürlich nicht zuletzt im Interesse fast aller Lehrer, die sich nach einer schöneren Schule und einem noch effektiveren Unterricht sehnen.

Abgespeist mit dem Beamtenstatus

Es gibt Pädagogen, die diesen Namen gar nicht verdienen und bei denen man Mittel und Wege finden muss, sie loszuwerden oder möglichst gar nicht erst in den Beruf zu lassen. Aber ihre Zahl ist vermutlich klein. Das Beamtenrecht ist nicht gerade eine Hilfe, wenn man versucht, untragbarer Lehrer Herr zu werden. Besonders schwierig ist es, erwiesenermaßen unfähige Schulleiter loszuwerden. Es ist allerdings ebenfalls eine Illusion zu glauben, die Lage wäre gleich viel einfacher, wenn man den Beamtenstatus abschafft. Wer eine Weile im öffentlichen Dienst tätig ist, lässt sich nur noch bei schweren Vergehen kündigen, nicht aber wegen chronischer Überforderung und ungenügender pädagogischer Performance.[49] Um in dieser Hinsicht etwas zu ändern, müsste man für Lehrer ganz neue Bewertungs-, Laufbahn- und Kündigungskriterien entwickeln. Dabei würden sich neue Risiken ergeben, die gern ausgemalt werden, um den Beamtenstatus zu verteidigen: zum Beispiel der Verlust an Unabhängigkeit.

Wenn Lehrer Angst haben müssen, dass sie jederzeit gekündigt werden können, sind sie vielleicht anfälliger dafür, dem Druck einflussreicher Eltern oder Politiker nachzugeben. In Privatschulen kann dies schon heute ein Problem sein. Auf der einen Seite wünscht man sich mehr Flexibilität bei der Einstellung und der Kündigung von Lehrern, auf der anderen Seite behindert eine ständige Fluktuation den Aufbau einer guten Schulkultur.

Wie viele Beamte sich ein Staat leisten sollte, ist eine Frage, die weit über die Schulpolitik hinausführt und die man ganz losgelöst von pädagogischen Fragen führen kann. Welche Antwort die Gesellschaft darauf auch gibt: Entscheidend für die Schule sollte sein, dass sich die Pädagogen, unabhängig von ihrem formalen Status, nicht reduzieren (lassen) auf bloße Unterrichtsbeamte, die ihre Lehre wie einen Verwaltungsakt betreiben. Entscheidend ist außerdem, dass bei der Auswahl von Lehramtskandidaten, bei der Aus- und Fortbildung und bei beruflichen Anreizen für Pädagogen Maßstäbe gesetzt werden, die das starre traditionelle Dienstrecht hinter sich lassen. Lehrer, die sich besonders engagieren, verdienen entsprechende Anerkennung. Lehrer, denen es gelingt, als schwierig geltende Jugendliche gut zu fördern, verdienen mehr als nur Respekt. Nicht immer muss es (nur) finanzielle Belohnungen geben. Wichtig sind öffentlich sichtbare Ehrungen und vor allem genügend Freiräume: Reisen, Auszeiten, unbürokratische Unterstützung bei organisatorischen Fragen, zusätzliche Ressourcen, Mittel für Projekte, die der Lehrer betreut.

Gerade die engagierten Lehrer wären froh, wenn man einfach einmal auf sie hören würde. Sie wären froh, wenn man flexibel und unbürokratisch besondere Arbeitsmittel, die sie nicht zu ihrem Vergnügen fordern, bewilligen und beschaffen würde, damit sie ihre gute Arbeit fortsetzen und noch besser ausführen können.

Der Beamtenstatus ist ein Privileg, um das viele Angestellte die Lehrer beneiden. Man kann es aber auch so sehen, dass dieses vermeintliche oder tatsächliche Privileg ein Mittel ist, mit dem die Pädagogen ruhiggestellt werden. Sie sollen gefälligst keine weiteren Ansprüche mehr stellen.

Es mag sein, dass der Beamtenstatus zunächst verlockend ist für alle, die auf Nummer sicher gehen wollen. Was aber, wenn sie anschließend frustriert feststellen, dass der Staat sich nicht weiter um sie und die Bedürfnisse der Schulen kümmert? Lehrer sollten die Zeit und die Mittel bekommen, um den Kindern wirklich als Pädagogen begegnen zu können.

Leidtragende einer lieblosen Institution

Viele haben das Gefühl, dass sie ständig gefordert sind, dass sie ständig helfen müssen, ihnen selbst jedoch keinerlei Hilfe gegeben wird. Wenn die Lehrer den Notendruck, den das System aufbaut, einfach weitergeben und zu wenig dafür tun, dass jedes Kind in Ruhe seinen Weg finden kann, steckt dahinter meist keine böse Absicht. Lehrer folgen Traditionen, sie werden in eine bestimmte Schulkultur sozialisiert, und sie unterliegen vielen Zwängen, die sie selbst zu Leidtragenden einer oft lieblosen Institution machen.

Will man die Schulen schöner und herzlicher gestalten, muss man die Lehrer dafür gewinnen. Viele Lehrer, die man kennenlernt, tun schon jetzt beinahe Unmenschliches, um ihren Teil dazu beizutragen. Sie sind jederzeit dazu bereit, ihre Freizeit für Projekte und zusätzliche Aufgaben einzuschränken und den Mangel an guter Ausstattung durch persönlichen Einsatz auszugleichen, indem sie selbst Lehrmaterial kaufen und erstellen und indem sie Kindern beispringen, wenn es in der Familie Probleme gibt. Solche Pädagogen hat der frühere Bundespräsident Horst Köhler zu Recht einmal als „Helden des Alltags" gewürdigt. Sie sind tatsächlich weit mehr als nur Unterrichtsbeamte. Ihr Ethos weist über die Grenzen einer 45-Minuten-Stunde und das Schema der Besoldungsgruppen weit hinaus.

Es ist aber nicht leicht, jeden Tag ein Held zu sein. Was viele Pädagogen bedrückt und demotiviert, ist die Diskrepanz zwischen den offiziellen Beteuerungen, wie unschätzbar wertvoll ihre Arbeit doch sei, und dem offensichtlichen Mangel an Konsequenzen aus dieser Wertschätzung. Dieser Mangel wird Lehrern deutlich, wenn sie erleben müssen, wie den Schulen Ressourcen verweigert werden und jedes Jahr von Neuem der

Kampf schon um die Grundversorgung mit ausreichend Personalstellen ausbricht.

Viele Lehrer haben in den vergangenen Jahren gesehen, wie ihre Freiräume, pädagogisch nachhaltig zu arbeiten, eher kleiner als größer geworden sind. Sie fühlen sich von Reform zu Reform gehetzt, sie sind beschäftigt mit dem Ausfüllen von Formblättern und dem Abarbeiten der Lehrpläne und Prüfungsvorgaben, und sie lassen sich davon manchmal auch verrückt machen und von ihren eigentlichen Aufgaben ablenken. Sie werden verwaltet und verwalten in der Folge auch ihre Schüler.

Der Burnout, den viele Lehrer erleiden, ist ein Symptom nicht nur für instabile Persönlichkeiten, sondern vor allem für grundlegende Defizite in der Aus- und Fortbildung und in der Gestaltung des Arbeits- und Lebensraumes Schule. Das beginnt bei der oft kargen und kläglichen Ausstattung der Räume und des Lehrerzimmers und geht weiter mit den vielen Erlassen und Verordnungen, die die Kultusministerien über die Schulen ausschütten. Vernachlässigt werden die kontinuierliche didaktische Arbeit, das Lernen der Pädagogen voneinander im Team, die Verbesserung des Unterrichts.

Die meisten Lehrer arbeiten allein vor sich hin, sie lassen sich nicht hineinreden und folgen ihrer ganz eigenen Idee davon, was guter Unterricht sei und wie sie ihn gestalten sollten. Zu kurz kommt die Möglichkeit, mit den Schülern und den Kollegen Wagnisse einzugehen, eigene Ideen und Projekte zu verwirklichen, Neues zu entdecken, Probleme und Konflikte zu lösen. Zu kurz kommt das klärende Gespräch mit Schülern und vor allem die Zeit und der Raum für offene Begegnungen, bei denen sich Ideen erst ergeben, bei denen gemeinsam gedacht und reflektiert oder einfach nur geflachst und gescherzt wird.

Wenn sich Lehrer ständig belastet und erschöpft fühlen, leidet ihr Unterricht. Ausgeglichene Pädagogen kommen dagegen bei Schülern gut an. Das ist nicht nur eine naheliegende Vermutung, es gibt dafür wissenschaftliche Belege. So zeigt eine Studie des Max-Planck-Instituts für Bildungsforschung, dass ausgebrannte Lehrer offenbar weniger stark die Selbstständigkeit der Schüler fördern. Vielleicht deshalb, weil sie krampfhaft versuchen, über sich und die Schüler die Kontrolle zu behalten. Außerdem schreiten sie oft zu schnell im Stoff voran und werden von den Schülern als weniger gerecht eingeschätzt.

„Hauptsache, der Unterricht läuft"

Der Lehrberuf ist ein Beziehungsberuf, aber das blenden die Schulbehörden gerne aus. Hauptsache, der Unterricht läuft irgendwie. Hauptsache, es fallen nicht zu viele Stunden aus. Wenn sich Lehrer intensiv um einzelne Kinder kümmern; wenn sie deren Eltern besuchen, weil nur so eine Aussicht besteht, dem Schüler zu helfen; wenn sie eine Exkursion organisieren oder einen Künstler für einen Workshop in die Schule holen; wenn sie einem Kind, das massiv unter der Trennung der Eltern leidet, den Weg zu einem Therapeuten ebnen; wenn sie ein Volleyballturnier bestreiten, in dem die Schüler die Lehrer herausfordern: wenn die Lehrer also mehr tun, als ihren Unterricht abzuhalten und ab und zu einen Wandertag einzulegen, so geschieht das meist auf eigene Faust und Rechnung – organisatorisch, finanziell und zeitlich. In den offiziellen Berechnungen der Stunden, Stellen, Mittel, die einer Schule zustehen, ist dafür kaum Platz.

Deshalb scheitert bisher auch jedes ernst zu nehmende Programm für eine systematische Fortbildung der Lehrer, für eine „Personalentwicklung", die diesem Namen gerecht würde und am Ende nicht nur den Lehrern, sondern auch den Schülern zugute käme. Lehrer brauchen professionelle Begleitung und Supervision. Es ist nicht damit getan, dass sie das Staatsexamen ablegen. Schulen müssen auch ihre Lehrer schulen.

Bisher gibt es, abgesehen von einigen, mehr oder weniger pflichtschuldig wahrgenommenen Fortbildungstagen, wenig Weiterentwicklungsmöglichkeiten nach dem Referendariat, sofern sie sich ein Lehrer oder Kollegium nicht selbst und unter

Meisterung vieler Hürden organisiert. Lehrer verdienen einen Vorschuss an Vertrauen, aber es muss umgekehrt auch selbstverständlich sein, dass die Türen der Klassenzimmer offen stehen für Kollegen und konstruktive Kritiker. Die gemeinsame Reflexion und Verbesserung des Unterrichts müsste eine beständige Aufgabe sein, nicht nur während des Referendariats. Die Frage, ob und wie Beziehungen zu den Schülern und Eltern so gestaltet werden, dass sie das Lernen erleichtern, und wie der Lehrer vom Belehrer zum Berater werden kann, der den Kindern und Jugendlichen nicht von oben herab begegnet, sondern ihnen zur Seite steht – diese Frage sollte regelmäßig neu gestellt werden.

Raus aus der Schule

Die Schulen würden davon profitieren, wenn die Lehrer ab und zu Auszeiten bekämen, die sie in die Welt außerhalb der Schule führen – und damit sind nicht die Ferien und Studiosus-Reisen gemeint, sondern Hospitationen in Betrieben und Laboren, in Büros und Werkstätten, Expeditionen in die Natur und ins Getriebe der modernen Arbeitswelt. Mehr noch als andere Berufstätige müssen Lehrer ihr Leben lang lernen und dazu gelegentlich Abstand von der Welt der Schule gewinnen. Wenn ein Abiturient nach der Schule direkt ins Studium und dann zurück in die Schule geht, um dort jahrzehntelang wieder nichts anderes zu sehen als Klassen- und Lehrerzimmer, dann ist das zu wenig. So kann er kaum seinen Schülern wirkliches Weltwissen vermitteln.

Außer fachlichen, didaktischen und pädagogischen Fähigkeiten spielt die Persönlichkeit, die Reife und Stabilität des Charakters im Lehrberuf eine entscheidende Rolle. Nur wer in sich ruht und mit sich im Reinen ist, kann die Strapazen des Unterrichtens jahrzehntelang verkraften. Wer emotional labil ist, hält es auf Dauer nicht aus, sich Tag für Tag vor Kindern und Jugendlichen zu präsentieren und dabei in vielfältige

Probleme und Konflikte hineingezogen zu werden. Der Lehrer gibt zunächst mehr, als er bekommt. Er muss deshalb Freude am Lernen anderer haben und darf sich nicht von ständigem Lob durch andere abhängig machen. Nötig ist eine hohe Frustrationstoleranz, denn die Widerstände und Probleme überlagern in der Schule leicht all das, was gut gelingt.

Lehrer müssen das Gefühl aushalten können zu scheitern, das Gefühl, nicht durchzudringen, nicht voranzukommen. Sie müssen es verkraften, immer wieder von vorn anzufangen, wie Sisyphos, der antike Held, den die Götter dazu verdammt haben, einen Fels auf einen Berg zu wälzen, von dem er stets wieder hinunterrollt. Frustrierend? Man kann versuchen, diese Leidensgeschichte umzudeuten und anders zu fassen, so wie es Albert Camus in seinem berühmten Essay getan hat, in dem er schrieb, man müsse sich Sisyphos als einen glücklichen Menschen vorstellen. Es geht darum, die Mühen anzunehmen, den rollenden Stein nicht als aufgezwungen zu betrachten, sondern als die eigene Sache.

Und ganz so wie bei Sisyphos ist es im Klassenzimmer ja nicht. Immer wieder kann man als Lehrer erstaunliche Erfolge erleben, anrührende Geschichten und ermutigende Lernentwicklungen. Leider richten viele Pädagogen ihre Aufmerksamkeit vor allem darauf, was alles *nicht* klappt. Was gut läuft, sehen sie nicht.

Störungen sind normal

Ein renommierter Erziehungswissenschaftler und Psychologe erzählte auf einem Symposium davon, wie er seine beiden erwachsenen Töchter erlebe.[50] Eine Tochter ist Ärztin, die andere Lehrerin. Die Ärztin kommt heim und stöhnt: „Papa, es war heute wieder ein unglaublicher Stress. Ein schwerer Unfall, alles voller Blut, wir mussten alles gleichzeitig erledigen. Einen konnten wir retten, einen anderen nicht. Ich bin fix und fertig." Der Vater fragt: „Und? Bist du zufrieden?" – „Ja, Vater, es ist ein wunderbarer Beruf." Anders läuft es bei der zweiten Tochter, wenn sie aus der Schule kommt. „Papa, es war heute wieder ein unglaublicher Stress. Großes Durcheinander in der Klasse, lauter unaufmerksame Schüler. Ich bin fix und fertig." Der Vater fragt: „Und? Bist du zufrieden?" – „Nein, Papa. Es ist wirklich frustrierend."

Der Vater hat sich gefragt, wie es sein kann, dass zwei gleichermaßen anstrengende Tätigkeiten, bei denen Erfolge und Rückschläge normal sind, so unterschiedlich verarbeitet werden. Offenbar steht zu befürchten, dass viele Lehrer mit Erwartungen in die Schule gehen, die zu herben Enttäuschungen führen müssen. Dazu gehört die Idee, der Normalzustand der Schule und des Unterrichts sei störungsfrei. Der Normalzustand ist aber die Störung, das Problem, die Herausforderung – und genau für diese sind die Pädagogen da.

Deshalb ist es nicht ausreichend, sich für ein bestimmtes Fach und Themengebiet zu interessieren und Freude daran zu haben, es vorzutragen. Pädagogen brauchen auch theatralische und dramaturgische Fähigkeiten – ohne allerdings selbstverliebte Selbstdarsteller zu sein. Sie müssen sich gut in andere hineinversetzen und die Perspektive wechseln können – ohne allerdings den eigenen Standpunkt zu verlieren.

Ärzten kommt entgegen, dass ihre Patienten in der Regel ein natürliches Interesse daran haben, geheilt zu werden. Deshalb fügen sie sich meist ohne große Widerstände. Lehrer dagegen können zwar mit einer natürlichen Neugier ihrer Schüler rechnen, aber nicht damit, dass sie gerade in die gleiche Richtung zielt, wie es der Lehrer und die Schule für notwendig halten. Die Kunst besteht darin, den natürlichen Eifer nicht abzutöten und dennoch zu lenken und zu leiten. Immer wieder müssen sich Pädagogen zurückziehen in die Rolle eines „Geburtshelfers", der das Hervortreten von Einsichten und Erkenntnissen begleitet. Warum soll diese pädagogische Hebammenkunst, wenn man sich auf sie einlässt, nicht beglückend sein?

Die Anforderungen sind zweifellos hoch. Lehrer müssen sich zurückhalten und gut kommunizieren können. Sie sollten schlagfertig und geschickt im Improvisieren sein, aber auch die Kunst des Zuhörens beherrschen – und ein Schweigen, das den anderen zum Reden ermutigt.

Das alles ist wahrlich nicht wenig, und eine Gesellschaft, die Wert auf Bildung legt, muss ihre Lehrer entsprechend gut auswählen und darf sie in ihrem Beruf nicht allein lassen. In Finnland werden die Lehramtsstudenten sehr sorgfältig in einem langen Verfahren ausgewählt. Auch in Deutschland haben einige Universitäten damit begonnen, ihre Lehramtsstudenten nicht mehr unbesehen aufzunehmen, sondern zu Gesprächen zu bitten und sich einen Eindruck von ihrer Persönlichkeit zu verschaffen. Die Professoren und Mentoren brauchen den Mut, einigen Kandidaten im Zweifel einen anderen Beruf nahezulegen, und das notfalls auch noch während des laufenden Studiums.

Solides Halbwissen

Lehrer müssen deswegen nicht gleich wie Halbgötter sein. Sie können Wissenslücken haben, wenn sie wissen, damit umzugehen, und sie ihre Autorität durch kluges Unterrichten gewinnen. Es gibt aber Momente, in denen man mit Blick auf die Allgemeinbildung der Pädagogen nachdenklich wird. Zum Beispiel als bei der Quizsendung „Wer wird Millionär?" eine angehende Gymnasiallehrerin (Fach: Deutsch) offenkundig nicht im Bilde war, um wen es sich bei Johannes Gutenberg handelte. War es nur die Aufregung? War es ein Blackout? Und würde man selbst nicht auch vielleicht mit peinlichen Lücken erwischt werden?

Oder war das Ganze eine unverzeihliche Blöße, die ein Lehrer sich niemals geben dürfte? Ist doch etwas dran an der bösen These, dass es in den deutschen Schulen zwar ein paar bewundernswerte, höchst engagierte Pädagogen gibt – aber leider auch sehr viele mittelmäßige Lehrer, die allenfalls routinemäßig ihren Job erledigen und kaum ihr eigenes Fach beherrschen?

Reines Fakten- und Namenwissen ist gewiss nicht der höchste Ausweis von Bildung. Ein paar elementare Kenntnisse sind jedoch unverzichtbar, gerade für Lehrer, die ein Vorbild für ihre Schüler sein sollen. Welches diese Elementarkenntnisse sind, darüber lässt sich lange streiten. Eindruck auf Schüler machen Lehrer, die rundum gebildet sind und vieles wissen und können, ohne damit zu prahlen, und ohne Scheu zugeben, wenn sie einmal keine Ahnung haben und bei einer Frage passen müssen.

Ernüchternd ist, dass fast die Hälfte der Lehrer in Deutschland ohnehin der Ansicht ist, dass sie nur wenig bis gar keinen Einfluss auf ihre Schüler haben.[51] Schön, wenn die Pädagogen sich nicht überschätzen – aber so viel Bescheidenheit muss dann doch nicht sein. Ein Lehrer, der sein Tun für wirkungslos hält, sollte sich überlegen, ob er nicht besser einen anderen Beruf ausüben sollte.

Emotionale Reife

Die Maxime, möglichst viele der Besten und Stabilsten eines Jahrgangs für den Lehrerberuf zu gewinnen, bezieht sich nicht unbedingt (nur) auf die fachlichen Leistungen in Schule und Studium. Es geht genauso um das soziale Geschick und die emotionale Reife. Gute Noten sind – auch eingedenk der Probleme des Notensystems (siehe oben) – keine Garantie für ein erfolgreiches Lehrerleben. Akademischen Überfliegern, die das Gefühl, mit einer schlechten Note nach Hause zu gehen, nie erleiden mussten, könnte es beispielsweise schwer fallen, genügend Geduld für langsame Schüler aufzubringen.

Ausbildung und Rekrutierung der Lehrer sind in Deutschland jahrzehntelang ohne Umsicht betrieben worden. In der Universität waren und sind Lehramtsstudenten oft heimatlos, gehören keiner Fakultät so richtig an. Erst allmählich beginnt sich das zu ändern. An der Technischen Universität in München und an der Ruhr-Universität Bochum beispielsweise sind in jüngster Zeit „Schools of Education" entstanden, die den Lehramtsstudenten das notwendige Gewicht innerhalb der Hochschule geben und darauf achten sollen, die richtigen Kandidaten für den Beruf zu gewinnen und das Studium besser auf die Herausforderungen der Schulpraxis auszurichten. Andere Hochschulen wollen folgen.

Was sind gute Lehrer, was zeichnet sie aus? Worin liegt ihr Geheimnis? Vieles hängt an der Person und an der Haltung, die der Lehrer gegenüber seinen Schülern einnimmt. Wenig davon beruht jedoch allein auf Intuition und natürlichem Talent. Umgekehrt gibt es keinen Modellbausatz, nach dem sich herausragende Pädagogen in Serie herstellen ließen. Und bekanntermaßen reagieren Kinder und Jugendliche mitunter recht verschieden auf ein und dieselbe Person. Es ist also, wie immer in Beziehungsberufen, kompliziert. Das bedeutet aber nicht, dass man gar keine Aussagen darüber treffen kann, was einen guten Lehrer ausmacht. Es bedeutet nicht, dass man nicht systematischer dafür sorgen könnte, den Unterricht und die Schulkultur zu verbessern.

Leidenschaft fürs Fach

Der amerikanische Lernforscher Ken Bain hat systematisch Eigenschaften und Vorgehensweisen von College-Professoren untersucht, die in der Lehre sehr gut und außergewöhnlich erfolgreich sind und dafür von ihren Kollegen und Studenten besonders geschätzt werden. Bains Ergebnisse sind gut auf Schulen übertragbar und decken sich mit den Befunden deutscher Wissenschaftler, die den Unterricht in Schulklassen erforschen. Die Grundlage sehr guten und wirkungsvollen Unterrichts bilden demnach herausragende fachliche Kenntnisse des Lehrers. Dazu gehört auch ein Verständnis für methodologische Kontroversen und für die Perspektive, in der andere Disziplinen auf das Fach blicken. Und noch mehr: Ein guter Lehrer darf sich nicht in den Schubladen seines Faches verstecken. Der Pädagoge könne gar nicht anders, schrieb der Didaktiker Martin Wagenschein, als die Grenzen des Faches, in dem er zu Hause ist, zu überschreiten. „Tut er es nicht, so verliert er seine bildende Aufgabe aus den Augen."[52]

Sicherheit und Versiertheit, aber auch Faszination und Leidenschaft für die Inhalte sind unabdingbar, wenn ein Lehrer einen bleibenden Eindruck und Erfolg bei seinen Schüler erzielen will. Das klingt wie eine Trivialität, ist es aber keineswegs. Denn manchmal sieht es so aus, als geriete das Fachwissen in einen Gegensatz zur Pädagogik, als würden fachliche und pädagogische Kenntnisse gegeneinander ausgespielt: Lehrer sollten nicht Fächer, sondern endlich Kinder unterrichten, heißt es dann.

Diese Forderung ist berechtigt, wenn Lehrer weit mehr Interesse an ihrem Fach an den Tag legen als an dessen guter Vermittlung und sie, überspitzt gesagt, die Schüler wie lästiges Beiwerk oder ein notwendiges Übel betrachten, mit dem sie sich herumplagen müssen, um ihr geliebtes Fach pflegen zu können. Doch umgekehrt ist es ebenfalls nicht ausreichend, wenn sich ein Lehrer ohne solide fachliche Basis auf seine pädagogischen Einsichten und Ambitionen verlässt und den Kindern möglichst viel Gutes will. Solche Lehrer können zwar im Schulleben noch immer Gutes bewirken, aber sie werden nur begrenzten Einfluss auf die kognitive und fachliche Entwicklung ihrer Schüler nehmen und deshalb insgesamt weniger ernst genommen werden.

Ideologischen Streit überwinden

Erfolgreiche Lehrer motivieren ihre Schüler, erkennen besondere Talente und helfen geduldig den Langsameren und Schwächeren. Sie verzichten nicht auf einen hohen Anspruch, ganz im Gegenteil. Sie erwarten viel und sind in der Lage, ihre Schüler durch ihren Enthusiasmus mitzureißen und deren

Selbstbegrenzungen zu durchbrechen. Dabei begegnen sie, wie Ken Bain deutlich macht, den Schülern mit großem Anstand, Offenheit und starkem Vertrauen in deren Möglichkeiten. Sie fördern die Zusammenarbeit ihrer Schüler, spielen sie nicht gegeneinander aus und überprüfen ständig ihre eigenen Maßstäbe. Sie evaluieren den Lehr- und Lernerfolg und sind bereit, neue Methoden, fachliche und didaktische Entwicklungen aufzunehmen.[53]

Lehrer, die über großes Fachwissen verfügen, sind in der Regel auch fachdidaktisch sehr beschlagen, und das wirkt sich positiv auf die Leistungen der Schüler aus, wie eine Studie des Max-Planck-Instituts für Bildungsforschung zeigt.[54] Professor Jürgen Baumert und sein Team haben Mathematiklehrer getestet. Diese mussten zum Beispiel sagen, was sie einem Schüler antworten würden, der sie fragt, warum (-1) x (-1) einen positiven Wert ergibt. Hilflos sind Reaktionen wie „Das ist eben so" oder „Das muss man einfach lernen". Zudem mussten die Pädagogen selbst in die Rolle von Schülern schlüpfen und anspruchsvolle Aufgaben wie Beweise in der Geometrie lösen. Wider Erwarten schnitten erfahrene Lehrer dabei nicht besser ab als ihre jüngeren Kollegen.

Auch die PISA-Daten zeigen einen Zusammenhang zwischen den Leistungen der Schüler und denen ihrer Lehrer. Die Wissenschaftler haben drei Typen unterschieden: „aktive", „disziplinorientierte" und „passive". Aktive Lehrer sind sehr engagiert, sie arbeiten mit Kollegen zusammen, nutzen Evaluationsverfahren, legen Wert auf Elternarbeit und eigene Fortbildung. Schulen, an denen viele aktive beschäftigt sind, erzielen bei den Jugendlichen im Mittel die größten Lernfortschritte.

Typischerweise haben gute und erfolgreiche Lehrer eine aufgeklärte, sehr reflektierte Sicht auf Lernprozesse und die Rolle des Gedächtnisses: Sie sehen im Gehirn nicht einfach einen großen Lagerraum, in dem Wissen abgelegt und wieder aufgerufen wird. Der Mensch lernt, indem er neue Erfahrungen und Erkenntnisse mit vorhandenen Einsichten verknüpft und im Neuen schon Bekanntes wiedererkennt. Er nutzt Modelle und Schemata und ist als Lernender kein passiver Empfänger, sondern ein Konstrukteur von Bedeutungen. Selbst in Bereichen, in denen andere Pädagogen und Professoren behaupten, es gehe doch nur um schlichte Fakten, die man abspeichern müsse (zum Beispiel bei Vokabeln und grammatischen Regeln oder bei den Bezeichnungen der Körperteile in der Anatomie), bemühen sich gute Lehrer darum, einen Kontext herzustellen und die Fakten mit alltäglichen Problemen und Anwendungen zu verbinden. Das Lernen soll sich nicht darin erschöpfen, eine Prüfung vorzubereiten. Es soll einen Sinn ergeben. Und es soll die Lernenden und ihre Art zu denken, zu handeln und zu fühlen verändern.

Freilich gibt es vieles, das sich nur durch beharrliches Wiederholen und Üben behalten und automatisieren lässt, selbst wenn man es in einen lebensweltlichen, praktischen Kontext einbettet. Vokabeln einer Fremdsprache oder das Einmaleins sind dafür die einfachsten Beispiele. Doch bloße Appelle an den Fleiß und die Ausdauer reichen eben nicht. Es kommt darauf an, dass die Schüler sich Lerntechniken aneignen, die ihnen ein selbstständiges Lernen erlauben und die sie anwenden, ohne dass ihnen dies als schiere Qual erscheint. Und zu den Lerntechniken muss dann die beharrliche persönliche Begleitung kommen. Denn jedes Kind freut sich, wenn ein anderer seine Fortschritte sieht und fördert.

Die neue Sehnsucht nach Fleiß und Disziplin und sogar nach Drill und unbedingtem Leistungswillen ist zu einem gewissen Grad eine Reaktion auf die Ignoranz „fortschrittlicher" Pädagogen gegenüber dem Wert des Übens. Heute sollte man die Diskussion eigentlich unverkrampft führen: Fleißiges Üben ist nicht faschistoid. Fleißiges Üben steht auch nicht im Widerspruch zu echtem Verstehen und zu kritischem Denken. Üben und Auswendiglernen sind oft eine notwendige Voraussetzung, um bestimmte Fertigkeiten so einzuprägen, dass überhaupt der Weg frei wird für echtes Verstehen, Denken, Zweifeln, Kritisieren. Schieres Auswendiglernen, Hineinfressen und Ausspeien von Fakten sind dagegen meist verschwendete Zeit und eine unnötige Qual. Es kommt also auf die richtige Mischung traditioneller Lerntugenden an. Und so gesehen kann man sich den ideologisierten Streit zwischen Disziplin-Fetischisten und Freiheits-Freunden schenken.

Pädagogische Optimisten

Zauberei und Patentrezepte sucht man in Pädagogik und Didaktik vergeblich. Wie erfolgreiche Lehrer im Einzelnen vorgehen, kann daher durchaus variieren. Ihre Ansätze unterscheiden sich wie ihre Persönlichkeiten. Entscheidend ist die grundlegende Haltung: eine positive Einstellung zum Lehren und Lernen und zu ihren Schülern, ohne dass dies mit sinkenden Leistungsstandards und einer falschen Toleranz für Nachlässigkeit und Faulheit einherginge. Ihr pädagogischer Optimismus und ihr Anspruch, die Schüler ernst zu nehmen und sie zu eigenständigem Denken, Erproben und Erforschen anzuregen, eint die Gruppe der herausragenden Lehrer und ist zentral für ihren Erfolg. Dabei bewahren sich diese Pädagogen dennoch einen Sinn für die Grenzen ihrer Kunst. Sie wissen, dass es manchmal nicht (so schnell) gelingen wird, einen Jugendlichen für eine Sache zu begeistern, der er sich beharrlich verschließt. Da hilft keine pädagogische Brechstange, sondern allein Geduld und die Bereitschaft, Umwege zu gehen und zunächst Stärken an anderer Stelle zu suchen.

Erfolgreiche Lehrer bemühen sich darum, dem Schüler ein nachhaltiges Verständnis des Gelernten zu vermitteln, und sie sind bereit, dafür notfalls auch Themen, für die die Zeit nicht mehr reicht, zu streichen oder eigenständigen Recherchen der Jugendlichen zu überlassen.

Exemplarisches, dafür aber solides Lernen zählt im Zweifel mehr als oberflächliche, vermeintliche Vollständigkeit. Man spricht in diesem Zusammenhang gelegentlich, in Anschluss an

Wagenschein, von einem „Mut zur Lücke". Dieser Ausdruck ist missverständlich, lädt er doch dazu ein, diesen Mut zu belächeln und als Ausdruck von Halbbildung und allzu lockerer Leistungsstandards zu werten. Was Wagenschein dagegen im Sinn hatte, war gerade die Abkehr von der „Anhäufung halbverstandener und verabsolutierter Wissensergebnisse" und stattdessen ein „Mut zur Gründlichkeit, Mut zum Ursprünglichen".[55]

Surfen auf den Wellen des Wissens

In Mode ist heute die Vorstellung, es gehe in der Wissensgesellschaft immer weniger um Fach- und immer mehr um Methodenwissen. Schüler sollen das Lernen lernen, sie sollen sich in der Welt orientieren können. Da ist sicher etwas dran. Aber Bildung ist auch in Zukunft mehr, als im Internet Informationen suchen, mit einem Textmarker die wichtigsten Passagen eines Aufsatzes anstreichen und eine PowerPoint-Präsentation gestalten zu können.

Das „Methoden-Training", von dem die Pädagogik erfasst ist, kann das tiefe gedankliche Eintauchen in Inhalte nicht ersetzen, sondern nur ergänzen. Es kommt nicht darauf an, in der Schulzeit möglichst viele Namen und Begriffe vorbeirauschen zu lassen. Die Schüler sollen nicht nur auf den Wellen des Wissens surfen, sondern auch lernen, einen Anker auszuwerfen und den Dingen auf den Grund zu gehen.

Es mag sein, dass ein solches Verständnis von Bildung, das die Irritation und das Irren, das Suchen und Zweifeln einschließt, unzeitgemäß wirkt in einer Gesellschaft, die überall aufs Tempo drückt. Aber die Ungeduld, mit der Menschen Tiere mästen, kann kein Vorbild für die Schulen sein. Nicht nur, weil die Kinder (wie die Tiere) darunter leiden. Die Bildung verliert auch an Substanz. Sie wird, mit einem Wort Kurt Tucholskys, „gründlich oberflächlich".

Gründlichkeit ist nur zu erreichen, wenn die Schüler möglichst tief in den Unterrichtsstoff eintauchen und in die Lage versetzt werden, eigenständig Fortschritte zu erzielen. Dazu können ganz verschiedene didaktische Ansätze und Unterrichtssituationen beitragen. Man kann dies nicht reduzieren auf den Gegensatz „Frontalunterricht" versus „offenen Unterricht", denn dahinter verbergen sich in der Praxis oft ganz unterschiedliche, in sich variationsreiche Konzepte. Der Frontalunterricht ist nicht per se anderen Ansätzen unterlegen; ist er gut gemacht, kann er in bestimmten Arbeitsphasen wirkungsvoller sein als schlecht praktizierter offener Unterricht. Aber als durchgängiges, dominierendes Prinzip ist Frontalunterricht ein Anachronismus. Es ist eine Form der Belehrung, die Kinder in der Regel zu wenig aktiviert und sie zu wenig zu eigenständigem Lernen bewegt. Später im Berufsleben sollten die Absolventen zwar (auch) in der Lage sein, jemandem in Ruhe zuzuhören und einer Präsentation zu folgen – die meiste Zeit jedoch verlangt das Arbeitsleben eigenständiges Problemlösen und ein gemeinsames Wirken in Teams.

Es gibt Lehrkonzepte, die darauf besser vorbereiten als der klassische, fragend-entwickelnde Frontalunterricht, den die meisten aus ihrer eigenen Schulzeit kennen. An der Georg-Christoph-Lichtenberg-Gesamtschule in Göttingen, die 2011 den Deutschen Schulpreis gewonnen hat, hocken die Schüler nicht in unflexiblen Sitzreihen und starren nach vorne. Vier bis sechs Schüler bilden eine „Tischgruppe". Die Zusammensetzung der Gruppen wechselt, aber für eine ganze Weile bildet das kleine Team eine Arbeitsgemeinschaft, in der alle gut beraten sind, vernünftig miteinander und voneinander zu lernen. Weil Gruppenarbeit hier nicht wie an anderen Schulen bloß die Ausnahme von der Regel, sondern ein durchgängiges Arbeitsprinzip ist, wird sie mit großem Ernst betrieben. Eine Tafel gibt es dennoch, und auch immer wieder Arbeitsphasen, in denen entweder jeder für sich allein oder die gesamte Klasse zusammen agiert.

Vor ein paar Jahren haben Bildungsforscher systematisch Videoaufnahmen vom Englischunterricht in mehr als hundert

Klassen aufgezeichnet und ausgewertet. Sie waren schockiert, wie wenig die Schüler zu Wort kamen und wie sehr die Lehrer das Geschehen dominierten. Im Durchschnitt sprach der Lehrer doppelt so viel wie alle Schüler zusammen. Außerdem warteten die Lehrer nur in seltenen Fällen länger als drei Sekunden, bis ein Schüler eine Antwort auf eine Frage aussprechen konnte. Zum Sammeln und Zurechtlegen von Vokabeln und Grammatik bleibt den Jugendlichen kaum Zeit. Geduld ist an den Schulen eine wenig gepflegte Tugend.

Gerade in vergleichsweise großen Klassen kommt es darauf an, den Schülern mehr Raum zum Sprechen und zum selbstständigen Arbeiten zu verschaffen.

Kleinere Klassen

Im 19. Jahrhundert und zu weiten Teilen auch im 20. Jahrhundert waren siebzig und mehr Schüler in einer Klasse nicht ungewöhnlich. Der Kasernenhofton, den viele Lehrer damals anschlugen, sollte dazu dienen, dieser Masse irgendwie Herr zu werden. Mit der Zeit sind die Bedingungen besser geworden. Dennoch zählen kleinere Klassen und Kurse weiterhin zu den dringlichsten Wünschen vieler Lehrer und Eltern. Studien zeigen zwar, dass kleinere Klassen nicht automatisch zu weniger Stress bei den Lehrern und zu besseren Leistungen bei den Schülern führen. Doch die Spielräume für einen anspruchsvollen Unterricht und für eine intensive pädagogische Begleitung jedes Schülers werden zweifellos größer, je kleiner die Klasse ist, die ein Lehrer betreut. Natürlich müssen die Pädagogen diese Spielräume dann auch nutzen.

Wer als Schüler einmal erleben durfte, wie angenehm und produktiv zum Beispiel ein Leistungskurs in der Oberstufe sein kann, wenn darin nur ein gutes Dutzend Schüler sitzt, wird weiter für kleine Klassen kämpfen. Die Arbeitsatmosphäre ist viel konzentrierter, aber auch deutlich ausgelassener und persönlicher als in den großen Kursen. Da erscheint ein kleiner

Deutschkurs im Rückblick als anspruchsvoller, intensiver und lehrreicher als viele (überfüllte) Germanistikseminare, die man später an der Universität erdulden musste. Für manche Studenten ist das regelrecht ein Schock. In der Schule hatte man noch Zeit zum Diskutieren. An vielen Universitäten gibt es nur noch Massenabfertigung, und die Klausuren sind mitunter stumpfsinnige Abfrage-Übungen. Bisweilen ist die Universität schon verschulter als die Schule.

Ein schematischer Unterricht, in dem die Schüler (oder Studenten) auf die Rolle von Rezipienten reduziert werden, geht einher mit schlechten beziehungsweise stagnierenden Leistungen. Wie Videostudien zeigen, herrscht in vielen Klassenzimmern noch immer eine Gleichförmigkeit im Unterrichtsstil, die für geringe Lernzuwächse und eine Entfremdung der Jugendlichen von den Bildungseinrichtungen mitverantwortlich ist. So werden die Naturwissenschaften in einem „kreidelastigen Demonstrationsunterricht" (Tina Seidel) vermittelt.[56] Rezeptartige Anleitungen versperren eigenen Zugängen der Schüler den Weg. Experimente, die Schüler selbst durchführen, beschränken sich auf das Nachvollziehen des Stoffs. Wenn das gelenkte Unterrichtsgespräch dominiert und wenig Raum für individuelle Aufgaben oder Projekte in Teams bleibt, gewöhnen sich die Schüler allmählich an den lehrerzentrierten Stil. Am Ende wissen sie mit anderen Formen wenig anzufangen und kommen beispielsweise bei Arbeiten in der Gruppe kaum voran. Die werden dann von vielen eher als willkommene Freiphasen empfunden, bei denen allenfalls einer in der Gruppe sich anstrengt und wirklich etwas tut.

Stabilität und Fairness

Bei aller wünschenswerten Selbstständigkeit der Schüler, die sie durch entsprechende Lehrmethoden erwerben können, ist die Rolle der Lehrer selbst nicht zu unterschätzen. Sie geben den Schülern Orientierung. Sie sind Repräsentanten der Erwachsenenwelt, nach denen Kinder und Jugendliche sich richten und an denen sie sich reiben können. Typischerweise ist das Wichtigste, was Schüler von ihren Lehrern verlangen, Gerechtigkeit. Nichts zerstört ihren Respekt so nachhaltig wie das Gefühl, absichtsvoll ungerecht behandelt zu werden. Auf einfältiges Autoritätsgehabe sollten Lehrer schon deshalb verzichten, sie sollten auch Fehler zugeben und einen Kurs ändern können. Aber sie dürfen andererseits nicht den Eindruck erwecken, ungefestigt zu sein. Lehrer müssen eine Stabilität schaffen und ausstrahlen, die die Schüler beruhigt, ohne sie einzulullen.

Diese notwendige Stabilität muss sich in Zeiten bewähren, in denen ein Lehrer selbst Sorgen und womöglich private Probleme hat. Denn es wird immer einen Schüler geben, dem es an jenem Takt fehlt, den der Pädagoge stets vorzuleben hat. Mit anderen Worten: Lehrer müssen oft viel aushalten, vor allem bei pubertierenden Jugendlichen, die ihre Grenzen testen. Als Lehrer weiß man, dass man schnell zur Zielscheibe des Spotts wird, dass die Schüler das Aussehen, die Kleidung, jede Regung und jeden kleinen Tick genau im Blick haben. Zu allen Zeiten wurden Lehrer von Schülern geschmäht und verulkt, oft natürlich auch aus Notwehr.

Ungezählt sind die Schimpfreden, die Schüler über ihre Lehrer geführt haben und noch heute an jedem Tag führen, sei es auf dem Pausenhof oder in den anonymen Weiten des Internets. Als Schüler hat man seine dunklen und gemeinen Seiten: Im schlimmen Hochmut hat der kleine Gymnasiast sich beispielsweise den Spaß erlaubt, eine Strichliste über die Zahl der Füllwörter und „Ähs" anzulegen, die einige Lehrer in ihrem Vortrag in teilweise beachtlicher Zahl unterbrachten. Auch wenn dem Unterricht weniger Lehrer-Monologe gut getan hätten, waren diese Strichlisten natürlich eine Entgleisung. Schüler sind eben oft arrogant und naseweis.

Vertrauen aufbauen

Ein gutes Vertrauensverhältnis zwischen Lehrern und Schülern zu fördern, ist eines der wichtigsten Ziele, die sich eine Schule setzen kann. Wenn die Begeisterung eines Schülers für Unterrichtsinhalte gering ist, kann eine gute Beziehung zum Lehrer, den er nicht enttäuschen möchte, ein besserer und effektiverer „extrinsischer" Anreiz sein als die Aussicht auf eine passable Note (beziehungsweise das Vermeiden einer miserablen Note).

Vertrauen stellt sich ein, wenn der Lehrer nicht nur im Unterricht als gerecht und verlässlich erlebt wird, sondern darüber hinaus zugänglich ist und dies auch dann bleibt, wenn er eine Klasse schon längst abgegeben hat. Man kann Vertrauen und Herzlichkeit nicht verordnen, aber man kann Strukturen schaffen, in denen sie eine Chance haben, sich zu entwickeln. Dazu gehören kleinere Klassen und Projekte zur Mitbestimmung der Jugendlichen an der Organisation und Gestaltung der Schule. Und auch der Unterricht könnte „persönlicher" werden, als ihn Schüler gemeinhin gewohnt sind.

Die Augsburger Hauptschullehrerin Heidemarie Brosche hat ihre Schüler in ein eindrucksvolles Buchprojekt verwickelt. Als die Jugendlichen mitbekamen, dass ihre Lehrerin nebenher Bücher schreibt, sagten sie: „Schreiben Sie doch mal über uns!" Frau Brosche aber antwortete: „Schreibt das Buch doch selbst!" Und so geschah es. Sie besuchte mit den Schülern ein Lyrikseminar, meldete sie zum Schreibwettbewerb an, warb EU-Mittel ein, fand einen Verlag und ließ die Jugendlichen texten, illustrieren und gestalten. So entstand im Laufe des Schuljahres ein wahres Schulbuch, ein Werk, an dessen Produktion die Schüler sich noch lange erinnern werden und das sie nicht nur vieles gelehrt hat, sondern das auch dazu beitragen konnte, eine Gemeinschaft zu stiften, Schüler und Lehrerin zu verbinden und noch besser miteinander bekannt und vertraut zu machen.[57]

Das Buch selbst, das auf diese Weise entstanden ist, könnte am Ende weniger wichtig sein als der Weg dorthin. Gleichwohl ist es rührend und ermutigend zu lesen, wie hier Jugendliche schreiben, die sonst oft pauschal als problematische Hauptschüler etikettiert werden. Eine Schülerin denkt beispielsweise darüber nach, wie gut das Leben in Deutschland doch ist und wie beschwerlich in anderen Ländern. Eine andere stellt sich vor, sie wäre eine Löwin, „dann könnten mir bestimmte Personen nichts antun". Die Jugendlichen präsentieren sich, äußern Wünsche und Ängste, artikulieren den Frust, aber auch die Freude an der Schule. Einer dichtet: „Der erste Blick / von Montag bis Freitag / aus dem Fenster ist / wie die Hölle mit / dem Teufel höchstpersönlich. (…) Ding Dong Pause aus. / Jeder trottet ins Höllenhaus."

Fast alle Autoren dieses Schüler-Buches haben einen ausländischen Namen, aber jeder hat in dem Buch ein eigenes Gesicht, ist hier nicht „Migrant", nicht „Hauptschüler", sondern eine Person mit all ihren Facetten. Und Heidemarie Brosche, die Lehrerin, hat mit dem Projekt viel dafür getan, dass die Schule den Jugendlichen nicht mehr als „Höllenhaus" erscheint, und nicht zuletzt hat sie selbst sehr viel gelernt – vor allem über ihre Schüler und deren Leben.

Lehrer wie sie lassen sich nicht reduzieren auf die Rolle eines untertänigen Unterrichtsbeamten, der sich damit begnügt, den Stundenplan abzuarbeiten und die Lehrpläne ins Klassenzimmer zu tragen. Lehrer wie sie verwandeln die Schule in einen wahrhaften Lebensraum.

7.

Lebensraum Schule:
Nähe und Distanz in der Pädagogik

Kinder und Jugendliche verbringen im Laufe der Jahre Tausende Stunden ihrer Zeit in der Schule. Manche sehen ihre Lehrer sogar öfter, länger und regelmäßiger als ihre eigenen Eltern, als die Väter zumal, die ja in vielen Familien (oftmals arbeitsbedingt) durch Abwesenheit glänzen. Die Schule ist so gesehen unvermeidlich eine Art „Lebensraum" für die Schüler. Ob sie dies aber auch in einem anspruchsvollen, emphatischen Sinne ist?

Die Eltern wie die Pädagogen wünschen sich natürlich, dass die Kinder die Schule nicht als quälend empfinden, sondern in ihr einen lebenswerten Ort sehen und eine liebenswerte Institution. Die Fragen, die Lehrer und Politiker sich demnach stellen müssen, wenn sie „ihre" Schule betrachten, lauten also: Hat die Schule ein freundliches Wesen oder ist sie nur ein grauer Klotz, der bestenfalls bunt bemalt wurde? Ist sie abweisend und unnahbar oder offen und einladend?

Dabei geht es keineswegs nur um physische Räume. Aber auch diese sagen etwas darüber aus, welchen Stellenwert die Schule in der Gesellschaft hat und wie attraktiv sie für Kinder und Jugendliche ist. Äußerlich betrachtet gibt es zwischen den Schulgebäuden in Deutschland gewaltige Unterschiede. Wenn man, wie ich als Bildungsreporter, regelmäßig Schulen besucht, ist man oftmals schockiert über das Erscheinungsbild und fühlt sich wie in einem armen Land. An einem Gymnasium im feinen München stanken die Toiletten zum Himmel, sie waren seit Jahren nicht modernisiert worden; Eltern und Kinder wurden immer wieder vertröstet. Manche Schüler sind deshalb auf ein nahe gelegenes Fast-Food-Restaurant oder die Bahnhofsklos ausgewichen.

Ein anderes Mal sieht man eine schicke neue Schule, ist beeindruckt und wünscht sich, alle Kinder hätten das Glück, dorthin zu gehen. Die einen Schüler pilgern jeden Morgen zu einem tristen Bau mit bröckelnder Fassade, andere sitzen in hellen Klassenzimmern mit Hightech-Tafeln. Manche profitieren von moderner Architektur oder einem schön sanierten Altbau, andere schleppen sich durch Lernbunker und provisorische Container. Kann man da überhaupt noch von „gleichwertigen Lebensverhältnissen" sprechen, die das Grundgesetz doch verlangt?

Kalte Gebäude

Die Räume, in denen wir leben und arbeiten, haben Auswirkungen auf unser Wohlbefinden und unsere Konzentration. Sie beeinflussen zudem das soziale Gefüge und die Formen und Gelegenheiten zu Kommunikation und Begegnung. Schulen sollten so gebaut und eingerichtet werden, dass die Schüler sich darin nicht verloren fühlen. Wenn die Kinder in ihnen stundenlang – in Ganztagsschulen bis in den späten Nachmittag hinein – lernen und immer wieder aufleben sollen, reicht es nicht, sie in ein klassisches Klassenzimmer zu stecken und ihnen mittags zwischen Tür und Angel vielleicht noch eine Mahlzeit zu servieren. Kinder benötigen Räume, in die sie sich zurückziehen können. Es muss Platz geben für die Arbeit in kleinen Gruppen, für fächerübergreifenden Unterricht, vielfältige Freizeitaktivitäten, Feiern und Aufführungen. Kinder von morgens bis abends auf Stühlen festzuhalten, ist ein unfreundlicher Akt gegen Körper und Seele. Es braucht Platz für Bewegung und Ruhe.

Die Schule als Lebensraum muss Nähe herstellen und Distanz wahren, sie soll beschützend sein und doch offen und gestaltbar: ein Freiraum.

Ein Albtraum sind Schulen, die anonym und unnahbar sind, die ihre Schüler abweisen, sie nur sitzen und per Aufruf vortreten lassen. Horror sind auch Schulen, in denen Lehrer oder Mitschüler den Kindern zu nahe treten, in denen es keinen geschützten Bereich gibt, weil die Ordnung fehlt oder der Takt und die Schüler überwältigt werden von Enge, Distanzlosigkeit und falscher Vertraulichkeit.

Das Gefühl der Enge müssen viele Schüler jeden Tag bereits während der Fahrt im Schulbus erdulden, in vollgestopften Fahrräumen, oft schlimmer zusammengepfercht als bei einem Viehtransport. Diese Art der körperlichen Nähe löst Stress aus, Angst und Aggression. Das kennen Schüler auch von Situationen, in denen der Lehrer um sie herumschleicht, während sie eine Prüfung ablegen, wenn er dicht hinter ihnen stehenbleibt und sie seinen Atem schon im Nacken spüren. Es gibt aber auch die beruhigende Nähe: Da ist der treue Mitschüler und Tischnachbar, der immer einen guten Scherz auf Lager hat, der einem den Tag retten kann. Oder der Lehrer, der dem Schüler Sicherheit gibt, sich dazusetzt und geduldig Tipps gibt, mit denen der Schüler bei einer Aufgabe weiterkommt.

Die Suche nach einer Hand

Wer zu viel Verständnis aufbringt für seine Schüler und ihre Schwächen, wird schnell als „Kuschelpädagoge" und „Weichei" verunglimpft. Nach dem Missbrauchsskandal an kirchlichen Schulen und reformpädagogischen Internaten schwingt dabei auch noch der Verdacht mit, pädagogische Nähe sei gleichbedeutend mit sexuellen Übergriffen und Gewalt. Tatsächlich ist Vorsicht angezeigt. Doch das Problem vieler Schulen ist ein anderes: Es gibt zu wenig Nähe, zu wenig Fürsorge, zu wenig Raum und Zeit, jedem Schüler gerecht zu werden und ihn als Person wahrzunehmen. Niemals dürfen Lehrer ihren Schülern zu nahe treten. Aus dem Missbrauchsskandal müssen Lehren gezogen werden, auch für das Selbstverständnis der Pädagogen. Lehrer sind keine Eltern, und sie müssen sich hüten vor Kumpelei, Anbiederung und dem Verwischen notwendiger Grenzen, vor pädagogischer Überdominanz und anmaßender

Freundschaft mit den Jugendlichen. Ein falscher Schluss aber wäre es, aus Furcht vor zu viel Nähe die Schulen nur noch als kühles Funktionssystem zu sehen – als bloße Ausbildungsanstalten mit distanzierten Unterrichtsbeamten. Liebe zwischen Lehrern und Schülern ist tabu. Aber das bedeutet nicht, dass die Schule insgesamt eine lieblose Institution sein soll.

In der Grundschule himmeln viele Schüler ihre Lehrerin regelrecht an (Lehrer gibt es an Grundschulen eher selten). Sie suchen ihre Hand, wenn sie im Kreis sitzen. Sie springen auf ihren Schoß, wenn sie auf dem Boden arbeiten. Es wäre schlimm, wenn Befangenheit und Angst vor Nähe und Missverständnissen jede Form der Zuwendung aus der Schule vertreiben. In Deutschland sind die Menschen eher sparsam im Körperkontakt mit Freunden und Verwandten, oft auch die Eltern mit ihren Kindern. Die Schule ist sicher nicht der richtige Ort, um das zu ändern oder zu korrigieren. Und nicht jeder Erstklässler will unbedingt von seiner Lehrerin „abgeschmust" werden. Aber wenn eine gelassene Herzlichkeit durch das Klassenzimmer weht, kann das den Kindern und ihrer Lernentwicklung nur guttun. In einem Klima des Misstrauens und des Verdachts wäre jedenfalls keine erfolgreiche pädagogische Arbeit mehr möglich, keine vertrauensvolle Arbeitsgemeinschaft, kein rauschendes Schulfest, keine heitere Klassenfahrt.

Wie viel Nähe soll ein Lehrer herstellen, wie viel Nähe darf er zulassen? Kann er Schülern anerkennend über die Schulter streichen? Darf er seine Schüler zu sich nach Hause einladen? Wie viel Privates können, sollen oder dürfen Lehrer und Schüler von sich preisgeben?

Eine pauschale Antwort darauf ist schwierig, die richtige Balance zu finden eine Aufgabe, die sich in verschiedenen Situationen immer wieder neu stellt. Wichtig ist, dass der Lehrer sich stets der Asymmetrie im Verhältnis zu den Schülern bewusst ist. Er ist der Erwachsene, er ist der Lehrer, ihm obliegt die Verantwortung. Und er verfügt über Macht, mehr Macht als seine Schüler.

Philosophie im Wohnzimmer

In der Oberstufe meiner Schule betrieb ein Lehrer einen Philosophiekreis. Interessierte Schüler aus verschiedenen Jahrgängen trafen sich dazu anfangs in der Schule. Der Kreis wurde kleiner, irgendwann ging man dazu über, im Wohnzimmer des Lehrers zu tagen. Es war ein wenig wie ein Oberseminar aus fernen Tagen der Universitätsgeschichte, zu dem ein Professor persönlich einlud. So saßen die Schüler anfangs ein wenig schüchtern auf dem Sofa, vor sich Knabberzeug und Kant und Heidegger; gelegentlich wurde das Gespräch unterbrochen vom kleinen Sohn des Lehrers, der durch das Zimmer hüpfte.

An einem Abend, diskutiert wurde Platons Höhlengleichnis, zeichnete der Sohn eine Sonne. Platons Sonne. Bis heute ist das eine schöne Erinnerung. In ihrem fachlichen Ernst waren diese Philosophiestunden auf der Couch des Lehrers ein Vorgeschmack auf die akademische Welt und in ihrer ungezwungenen und herzlichen Atmosphäre zugleich eine Korrektur der schulischen Betriebsamkeit und Zwangsstrukturen. Der kleine Kreis schweifte niemals zu sehr ab, der Lehrer belästigte seine Schüler auch nicht mit langatmigen privaten Erzählungen. Sie saßen beisammen als Personen, die sich um ein echtes Gespräch bemühten, in dem es um Fragen und Zweifel ging, die sie bewegten, als junge Menschen, nicht als Schüler. Und wenn dort über Platon gesprochen wurde, so hatte das nicht das Geringste zu tun mit irgendwelchen Verstiegenheiten wie dem „pädagogischen Eros", mit einem distanzlosen Lehrer-Schüler-Verhältnis oder gar der Anrufung antiker Knabenliebe. Es war einfach nur ein Club zum Nachdenken außerhalb des gewohnten Takts der Schulstunden und Prüfungen. Dennoch war es etwas Besonderes. Hier war die Begeisterung des Lehrers und der Schüler für das Fach viel glaubwürdiger zu spüren als im Unterricht.

Betrunken auf Klassenfahrt

Eine andere Erinnerung: Klassenreise nach London als Siebzehnjähriger. Die Unterkunft war ein wenig zwielichtig, die beiden begleitenden Lehrer sahen es mit hochgezogenen Brauen. Die Schüler ließen sich ihre Laune nicht verderben, an einem Abend feierten sie in den ranzigen Zimmern ein feuchtfröhliches Fest. Am nächsten Tag hing der wenig trinkfeste, kleine Gymnasiast in den Seilen, verpasste eine Museumstour und bereitete sich innerlich auf eine Strafpredigt oder Schlimmeres vor. Vielleicht hat ihn der Ruf, im Grunde ein vernünftiger Junge zu sein, vor einer großen Szene bewahrt. Vielleicht war es aber auch pädagogischer Takt, der die Lehrer dazu bewog, kein Drama aus dieser Unpässlichkeit zu machen. Und sie handelten richtig. Der Schüler schämte sich ein bisschen und unternahm nichts, das darauf hindeuten konnte, dass er die Gutmütigkeit der Lehrer weiter ausnutzen wollte.

Als Lehrer muss man sich dabei manchmal auf sein Gefühl verlassen. In einer anderen Konstellation wäre ein hartes Einschreiten vielleicht notwendig gewesen. In Zeiten, in denen bei Jugendlichen das „Komasaufen" und „Flatrate-Trinken" zum Kult wird, kann Wegschauen auch Ausdruck von Verantwortungslosigkeit sein.

Es lässt sich kein starres Regelwerk konstruieren, das für jede Situation die angemessene pädagogische Reaktion parat hat. Notwendig ist Taktgefühl und ein gutes Gespür. Diese müssen immer wieder erprobt, reflektiert und gestärkt werden, sie müssen sich immer wieder neu bewähren. „Takt" wirkt als Begriff vielleicht ein wenig aus der Zeit gefallen. Doch weit mehr als „Disziplin" und „Gehorsam" verdienen der pädagogische Takt und die dahinter stehende Haltung eine Renaissance.

Pädagogischer Takt

Zu Beginn der 1960er Jahre schrieb der Erziehungswissenschaftler Jakob Muth ein schönes Büchlein mit dem Titel „Pädagogischer Takt".[58] Darin wendet er sich gegen pädagogische Aggressivität und Aufdringlichkeit und wirbt für das Feingefühl der Erzieher und Lehrer. Die Kühle und Strenge, mit denen traditionelle Schulmeister den Kindern entgegentreten, ist in diesem Verständnis ebenfalls eine Spielart der Distanzlosigkeit. Stures Dozieren und das Überstülpen eines rigiden Lehrplans, das Ignorieren von Interessen und Nöten des Kindes und erst recht das Disziplinieren mit körperlichen Strafen sind Formen pädagogischer Überwältigung. Es sind pädagogisch aggressive Akte. Am anderen Ende des Spektrums liegen Anbiederung und emotionaler Missbrauch: Pädagogen, die ihren Narzissmus an den Schülern ausleben, im schlimmsten Fall sogar ihre Sehnsüchte und Triebe an Kindern stillen wollen. Auch dies ist distanzlos, auch dies ist aggressiv.

Distanzlosigkeit ist nicht nur ein Problem in extremen und strafbaren Fällen. Es reicht schon, wenn der Lehrer sich unangenehm dicht vor den Schülern aufbaut oder die Lehrerin vor versammelter Klasse Witze über die Frisur eines Schülers reißt. Hier ist der Lehrer ein aktiv Handelnder, dem es an Takt fehlt. Ständig zwingt die Schulsituation dem Pädagogen zudem Reaktionen ab; er kann sich nicht entziehen und muss, ohne sich lange besinnen oder besprechen zu können, Takt beweisen und eine Situation, in die er hineingerät, meistern. Ein Schüler bricht in Tränen aus: Braucht er Trost oder will er allein sein? Spricht der Lehrer ihn an? Und wie? Kann er, soll er den Schüler in den Arm nehmen? Ein anderer Fall: Eine ansonsten sehr zuverlässige Schülerin wird ohne Hausaufgaben ertappt und ist deshalb sichtlich zermürbt: Was soll der Lehrer sagen? Darüber hinweggehen? Die Schülerin behandeln wie jeden anderen? Ihr zeigen, dass man enttäuscht ist? Oder ihr zeigen, dass man es nicht so schlimm findet?

Pädagogisch taktvolles Handeln, betont Jakob Muth, entzieht sich der Planung, dennoch schließt das nicht aus, dass pädagogisches Taktgefühl entwickelt und erlernt werden kann. Feinfühlig agiert jemand, der auf den anderen eingeht, sich ihm aber nicht aufdrängt; der ihm Respekt zeigt, auch und gerade dann, wenn der andere sich unterlegen oder situationsbedingt als besonders schwach empfindet. Taktvoll handelt, wer sich selbst zurücknimmt und dem anderen dadurch Raum gibt.

Dies ist ein wichtiger Punkt für den allgemeinen Unterrichtsstil. Lehrer können versuchen, weniger als offensive Belehrer und stärker als Beobachter und Orientierungsgeber zu arbeiten, so dass die Aktivität im Unterricht von den Schülern ausgeht. Dafür notwendige Techniken lassen sich durchaus üben: Gesprächs- und Frageformen, die Schüler öffnen und auch stillere Kinder erreichen, oder Gruppenarbeiten, bei denen nicht immer die gleichen Schüler alles dominieren und in die Hand nehmen.

Zum Taktgefühl gehört, unterschiedliche Charaktere zu erkennen und zu verstehen, dass der eine Schüler einen Scherz anders aufnimmt und verträgt als ein anderer, dass sie deshalb unterschiedlich angesprochen und auf unterschiedliche Weise ermutigt und getröstet werden müssen. In einem Fall kann eine Umarmung, zumal bei jungen Schülern, zum Trostspenden dazugehören, im anderen Fall wäre das seltsam und unpassend. In einem Fall genügt vielleicht ein Blick, um dem Schüler Sicherheit zu geben, im anderen Fall ist ein langes Gespräch nötig.

Jakob Muth weist auch darauf hin, dass man ein Kind nicht wegen mangelnder Ordnung in den häuslichen Verhältnissen beschämen darf – wenn beispielsweise ein Schüler tagelang nicht das richtige Arbeitsmaterial mitbringt, nötige Unterschriften oder Geldbeiträge der Eltern fehlen. Oft sind Beschämungen fast unvermeidbar, wenn man heikle Themen im Gespräch vor der gesamten Klasse führt. Nicht alles eignet sich dafür, dass es alle erfahren. Auf der anderen Seite besteht vor allem in den weiterführenden Schulen kaum ein Forum, in dem Schüler lernen, frei über sich und über Dinge, die sie bewegen und bedrücken, zu sprechen und dabei sicher zu sein, dass die Klassengemeinschaft sensibel reagiert. Kurzum: Taktgefühl wird in den Schulen generell zu wenig gelernt und gefördert.

In manchen Haupt- und Gesamtschulen gibt man sich schon zufrieden, wenn die Schüler sich nicht offen mobben, schlagen und beleidigen. Und in vielen Gymnasien bleibt für „soziales Lernen" ohnehin keine Zeit. Es muss sich irgendwie von alleine ergeben. Dabei sind die Cliquen, die sich bilden, die Einschluss- und Ausgrenzungsrituale, die alltäglichen Konflikte für die Kinder und Jugendlichen ein ganz wesentlicher Teil ihrer Schulwirklichkeit. Sie haben großen Einfluss auf Stimmungen und Leistungen und müssten schon deshalb viel stärker in den Blick der Pädagogen kommen. Gerade an Gymnasien wird aber meist vorausgesetzt, dass die Schüler irgendwie miteinander klarkommen werden. Ein Trugschluss.

„Wie eine Mutter"

Lehrer können sich nicht darauf zurückziehen, dass sie nur für die Vermittlung von Fachwissen zuständig seien. Als Pädagoge haben sie eine Verantwortung, die weit über den kognitiven Lernprozess hinausreicht und die sich nicht einfach auf andere abwälzen lässt (den Klassenlehrer, den Vertrauenslehrer, den Schulpsychologen). Tatsächlich können Pädagogen zu sehr wichtigen Helfern in kritischen Lebenslagen werden. Eine Münchner Lehrerin schildert den Fall der dreizehnjährigen Carina: Das Mädchen lebte seit zwei Jahren beim Vater, getrennt von der Mutter. „Ich will sie nicht sehen", sagte Carina, als sich die Mutter zur Sprechstunde angemeldet hatte. Die Pause war beendet, der Unterricht begann. Carinas Platz war leer. Die Mitschülerinnen sagten, Carina habe sich in der Toilette versteckt. Dort saß sie zitternd. Die Lehrerin versuchte sie zu beruhigen, Carina stand auf und ging auf ihre Lehrerin zu, umarmte sie, hielt sich fest.

Lange Erklärungen waren nicht nötig, die Lehrerin kannte die Lage. Es folgten juristische Kämpfe, schließlich erteilte die Mutter ihr Einverständnis, dass Carina mit dem Vater und Bruder ins Ausland ausreisen durfte. Das Mädchen schrieb der Lehrerin einen Abschiedsgruß: „Ich danke Ihnen für Ihre Unterstützung in der Schule und in den anderen Sachen, in denen Sie unserer Familie geholfen haben. Sie waren nicht nur eine Lehrerin für mich, sondern auch eine Mutter. Ohne Sie hätte ich nicht die Kraft gehabt, es so lange auszuhalten. Danke! Lots of love, Carina."[59]

Liebe: ein großes Wort. Im Verhältnis zwischen Lehrern und Schülern geht es normalerweise nicht um das ganz große Gefühl. Wenn es ins Spiel kommt, wird es gefährlich. Lehrer sollen und dürfen ihre Rolle nicht überdehnen. Sie können und sollen nicht als Mutter oder Vater auftreten und schon gar nicht als Geliebter oder Geliebte. Sie dürfen sich in ihrer Rolle selbst nicht überfordern, und vor allem dürfen sie nicht erwarten oder gar verlangen, die Zuneigung ihrer Schüler zu erhalten oder zu verdienen (über das problematische Konzept des „pädagogischen Eros" wird, wie gesagt, noch zu reden sein).

Schüler müssen ihre Lehrer nicht einmal mögen und sympathisch finden. Der Unterricht und die Schule sollten so organisiert sein, dass es auf individuelle Sympathie und Antipathie nicht unbedingt ankommt. Das bedeutet aber nicht, dass solche Gefühle unwichtig wären. Die Schule sollte eine möglichst liebenswerte Institution sein, man sollte sich als Kind darin in gewisser Weise „heimisch" fühlen. Ein richtiges Zuhause ist die Schule deshalb noch lange nicht, und die Tatsache, dass Schüler zwischen Schule und Familie, zwischen Lehrern und Eltern und Freunden unterscheiden können, bedeutet für sie einen Gewinn an Freiheit. Es entlastet sie: Man kann auf die Lehrer schimpfen, man kann sich von ihnen distanzieren, und man wird sie, anders als Mutter und Vater, irgendwann auch wieder los.

Wenn nun ein Lehrer pädagogisch aufmerksam ist und mit Takt und Umsicht Hilfe leistet in der Not und wenn ein Schüler daraufhin im Rückblick seine Dankbarkeit so äußert wie in dem geschilderten Fall das Mädchen Carina: Dann geht es nicht um eine problematische Verwischung von Grenzen und nicht um einen Missbrauch pädagogischer Macht, sondern um beste pädagogische Praxis. Die Liebe, die hier gemeint ist, verwischt nicht die Grenzen. Sie betrifft ein Gefühl der Dankbarkeit für taktvolles pädagogisches Handeln. Sie bezieht sich auf ein Vertrauensverhältnis, das dem Mädchen geholfen hat, eine Krise zu meistern. Dafür sind Pädagogen da. Auch Lehrer im Schuldienst.

Normalerweise kommt kein Schüler auf die Idee, seine Lehrerin als Mutter, seinen Lehrer als Vater zu betrachten. Ein Mathelehrer gebrauchte gern den Spruch: „Lass Vaddi mal machen!" Das war die Einleitung dazu, dass er bei einer Aufgabe half, Tipps gab oder sonstwie unterstützend zur Seite stand. In dem Ausdruck „Vaddi" steckte Ironie, die saloppe Sprache half, die Distanz zu dem Lehrer zu verringern und dem Unterricht ein Element der Leichtigkeit und Heiterkeit zu geben, zumal bei einer scheinbar trockenen Materie wie mathematischen Formeln. Man sah in „Vaddi" natürlich keineswegs einen Vater, aber als Schüler war man dankbar dafür, dass der Lehrer signalisierte: Ich bin für euch da, ich helfe euch, und es ist alles gar nicht so wild.

Die Kraft des Humors

Viele Lehrer, die bei ihren Schülern beliebt sind und trotzdem oder gerade deshalb große Lernerfolge mit ihnen erreichen, nutzen die Kraft des Humors. Humor nimmt Ängste, gemeinsames Lachen schafft eine Verbindung. Natürlich können Lehrer dabei auch grandios scheitern. Ihre Späße können lau sein oder geschmacklos oder zynisch. Es gibt die berüchtigten Scherzbolde, die immer nur selbst über ihre Witze lachen, während die Jugendlichen ihre Augen verdrehen.

Es kann schiefgehen. Und es kann peinlich werden. Dennoch: Eine Schule sollte ein Ort sein, an dem bei aller Anstrengung oft gelacht und geschmunzelt wird. Manchmal kann man sogar noch Jahre später schmunzeln, zum Beispiel wenn man etwas ausrechnen muss und dann im Geiste mit „Schnulli" und „Pulli" operiert. „Vaddi" hat damals nämlich einige Rechengesetze nicht mit Hilfe von a und b oder x und y beigebracht, sondern mit Hilfe von „Schnulli" und „Pulli".

Lehrer sind zwar weder Eltern noch sind sie Freunde, die den Kindern und Jugendlichen auf gleicher Augenhöhe begegnen könnten. Dennoch sind sie als Pädagogen berechtigt, ja, in gewissem Sinne sogar verpflichtet zu persönlicher Fürsorge und zu einer Haltung, die den Schüler als Person ernst nimmt und ihn nicht von oben herab behandelt.

Regelmäßige Supervision

Die schwierige Balance zwischen Nähe und Distanz, die Lehrer dabei gewinnen müssen, sollte nicht allein ihrem natürlichen Geschick überlassen sein. In vielen Heilberufen, in der Psychotherapie und Familienhilfe gibt es regelmäßige, professionelle Supervision. Auch für Lehrer wäre sie wichtig.

In der Aus- und Fortbildung müsste der Umgang mit sensiblen Situationen stärker reflektiert und trainiert werden. Vor allem müsste die Sensibilität dafür geschärft werden, wie unterschiedlich Situationen wahrgenommen werden können, auch wenn sie harmlos wirken. „Eine körperliche Berührung in der Schule", warnte Jakob Muth, „etwa bei der Nachsicht der Hausaufgaben, die oft völlig unbewusst zustande kommt, eine Berührung bei der Choraufstellung der Kinder, bei der Hilfe, die der Lehrer einem Kinde gibt, indem er sich auf den Platz des Kindes setzt, kann einen Distanzverlust und damit einen Bruch des pädagogischen Bezuges herbeiführen."[60]

Die Konsequenz daraus ist nicht, jedweden Kontakt und jede Berührung zu vermeiden oder zu verurteilen. Die Konsequenz muss sein, dass Pädagogen genau auf die Signale ihrer Schüler achten, dass es einen offenen Dialog gibt und einen geschärften Sinn für das Schutzbedürfnis und die Befangenheit im Verhältnis zwischen Pädagogen und Kindern.

Verständlicherweise hat sich seit dem Bekanntwerden vieler Missbrauchsfälle in Kindergärten und Schulen der Blick auf Erzieher und Lehrer als potentielle Täter gerichtet. Hier gab es früher eine zu große Gutgläubigkeit und zu wenig Schutzmechanismen. In allen Bildungseinrichtungen, in besonderer Weise in Ganztagsschulen und Internaten, muss es ein System der Kontrolle geben, das persönliche Abhängigkeiten und den Missbrauch pädagogischer Macht möglichst schon im Ansatz verhindert. Dafür ist Offenheit auch zwischen den Lehrern notwendig, und es kann dem Unterricht und dem Schulleben generell nur guttun, wenn die Kollegen mehr Einblick in die Arbeit der anderen haben, wenn es mehr Raum für Teamarbeit, Kritik und Beratung, Konflikt und Schlichtung gibt.

Schule als Schutzraum

Aufmerksamkeit verdient auch die Frage, wie Lehrer reagieren können, wenn sie mit Schülern konfrontiert sind, die Gewalt und Missbrauch in ihren Familien ausgesetzt sind oder waren. Für diese Kinder, die zu Hause geschlagen, von Angehörigen verletzt, missachtet oder missbraucht werden, können die Schulen zu Orten der Zuflucht und der Hoffnung werden. Die Schulen dürfen diese Hoffnung nicht enttäuschen.

Lehrer sind zwar weder Ärzte noch Therapeuten. Doch sie können wichtige Ansprechpartner und Vermittler sein, und oft werden sie sogar die ersten sein, die überhaupt auf das Leiden der Kinder aufmerksam werden.

Lehrer dürfen nicht darüber hinwegsehen, dass jeder von ihnen, statistisch gesehen, immer wieder Kinder unterrichtet, die Opfer körperlicher und sexueller Gewalt geworden sind. Statistisch gesehen, begegnen Lehrer auch regelmäßig Jugendlichen, die Suizidgedanken haben oder sogar schon einen Suizid versucht haben. Es ist erstaunlich, wie wenig Lehrer auf diese Fälle vorbereitet werden.

Sind die psychischen Probleme eines Schülers überwältigend, seine Familie zerrüttet oder Eltern und andere Angehörige gewalttätig, gibt es keine einfachen Lösungen. Lehrer können dann nicht eigenmächtig und ohne weitere professionelle Hilfe einschreiten. Sie sind ja keine Therapeuten. Aber darf sich jemand Pädagoge nennen, der die Not seiner Schüler einfach ignoriert?

Der Einsatz von Sozialarbeitern und Psychologen an den Schulen ist sinnvoll (und müsste verstärkt werden), enthebt die Lehrer aber nicht ihrer eigenen pädagogischen und sozialen Verantwortung. Lehrer sind Profis fürs Unterrichten. Aber sie sollten vom Fachunterricht nicht so beansprucht sein, dass sie keinen Blick mehr haben für die Bedürfnisse und Sorgen ihrer Schüler.

Gewiss ist es ein schmaler Grat, den Lehrer beschreiten, wenn sie außerhalb des Unterrichts pädagogisch tätig werden. Sie gehen dabei stets ein Risiko ein. Stellen sie sich unbeholfen an oder ergeben sich Missverständnisse, kann es leicht passieren, dass sie das Vertrauen eines Schülers verspielen und ohne Not neue Konflikte erzeugen, die es vorher nicht gab.

Vorsicht beim Einmischen

Man kennt Lehrer, die sich in alles einmischen und die Kinder bevormunden. Wahrscheinlich hat jeder so etwas auch in der eigenen Schulzeit schon erlebt. Eines Tages, der kleine Gymnasiast besuchte die Mittelstufe, rief sein Klassenlehrer zu Hause an. Die Mutter war am Apparat. In dem Gespräch, das schnell auf den Punkt kam, warnte der Lehrer sie davor, dass ihr Sohn in die „alternative Szene" abrutscht. Die Mutter antwortete, das solle der Lehrer doch lieber mit dem Jungen direkt besprechen. Damit war die Sache für sie erledigt. Für den Jungen nicht. Was mischte sich der Lehrer überhaupt ein? Was dachte er sich dabei? Gibt es denn keine Meinungsfreiheit in diesem Land? Abgesehen davon, war der kleine Gymnasiast keineswegs so „alternativ" oder radikal (und wenn schon!). Er lief äußerlich eher bieder herum, war nirgends polizeiauffällig geworden, ja nicht einmal ein besonders aufsässiger Schüler. Als eine Kaserne in unmittelbarer Nähe der Schule als Durchgangsstation für Brennelemente dienen sollte, hat er sich ein paar Tage an Demonstrationen und an einer Besetzung beteiligt, bis eines Nachts die Wasserwerfer kamen. Dafür hatte er auch zwei, drei Tage die Schule sausen lassen und vielleicht einen Verweis erhalten (das weiß er nicht mehr genau). Aber das war der Preis, den man in solchen Fällen eben zahlt. Der Junge war doch deshalb kein Staatsfeind. Er war also empört, zumal als Jugendlicher in einem Alter, in dem man sich ungern Vorhaltungen von Erwachsenen machen lässt. Man kann sich vorstellen, dass das Verhältnis zu dem Lehrer fortan zerrüttet war und die Mitarbeit in dessen Unterricht entsprechend gebremst.

Lehrer müssen sich, wenn es ernst ist, einmischen, sie müssen aber auch wissen, wann sie sich besser heraushalten. Sie müssen den Kontakt zu den Eltern suchen, aber aufpassen, dass sie die Schüler nicht übergehen oder neue Fronten entstehen. Sie müssen sich hüten vor übertriebener Sorge, und sie dürfen ihre eigenen politischen Ansichten nicht zum Maßstab machen, an dem sie ihre Schüler messen. Auf der anderen Seite sollten Schüler wie Eltern den Lehrern auch zubilligen, dass eben niemand gefeit ist vor Fehlern und Ungeschicktheiten. Und als Vater oder Mutter kann man ruhig gelassen bleiben, wenn das Kind mit dem einen oder anderen Lehrer einmal nicht so gut auskommt, wie man sich das wünscht. In bestimmten Grenzen ist das normal und unvermeidlich, da die

Schüler sich ihre Lehrer nun einmal nicht aussuchen können. Lehrer sind, so hart das klingt, auch dazu da, dass sich Jugendliche über sie beklagen, über sie aufregen, dass sie sich über sie beschweren und von ihnen distanzieren können.

Frau Knüppelkuh und Frau Honig

Immer wieder kommt es auf die richtige Mischung an; Nähe und Distanz sind keine Alternativen, sondern Teil eines Wechselspiels. Und immer wieder kommt es in diesem Wechselspiel vor, dass ein Pädagoge gleichsam zum Retter des Kindes wird, dass der Pädagoge den Schüler herausholt aus der Trostlosigkeit seiner Welt, und sei es im übertragenen Sinne: allein durch die Kraft der Bildung.

Es gibt zu dem Thema ein wunderbares Kinderbuch, Roald Dahls Satire „Matilda".[61] Die Schule ist darin einerseits ein Ort des Schreckens, regiert von einer tyrannischen Rektorin, Frau Knüppelkuh. Ihr Traum ist eine Schule ohne Schüler. Im Kind sieht die Rektorin einen Feind, den sie sich vom Leibe halten will. Distanz schlägt hier um in Distanzlosigkeit und brutale Gewalt. Andererseits ist die Schule in dieser Erzählung auch ein Ort großer Herzlichkeit, umsichtig gestaltet von der sanftmütigen Lehrerin Fräulein Honig. Für Matilda, ein hochbegabtes Mädchen, deren Eltern leider schlimme Banausen sind, wird Fräulein Honig zur Rettung. Sie erkennt und fördert die Talente des Mädchens und sieht die bedrückende familiäre Situation. In dem Buch führt das so weit, dass Fräulein Honig das Kind am Ende sogar adoptiert. Es ist eine rührende Geschichte, die von der Darstellung zweier Extreme lebt: der absoluten Kälte im System der Rektorin und der absoluten Wärme einer Lehrerin, die schließlich sogar zur Mutter einer benachteiligten Schülerin wird.

Ein solcher Familienersatz ist in der Realität meist weder möglich noch nötig. Es gibt glücklicherweise Pflegefamilien und Adoptiveltern, die Kinder aufnehmen, wenn sie keine leiblichen Eltern mehr haben oder diese das Kindeswohl gefährden. Lehrer sind keine Pflegeeltern. Aber als Pädagogen dürfen sie die soziale und emotionale Seite des Lernens und des Schullebens auch nicht ausblenden. Sie sollen einem professionellen Ethos folgen, ohne dabei ihre Menschlichkeit aufzugeben.

8.
„Pädagogischer Eros" – eine gefährliche Tradition

Der Schock war groß, als bekannt wurde, dass in der berühmten Odenwaldschule – einem privaten Internat im hessischen Heppenheim, das als Leuchtturm kindgerechter, fortschrittlicher Pädagogik galt – hunderte Schüler über Jahrzehnte hinweg von Lehrern und dem Direktor sexuell ausgebeutet worden sind. Bei einer zum hundertjährigen Schuljubiläum eröffneten Ausstellung im Sommer 2010 haben Absolventen ihre schlimmen Erlebnisse in Kinderreime gekleidet. Es war auch der Versuch, sich mit Hilfe einer scheinbar jugendlichen Sprache vor einer Retraumatisierung zu schützen: „Im Odenwald, da bleibt kein Hoden kalt." Viele Betroffene kostete es große Überwindung, das Trauma ihrer Jugend öffentlich zu machen. Als Teil einer Kunst-Installation sangen sie vom Band: „Morgens früh um sechs / gibt es erstmal Sex. / Morgens früh um sieben / wird's nochmal getrieben. (…) Übergriff um elf / geht dann bis um zwölf."

Die abgeschiedene, heimelig wirkende Schule in der schönen Landschaft des Odenwalds war in den 1970er und 1980er Jahren ein nach außen weitgehend abgeschottetes, fast geschlossenes System, das dafür seine „Offenheit" im Inneren bis ins Kriminelle steigerte: Lehrer duschten mit Schülern, jeder duzte jeden – und am Morgen griff der Lehrer den Jugendlichen beim Wecken in den Schritt. Die Türen des Direktors standen offen, Schüler telefonierten in seinem Schlafzimmer; sie durften sich an seinem Kühlschrank bedienen – und der Direktor bediente sich an ihren Körpern. Es war widerlich.

Vertuschte Verbrechen

Die traurige Wahrheit über die Verbrechen an der Odenwaldschule ist lange Zeit vertuscht und verharmlost worden. Es brauchte zwei mediale Anläufe, ehe sie endlich in ihrem ganzen Ausmaß ans Licht kam und ernst genommen wurde.[62] Im Jahr 2010, als auch die katholische Kirche ihren großen Missbrauchsskandal erlebte, war die Öffentlichkeit endlich wach genug, um die Berichte der Opfer zu beachten, ihr Leiden anzuerkennen und die Geschichte des Missbrauchs offenzulegen. Und so wurde allmählich klar, wie hinter der Fassade einer vermeintlich vorbildlichen Institution großes Unrecht begangen worden ist. Etliche Schüler sind systematisch, über ihre gesamte Schulzeit hinweg, immer wieder befummelt, gedemütigt und vergewaltigt worden.

An der Odenwaldschule konnten Propagandisten des „pädagogischen Eros" ungestraft ihr Unwesen treiben, während sie sich zugleich als Humanisten gerierten und als große Pädagogen und Kinderfreunde feiern ließen. Auch das war widerlich.

Verstrickt in das unselige Netzwerk berühmter Freunde und Anhänger der Odenwaldschule war ausgerechnet Hartmut von Hentig, ein Star der deutschen Reformpädagogik, dessen Plädoyers für eine kindgerechte Lernkultur Generationen von Lehrern inspiriert und beeindruckt hatten. Hentigs Freund und Lebensgefährte war Gerold Becker, der lange Zeit die Odenwaldschule leitete und von den Opfern und den von der Schule eingesetzten Sonderermittlerinnen als Haupttäter im Missbrauchsskandal beschuldigt wird. Die Aussagen und Beweise gegen ihn sind erdrückend, aber einem Gericht musste sich Becker nie stellen. Die Taten waren strafrechtlich bereits verjährt, als sie publik wurden. Becker starb im Juli 2010, als die Aufklärung des Skandals noch in vollem Gange war – beschützt und umsorgt von seinem Freund Hartmut von Hentig.

Dieser hatte nur wenige Tage, bevor im März 2010 der Missbrauch im Odenwald zum nationalen Thema wurde, einen Vortrag in Stuttgart gehalten, umjubelt von seinen Fans. Hentig erwähnte darin auch den „pädagogischen Eros", jenen Gott, den Platon in die Philosophie der Erziehung eingeführt habe. Der Pädagoge zitierte den Pädagogen Johann Heinrich Pestalozzi, der die Ansicht vertreten habe, die elterliche Liebe müsse auf den Erzieher übergehen: „Bei beiden, Platon und Pestalozzi, bedarf es keiner Verbergung der Natürlichkeit des hier waltenden Gefühls." Hentig verwies außerdem auf Eduard Spranger, der unbefangen habe sagen können, ein echter Erzieher trage pädagogische Liebe in sich, und diese sei mehr als ein Klima der Zuneigung. Sie sei „eine Form der persönlichen Liebe". In diesem Punkt, merkte Hentig an, sei „unsere aufgeklärte Gesellschaft kleinmütig". Und weiter: Die Gesellschaft blicke „misstrauisch auf jede Zärtlichkeit und errichtet fürsorgliche Schutzvorkehrungen gegen den scheuen Gott".

Wie verhöhnt musste sich ein Missbrauchsopfer bei diesen Sätzen fühlen! Wie unsensibel, ja, schamlos waren diese Worte von einem prominenten Pädagogen, der die Vorwürfe gegen seinen Freund Becker schon seit Jahren kannte und der es nicht einmal für nötig befunden hatte, die Opfer überhaupt anzuhören. Als das ganze Ausmaß der sexuellen Gewalt an der Odenwaldschule publik wurde, verschanzte sich Hentig in seiner Wohnung, beharrte trotzig auf seiner Position und wollte den Skandal einfach aussitzen.

Viel zu lange haben sich Reformpädagogen taub und blind gestellt, wenn es um den Missbrauch pädagogischer Macht und die sexuelle Ausbeutung von Kindern ging. Eine unselige Tradition verbindet diese Ausbeutung mit dem ideologischen Konstrukt des „pädagogischen Eros". Manchmal ist der Begriff in bester Absicht benutzt worden, um damit besonders leidenschaftliche und verantwortungsbewusste Lehrer zu beschreiben. Doch das Konzept war immer schon missverständlich. Und mehr als das: Es war immer schon gefährlich.

Schwärmen von der Knabenliebe

Bevor Paul und Edith Geheeb vor mehr als hundert Jahren die Odenwaldschule gründeten, arbeiteten die beiden in der Freien Schulgemeinde Wickersdorf. Deren Leiter war der Theologe und Philologe Gustav Wyneken, der einen Eros-Kult betrieb und sich als Freund und Führer ausgewählter Zöglinge gerierte. Wyneken wurde 1920 wegen sexueller Beziehungen zu Schülern angeklagt, er reagierte darauf mit einer ebenso starrsinnigen wie irritierenden und erschreckenden Schrift: „Eros" (1921). Darin verteidigte Wyneken die Knabenliebe und schrieb, der bürgerlichen Öffentlichkeit fehle leider das Verständnis für die erotische Bindung eines Mannes an Knaben, für dieses „heilige Gut der Menschheit".

Wyneken war ein Päderast, der sich nicht schämte, seine Neigung schwärmerisch zu überhöhen und daraus eine angeblich ehrenwerte pädagogische Philosophie zu konstruieren. Der Leib, schrieb er, sei „Gnade, Hingabe, Liebe, Schönheit, Glück. (…) Wir wissen, dass der Liebesbund der Knaben mit seinem Führer das Schönste ist, was der Jugend beschieden sein kann."[63]

Es versteht sich, dass nur bestimmte, als schön empfundene Knaben für den Liebesbund überhaupt in Frage kamen – der pädagogische und sexuelle Missbrauch war auch noch eingebettet in einen elitären, dünkelhaften Führerkult.

Wynekens Schrift lässt sich nicht damit verteidigen, dass zu jener Zeit Homosexuelle diskriminiert wurden und die Sexualmoral noch von der Enge und Spießigkeit der Wilhelminischen Zeit geprägt war, aus der es zu entfliehen galt. Wyneken und seine Vor- und Nachbeter, die dem „pädagogischen Eros" huldigten, fehlte jede Einsicht, dass sie die Generationengrenzen missachteten und ihre Position als Pädagogen schamlos ausnutzten.[64] Sie verwischten die Rollen, verstießen gegen alle Gebote des pädagogischen Takts und der professionellen Distanz und stilisierten den Lehrer zu einem Gefährten und Geliebten.

An einen Fünfzehnjährigen schrieb Gustav Wyneken im Jahr 1926 einen Brief, in dem er beteuerte: „Ich würde gewiss keinen Anspruch auf und an Dich geltend machen, wenn ich nicht wüsste, dass es für einen Knaben und Jüngling nichts Schöneres geben kann, als im Lebens- und Geisteskreis eines schöpferischen Mannes zu leben, der ihn liebt."[65] Die Schüler wurden emotional erpresst, abhängig und gefügig gemacht, der Übergriff auf Schutzbefohlene zu einer großherzigen, edlen Tat umgedeutet.

Ganz auf Wynekens Linie veröffentlichte Erich Ebermayer Ende der 1920er Jahre den erfolgreichen Roman „Kampf um Odilienberg", der nach dem Zweiten Weltkrieg neu aufgelegt wurde.[66] Darin verfallen zwei Schüler eines Internats einem älteren Lehrer und dessen geheimnisvoller Aura. Die „Kameradschaft" zwischen den Jünglingen und dem Pädagogen Manfred Mahr wird zu einer abenteuerlichen Heldengeschichte ausgeschmückt, wobei auch Seitenhiebe auf die angeblich weniger wertvolle Liebe zu Frauen nicht fehlen („Der weiß, was gut und teuer ist. Der gibt sich nicht mit doofen Mädchens ab"). Der Eros-Kult des Lehrers Mahr erschließe sich nur „Erwählten" und „Eingeweihten". Einem neugierigen, davon angezogenen Schüler wird gesagt, „dass es nichts, fast nichts mit Sexualität zu tun habe". Man beachte das Wort „fast", das eine Tür öffnete, die eigentlich fest geschlossen sein müsste. Der Eros sei „ein Feuer, eine Glut, ein von Gott Ergriffensein angesichts jugendlicher Schönheit", heißt es in dem Roman. Als Mutter und Vater kann man sich nur wünschen, dass dem eigenen Kind Pädagogen, die solches Feuer in sich tragen, erspart bleiben.

Es ist nicht zu begreifen, weshalb sich Reformpädagogen noch Jahrzehnte später positiv auf Wyneken bezogen haben. Mit Verweis auf Platons „Gastmahl" und die Tradition der antiken Knabenliebe hatten sich die Verklärer des „pädagogischen Eros" eine scheinbar unangreifbare, bildungsbürgerliche Grundlage geschaffen. Bei Platon führt der ältere, weise Mann den Jüngling in ein tugendhaftes Leben ein; die Vermischung des Pädagogischen mit dem Erotischen wird abgegrenzt von angeblich niederen Formen der rein triebhaften Sexualität. Der edle Liebhaber habe gleichsam immer auch den Geist und die Seele des Knaben im Blick. Und so adelte Platon in der Interpretation seiner späteren pädophilen Jünger ein homoerotisch aufgeladenes Lehrer-Schüler-Verhältnis. Ob sie sich dabei zu Recht auf Platon berufen können oder damit einen Missbrauch an der Philosophie begehen, darauf kommt es hier nicht an. Sexuelle Übergriffe wurden umgedeutet zu einem pädagogisch wertvollen Akt. Damit haben sie nicht nur die betroffen Schüler traumatisiert, verletzt und geschädigt. Sie haben auch das gesellschaftliche Gespräch über die Rolle von Gefühlen in der Erziehung in eine völlig falsche Richtung gelenkt. Dadurch fällt es heute leider sehr schwer, die Bedeutung von Emotionen beim Lernen angemessen zu würdigen.

Narzissmus der Lehrer

Der Beruf des Lehrers ist, wie schon betont wurde, unvermeidlich ein „Beziehungsberuf", und die emotionale Seite im Lernprozess wird zu wenig beachtet. Ignoriert man aber die Beziehungsebene, die es in jeder menschlichen Kommunikation gibt, ausgerechnet in der Schule, ist das pädagogisch höchst unprofessionell. Viele Schüler sehen in ihren Lehrern ein Vorbild. Mitunter schwärmen sie von ihnen, sie idealisieren sie. Andererseits entwickeln sie nicht selten auch negative Gefühle: Sie sind enttäuscht, fühlen sich übersehen und übergangen. Oder sie fühlen sich einfach genervt und gegängelt von den Erwachsenen und deren Erwartungen. All das auszublenden und so zu tun, als sei die Schule ein emotionsfreier Raum, wäre fahrlässig.

Die Anhänger des „pädagogischen Eros" jedoch interessieren sich gar nicht wirklich für diesen Alltag der Gefühle. Sie streben nach dem vermeintlich Besonderen, das dann auch nur wenigen Schülern und ihren Gefährten zuteil wird. Sie öffnen dabei Tür und Tor für den Missbrauch pädagogischer Macht und für das Stillen narzisstischer und sexueller Begierden an Kindern. Deshalb kann man heute, selbst wenn man damit nur sagen möchte, dass der Lehrer mehr ist als eine Maschine, die den Schülern Wissen eintrichtert, den Begriff des „pädagogischen Eros" nicht mehr positiv verwenden.

Der Philosoph Martin Buber hat schon 1925 eine bis heute gültige Kritik der Eros-Idee vorgelegt. Das ist umso interessanter, als Buber mehrere Jahre in Heppenheim wohnte und den Gründer der dortigen Odenwaldschule, Paul Geheeb, persönlich kannte und offenbar schätzte. Buber ist in Geheebs Internat als Gast aufgetreten. Er betrachtete die Schule und das Ansinnen der gesamten Landheim-Bewegung im Grunde sehr wohlwollend. Dennoch betonte Buber in seiner berühmten Rede „Über das Erzieherische", dass weder Machtwille (und Zwang) noch der Eros leitend sein dürften für die erzieherische Haltung.[67]

Eros bedeute, „Menschen genießen zu wollen" – und eben dies schließe das Erzieherische aus. Dabei bezog sich Martin Buber wohlgemerkt nicht auf eine mögliche sexuelle Ausbeutung der Schüler (dass diese verwerflich ist, müsste sich eigentlich von selbst verstehen), sondern auf die erzieherische Liebe und Freundschaft, die als pädagogischer Eros idealisiert wird: „Eros ist Wahl, Wahl aus Neigung. Erziehertum ist eben dies nicht."

Der Pädagoge muss alle seine Schüler annehmen, er muss ihnen allen gleichermaßen gerecht werden und darf nicht nach Gutdünken oder Sympathien den einen herausheben, den anderen ignorieren. Buber sagt es so: „Sollte er je, um der Erziehung willen, glauben, Auswahl und Gliederung üben zu müssen, dann wird er sich von einem andern Kriterium leiten lassen als von dem der Neigung." Und dann hebt Martin Buber „die spezifische Demut des Erziehers" hervor: Es geht nicht um ihn, nicht um die Wünsche und Bedürfnisse des Pädagogen; es geht um die Kinder, um ihr Werden und Wachsen. Die Reformpädagogen, die sich auf den Eros beriefen, haben dagegen ihre „Lieblinge" gehabt, sie haben sich von Sympathien, Schwärmerei und oft sogar von ihren Trieben leiten lassen. Das war ein schwerer Verstoß gegen das Ethos ihres Berufs.

Buber betonte deshalb, das Erzieherische verlange eine „hohe Askese". Der Pädagoge dürfe weder machtwillig sein noch erotisch eingreifen. Er darf sich nicht selbst ins Zentrum stellen. Für Martin Buber, den Philosophen des idealen Gesprächs, ist das erzieherische Verhältnis vielmehr „ein rein dialogisches".

Freilich, es gibt in diesem Verhältnis eine bedeutsame Asymmetrie: Der Erwachsene ist nicht auf der gleichen Augenhöhe wie das Kind oder der Jugendliche. Dennoch setzt Buber in seinem idealistischen Bild voraus (beziehungsweise verlangt), dass zwischen dem Pädagogen und seinen Schülern Vertrauen herrscht und sich die Schüler als Personen angenommen und verstanden fühlen.

Diese Idee des Erzieherischen könnte man für allzu idealistisch halten, vielleicht sogar für gefährlich oder zumindest verschleiernd, weil in der Asymmetrie zwischen Pädagogen und Schülern das Ausüben von Macht geradezu angelegt und zu einem gewissen Grade wohl auch unvermeidlich ist. Spätestens wenn Lehrer ihre Urteile fällen (und erst recht, wenn sie Noten verteilen), kann den Kindern und Jugendlichen schmerzlich bewusst werden, dass der pädagogische Dialog seine Grenzen hat und die erzieherische Fürsorge ihren Fluchtpunkt in der Vergabe von Zeugnissen und dem Zuteilen von Berufschancen findet. Und selbst in einer Einrichtung ohne Zensuren und in Schulen, in denen die Kinder mitbestimmen und weitgehend selbst Regeln setzen dürfen, ereilt sie früher oder später doch die Frage der Erwachsenen (und sei es außerhalb der Schule): Was hast du eigentlich gelernt?

Mit anderen Worten: Buber zeigt sich möglicherweise zu blind für die kühle Funktionslogik der Schule, für ihre institutionelle Macht und für das, was Kritiker als die „strukturelle

Gewalt" in der Erziehung bezeichnet haben. Tatsächlich hat er auch in der Odenwaldschule und im Wirken ihres Gründers Paul Geheeb nur das imponierende Projekt einer ganzheitlichen Erziehung erkannt und, trotz seiner bedeutenden Kritik am Eros-Konzept, wohl die Gefahren unterschätzt, die in der Odenwaldschule lauerten. Buber setzte auf die Persönlichkeit des Pädagogen, auf die „pädagogische Begegnung", die zu einem echten Wechselgespräch zwischen Lehrer und Schüler werden solle – und er konnte und mochte sich offenbar nicht vorstellen, wie anfällig solche Begegnungen für Missbrauch sein können.

Nackt auf der Schulwiese

Auch Paul Geheeb, der Gründerguru der Odenwaldschule mit Rauschebart, war keineswegs eine Lichtgestalt. Dokumente belegen, wie rüde er über den Willen von Schülern hinweggehen konnte und sogar Klagen über sexuelle Übergriffe beiseitewischte. Es muss genau unterschieden werden zwischen der pädagogischen Selbstdarstellung, einer menschelnden Rhetorik und der realen Praxis in den Schulen.[68] Leider klafft zwischen Anspruch und Wirklichkeit, zwischen Schein und Sein oft eine große Lücke.

Dass der exzentrische Geheeb im „Lichtkleid", also nackt, seine Gymnastik auf der Wiese vor dem Schulhaus vollführte, mag man vielleicht noch als Teil eines kauzigen, zeitgeistigen frühen Hippielebens betrachten. Schlimm ist aber, wie wenig Takt und Sensibilität aus manchem seiner Briefe spricht. Da werden Schüler rüde angegriffen und heruntergeputzt, Sorgen der Eltern kaltschnäuzig abgewehrt und Jugendliche für eigene Zwecke instrumentalisiert. Emotionale Abhängigkeiten nutzte Geheeb offenbar schamlos aus. Ihm fehlte das Gespür dafür, die Gefahren seines „pädagogischen Laboratoriums", wie er es nannte, für die Jugendlichen zu erkennen. Und es fehlte ihm, dem Nacktturner, der noch gegen die Prüderie und die dumpfe

Körperfeindlichkeit des Wilhelminismus rebellierte, schlicht der Sinn für die natürliche Scham der Jüngeren.

Im Abstand von mehr als hundert Jahren erscheint der Ton, den Geheeb in seinen Schriften anschlug, bisweilen härter und grausamer, als es der Mythos der freundlichen Reformpädagogik, die doch stets „vom Kinde her" denken wollte, vermuten lässt. So ist beispielsweise auch bei ihm von „Kindermaterial" die Rede; und Schüler, die sich angeblich nicht in die Gemeinschaft fügen wollten, schloss er gnadenlos aus.[69]

Bereits damals, in den Anfangsjahren, gab es Hinweise auf sexuelle Übergriffe von Mitarbeitern auf Schüler. An der Odenwaldschule unterrichtete ein Altphilologe, der vor seiner Tätigkeit dort wegen Verbreitung unzüchtiger Schriften angeklagt worden war und etliche Aufsätze zur Knabenliebe und zum platonischen Jünglingsideal verfasst hatte.[70] Er bezog sich dabei auch positiv auf den Dichterfürst Stefan George und dessen Meister-Schüler-Kult.

Obwohl Geheeb so etwas wie ein Deserteur des Krieges gegen die Kinder war, den viele staatlichen Schulen in der Ära des Kaiserreichs noch führten, blieb er doch ein Kind seiner Zeit. Er war fähig zu einem autoritären, verletzenden Ton, vor allem wenn es darum ging, seine Schule abzusichern: Als ein Mädchen an eine staatliche Schule wechseln wollte, schrieb er ihr, dass dies die „kapitalste Dummheit" wäre und sie vom Charakter her „ganz und gar egozentrisch und sozusagen von Natur aus asozial" sei und nur in dem Internat das „ABC der Menschwerdung" lernen könne.[71] – Was wäre wohl los, wenn heute ein Pädagoge solche Unverschämtheiten zu sagen wagte?

Damit nicht genug. Der Mutter eines angeblich trägen und phlegmatischen Dreizehnjährigen empfahl Geheeb „etwas mehr von der alten Dressurmethode". Eine Schule mit Herz? Die Realität der angeblich kindgerechten Erziehung und Pädagogik in der Reformschule sah oft anders aus. Der Bildungshistoriker Jürgen Oelkers mag etwas einseitig die dunkle Seite von Geheebs Person beleuchtet haben; dass diese Seite wirklich existierte, dafür sprechen etliche Quellen und Indizien. Oelkers kommt zu dem Ergebnis, dass das Verhalten des angeblich so großen Pädagogen autokratisch war und bestimmt durch „innere Distanz und emotionale Kälte".[72]

Der Enge der traditionellen Sexualmoral entflohen Geheeb und seine Anhänger in einem Körperkult, der keine Unterschiede mehr zwischen Schülern und Lehrern machte. Und natürlich durfte auch im Odenwald Platon nicht fehlen. Die Schulgebäude wurden nach Heroen des Geistes und Vorbildern der Erziehung benannt: Neben Goethe, Herder, Fichte, Schiller, Humboldt und Pestalozzi gehörte eben auch Platon dazu („Platon-Haus").

Der Mythos der Odenwaldschule ist nun zerstört und mit ihm der alberne, ja ruchlose Griechenland-Kult. Das ist gut so. In Zukunft wird man sich hüten müssen vor so überschwänglichen Schulkonzepten und derart sendungsbewussten Pädagogen-Gurus, die sich von der Gesellschaft absondern und Jünger um sich scharen.

Labile Persönlichkeiten

Aus den schlimmen und ernüchternden Erfahrungen mit der Odenwaldschule, aber auch mit den kirchlichen Einrichtungen, in denen Kinder Opfer von Prügel und sexuellen Übergriffen wurden, nun den Schluss zu ziehen, dass die pädagogische Begegnung generell reduziert werden müsse auf einen möglichst unpersönlichen Unterricht und auf gleichsam maschinenhafte Monologe, wäre völlig verfehlt. Dialog und Vertrauen sind unverzichtbar für eine gute und erfolgreiche Schule. Und eine Pädagogik ganz ohne Ideale wäre eine trostlose, anspruchslose Übung.

Martin Buber legte in seinen Reden eine bedeutende Facette, wenn nicht sogar den tieferen Sinn des Erzieherischen frei, den es zu entfalten, zu bewahren und zu schützen gilt und der sich eben nicht in der bloßen Weitergabe des Wissens über Zahlen und Buchstaben erschöpft. Es sollte, auch in der Schule, um Charakterbildung gehen, und das setzt voraus, dass die Personalität von Pädagogen und Schülern nicht ignoriert wird. Der Schüler muss spüren, dass der Erzieher „nicht ein Geschäft an ihm betreibt, sondern an seinem Leben teilnimmt; dass dieser Mensch ihn bestätigt, ehe er ihn beeinflussen will".[73]

Der Mensch und so auch der Lehrer ist glücklicherweise nicht eindimensional, er ist keine bloße Marionette seiner Institution. Er ist fähig, zwischen verschiedenen Rollen zu unterscheiden, sich zwischen Polen zu bewegen und dabei doch stets die eine Person zu bleiben, die er ist. Er ist fähig zu Zwischentönen und zum Wechsel zwischen verschiedenen Kommunikationsebenen. Deshalb lässt er sich glücklicherweise nicht ohne Weiteres reduzieren auf einen nur instrumentell Handelnden. Er wehrt sich gegen eine völlige Vereinnahmung und Instrumentalisierung. Und so kann und muss der Lehrer seinem Schüler beispielsweise glaubwürdig machen, dass er auch in ihm mehr erkennt als nur ein Arbeitsobjekt. „Ich schätze dich als Person, auch wenn du diesen Fehler hier gemacht hast." Das muss er mit jeder Faser seiner pädagogischen Persönlichkeit ausstrahlen. „Ich reduziere dich nicht auf die Noten, die ich dir erteile. Und ich helfe dir, wenn du meine Hilfe benötigst."

Pädagogen müssen ihren Schülern dabei immer die Chance lassen, sich zu distanzieren, die Freiheit, dass sie, salopp gesagt, ihre Lehrer blöd finden, über sie fluchen und scherzen können. Es gibt, wie überall, wo Menschen miteinander zu tun haben, eben nicht nur positive Gefühle, sondern auch negative. Es gibt nicht nur Harmonie, sondern auch Konflikt und Ablehnung. Ließe einen Pädagogen das ganz kalt und unberührt, wäre es seltsam. Doch es darf ihn auch nicht wundern und verstören oder übermäßig kränken.

Lehrer müssen in der Lage sein, ihre eigenen Bedürfnisse nicht auf die Schüler zu projizieren. Sexuelle Übergriffe markieren dabei nur das verbrecherische Extrem. Dass Pädagogen ihre Bedürfnisse nicht zu trennen wissen von denen der Kinder und dass sie sich nicht zurücknehmen können – dieses allgemeine Problem dürfte sehr viel häufiger auftreten. Und langfristig können, so berichten jedenfalls Therapeuten, emotionale Abhängigkeiten, Entwertungen oder Demütigungen durch Pädagogen oder Mitschüler schwerwiegende Folgen für die Entwicklung eines Heranwachsenden haben.[74]

Wenn emotional labile Persönlichkeiten Lehrer werden und wenn es in ihrem Beruf an psychologischer Supervision fehlt, braucht man sich nicht zu wundern, dass sich das Verhältnis zu den Schülern mitunter nur noch als eine Beziehungsstörung beschreiben lässt. Das passiert vor allem dann, wenn Lehrer von den Schülern bestätigt und geliebt werden wollen. Es passiert auch, wenn Lehrer in ihrem Selbstverständnis eine Art Symbiose eingehen mit den Jugendlichen und überhaupt nicht begreifen können, wenn ihre Schüler ihnen nicht so folgen, wie sie es gerne hätten. Jeder Widerstand erscheint dem Pädagogen dann als direkter Angriff auf die eigene Person oder als eigenes Versagen.

Auch die Lehrer müssen letztlich vor einer Überforderung ihrer Position und dem Verwischen der Rollen geschützt werden, ohne dass man deswegen gleich ins andere Extrem verfiele. Wenn Jugendliche in der Schule unter einer zu großen Distanz und Anonymität leiden, fehlt ihnen das fürs Lernen so entscheidende Gefühl, gut aufgehoben, angenommen und anerkannt zu sein.

Gefährliche Entgrenzung

Doch es gibt eben leider auch den umgekehrten Fall, in dem die Umklammerung der Schule zu fest ist und die Lehrer zu wenig Abstand halten, bis hin zum verbrecherischen Missbrauch. Vor allem in Internaten und Landerziehungsheimen wie der Odenwaldschule, die den Kindern ein zweites Zuhause auf Zeit und eine Art Familienersatz sein wollen, besteht die

Gefahr, dass die Nähe in Distanzlosigkeit mündet. Wie die natürliche Familie, die nach Schätzungen von Experten der häufigste Ort sexueller Gewalt ist, ist auch die pädagogische „Familie" anfällig für Missbrauch und emotionale Abhängigkeit.

Die Gefahren wachsen, wenn sich die Schulen ideologisch und räumlich abschotten und wie eine totale Institution gegen äußere Einflüsse, Kontrollen und Kritik immunisieren. Die Odenwaldschule im abgeschiedenen Tal von Ober-Hambach bei Heppenheim ist ein trauriges Beispiel dafür. Ihr Fall muss der Pädagogik eine Lehre sein: Vor pädagogischen Predigern und Zauberern muss man sich in Acht nehmen.

Und so kann man auch skeptisch gegenüber allen Bestrebungen sein, die Schule immer weiter zu entgrenzen. Es ist gut und wünschenswert, wenn die Schule ein Lebensraum ist, in dem sich die Schüler wohlfühlen. Und es ist notwendig, dass die Schule sich öffnet für die Gesellschaft, die sie umgibt, für die Familien, Firmen und Vereine. Aber eine Schule, die das ganze Leben ausfüllt und den Jugendlichen keinen Raum zum Rückzug mehr lässt (notfalls bis zur „Flucht"), kann schnell zum Horror werden.

Entsprechend heikel sind beispielsweise Ivan Illichs Vorstellungen von einer radikalen „Entschulung" der Gesellschaft. Illich verfasste in den 1970er und 1980er Jahren eine radikale Kritik der Schule und behauptete, der „heimliche Lehrplan" der Schule verwandle das Lernen in eine Ware, deren Markt die Schule monopolisiere. Damit überschätzte Illich jedoch die Macht der Bildungseinrichtungen und unterschätzte zugleich den Eigensinn der Bildung, der sich selbst in einem „Zwangsunterricht" noch entfaltet. Illich bezichtigte die Schule, die Verantwortung für die Erziehung zu „depersonalisieren".[75] Die Lehrer handelten gleichsam nur als Agenten einer Agentur – die Schule tritt den Kindern und Jugendlichen entgegen als ein kaltes, hartes System.

Solche Kritik mag zu einem gewissen Grad ihre Berechtigung haben, denn sie schärft den Sinn für das Bürokratische und auch das Kaltherzige im Bildungssystem. Doch sie wird unfair, einseitig und überzogen, wenn sie nicht den Spielraum erkennt, in dem die Schule steht und in dem sich die handelnden Personen keineswegs auf pädagogische Charaktermasken reduzieren lassen.

Als feste Institution mit Regeln und einer bestimmten Rollen- und Zeitstruktur lässt die Schule den Kindern und Jugendlichen die Möglichkeit, sich zu distanzieren und den Unterricht und die Lehrer hinter sich zu lassen. Das Gegenmodell dazu ist die erlebnispädagogische Lebensschule rund um die Uhr: das monatelange Reisen auf einem Schulschiff zum Beispiel oder das Zusammenleben in einem weitgehend isolierten Internat oder einer Hütte in den Bergen. Manchmal kann man Jugendliche, die schulmüde sind und weitere Verhaltensauffälligkeiten haben, nur noch mit solchen Angeboten erreichen und zum Lernen motivieren. Doch für die meisten Jugendlichen ist es gut, wenn die Pädagogik nicht ihr ganzes Leben durchdringt. Wenn man Ganztagsschulen einrichtet und die Pädagogik lebensnäher und individueller gestalten will, heißt das keineswegs, dass die Schule völlig entgrenzt beziehungsweise aufgelöst werden soll.

Selbst ist der Schüler

Sinnvoll ist es, Schülern die Verantwortung für umgrenzte Projekte zu übertragen und ihnen zuzutrauen, selbstständig etwas zu organisieren, was dann automatisch wichtige Lernprozesse in Gang setzt. Schulen, die den Jugendlichen entsprechende Freiheiten geben, machen damit immer wieder gute Erfahrungen. Denn wenn ein Schüler sich bei einem Ausflug, einem Bauprojekt oder der Vorbereitung einer Ausstellung beweisen kann, stärkt ihn das nicht nur im Fachlichen, sondern in seiner ganzen Persönlichkeit. Diese Form des Lernens entspricht auch viel eher dem Alltag im Berufsleben.

Erfolgreich sind außerdem Formen der Freiarbeit, bei denen die Lehrer in den Hintergrund treten. Vor allem ältere

Schüler können sich bei entsprechender Vorbereitung über Monate hinweg selbstständig „schulen"; entsprechende Versuche hat es mit positiven Resultaten immer wieder gegeben, etwa an einem Gymnasium in der Schweiz oder bei Abiturienten in Freiburg, die sich ohne reguläre Schule den Unterricht selbst organisiert und sich eigenständig auf ihre Prüfungen vorbereitet haben. Warum werden solche Freiräume nicht systematisch in die Schulzeit eingebaut?

In dieser Hinsicht kann die Schule noch heute von vielen reformpädagogischen Impulsen profitieren, wenn damit gemeint ist, dass die Schule zur Freiheit befähigen und eine Verbindung herstellen soll zum Leben und Alltag der Jugendlichen. Dabei müssen sich Reformpädagogen aber von überzogenen Erwartungen und ideologischen Überhöhungen verabschieden und mit weniger dünkelhaftem Pathos auf die Schule schauen. Der Pragmatismus des amerikanischen Philosophen und Pädagogen John Dewey ist ein besseres Vorbild als die schwülstige Erziehungsromantik der Landheim-Bewegung oder das sektenhafte und männerbündische Meister-Schüler-Verhältnis, wie es unter anderem auch die Schulgemeinde Gustav Wynekens prägte.

Es wäre irreführend, wollte man die breite und sehr heterogene Bewegung der Reformpädagogik eins zu eins mit den wiederum sehr unterschiedlichen Landerziehungsheimen oder gar mit der Lehre vom „pädagogischen Eros" gleichsetzen. Beispielsweise Maria Montessori oder eben John Dewey haben sich auf andere Begriffe und Traditionen bezogen. Dewey, der zwar als Hegelianer begann, sich später aber gegen metaphysische Großgebäude und das ewige Suchen nach Gewissheit wandte, stellte das „Wachstum" (*growth*) des Schülers ins Zentrum seiner pädagogischen Theorie.

Jugendliche sollen wachsen, sie sollen Erfahrungen sammeln, die ihren Sinn für weitere Erfahrungen schärfen. Das erfordert, um den Heranwachsenden wirklich zu erreichen, auch praktisches Tun (*learning by doing*). Damit ist keineswegs nur, wie es verkürzte Darstellungen von Deweys Ansatz suggerieren, handwerkliches Arbeiten gemeint, sondern ebenso das Ausprobieren von Ideen, das Durchdenken einer Theorie und das Begreifen eines Begriffs. Mit dem Auswendiglernen von Daten, Wörtern, Formeln ist es nicht getan.

Demokratie leben

Und so bleibt auch Deweys Idee inspirierend, jede Schule als Polis zu verstehen, in der gemeinsames Handeln geübt und die Demokratie gelebt wird. Es sagt sich so leicht dahin, dass die Demokratie mehr ist als der Wahlakt, dass sie gelebt werden und sich im Kleinen beweisen muss, im Alltag, in den Vereinen und Institutionen. Die Schulen können dazu vieles beitragen. Sie können die Jugendlichen lehren, produktiv mit Konflikten umzugehen und Moderationstechniken einzuüben. Gremien wie Klassenräte vermögen eine wichtige Rolle in der Gestaltung des Schullebens zu spielen. Es ist aber auch möglich, über den Schulraum hinauszugehen und Projekte im Stadtteil anzustoßen.

Mein altes Gymnasium in Lübeck hat zum Beispiel jahrelang bei politischen Wahlen Prognosen für die Stimmverteilung in den städtischen Wahlbezirken erstellt. In dem Projekt haben die Jugendlichen eine ganze Reihe von Kompetenzen eingeübt: Sie haben nicht nur die Statistik, die sonst im Matheunterricht eher abstrakt bleibt, praktisch anwenden können. Sie haben sich mit den Wahlprogrammen der Parteien auseinandergesetzt, Erfahrungen in Medienarbeit und im Kontakt mit echten Politikern gesammelt.

Ein anderes Beispiel: An einer Bremer Schule haben Dutzende Jugendliche ein Forschungsteam gebildet, das Daten zur Lage auf dem Ausbildungsmarkt sammelte und die Politiker anschließend mit den ernüchternden Ergebnissen konfrontierte. Die Schüler fanden heraus, dass die öffentlich verbreiteten Ausbildungsbilanzen ein geschöntes Bild zeichneten.

Das Einüben einer demokratischen Kultur in der Schule kann dazu beitragen, Kinder und Jugendliche zu stärken und, als Nebeneffekt, besser zu schützen vor dem Machtmissbrauch durch Erwachsene. Aber darauf verlassen sollte man sich nicht. Die Odenwaldschule ist schließlich zum Ort massenhafter sexueller Gewalt geworden *trotz* eines weitreichenden Modells der Schülermitbestimmung und einer scheinbar basisdemokratischen Kultur. Allzu schnell werden informelle Hierarchien und das de facto immer bestehende Macht- und Erfahrungsgefälle zwischen Lehrern und Schülern überlagert und verschleiert. Hinter diesem Schleier walten das Unrecht und die Gewalt oft umso härter und offener. Salman Ansari, ein ehemaliger Lehrer der Odenwaldschule, der frühzeitig in Gegnerschaft zur Schulleitung ging und sich an die Seite der Opfer stellte, hat die ernüchternden Erfahrungen im Internat beschrieben: Im Kollegium kam es zur Fraktionsbildung, plötzlich standen liberale, angebliche „Kinderfreunde" den strengeren, angeblichen „Kinderfeinden" gegenüber.[76] Dabei ging es beispielsweise um den laxen Umgang mit Drogen an der Schule während der 1970er und 1980er Jahre. Weil die Schüler bei den Konferenzen stets durch Vertreter repräsentiert waren, konnten die Lehrer gegeneinander ausgespielt und vor den Augen der Schülerschaft stigmatisiert und in die Enge getrieben werden. Auf diese Weise wurde es möglich, ein verqueres, vermeintlich linkes und progressives Rechtsverständnis an der Schule zu etablieren und Diebstähle, Drogenkonsum und sogar die sexuellen Übergriffe zu bagatellisieren. Die Geschichte der Odenwaldschule ist ein Lehrstück dafür, wie Vorstellungen von Mitbestimmung und Demokratie pädagogisch pervertiert werden.

Auch deshalb darf sich eine Schulgemeinschaft nicht abkoppeln von der Gesellschaft, der Öffentlichkeit und dem Rechtssystem, das sie umgibt. Sie ist nicht autark, und sie muss gut kontrolliert werden, damit sich die schulische Polis nicht in eine Despotie verwandelt – sei es in eine autoritäre Herrschaft oder in eine Tyrannei intimer Gewalt.

Der „pädagogische Eros" ist für die demokratische Schule das falsche Leitbild. Die Schulen brauchen beherzte Pädagogen – aber solche, die einem professionellen Ethos folgen und die in Strukturen arbeiten, die sie und die Schüler vor Distanzlosigkeit schützen.

Dabei sind die Lehrer, die Eltern und Kinder angewiesen auf die Mithilfe der Politik, die den Rahmen setzt, in dem sich die Arbeit in den Schulen bewegt.

9.
Kämpfe und Krämpfe der Bildungspolitik

Es schmerzt zu sehen, mit welcher Lieblosigkeit die Schulen politisch verwaltet werden. Alle Politiker sind zwar irgendwie für „mehr Bildung", jede Partei verspricht bessere Schulen und mehr Lehrer. Doch im politischen Alltag ist die Schulpolitik ein einziger Krampf: Der Bund streitet mit den Ländern um Kompetenzen; die Bildungsausgaben steigen allen Beteuerungen zum Trotz allenfalls langsam oder gar nicht; die Bundesländer stellen ihre Lehrer nach Kassenlage und ohne pädagogische Ambitionen ein und produzieren einen ewigen Kreislauf zwischen Lehrermangel und Lehrerschwemme.

Die Bildungspolitik leidet unter einer seltsamen Mischung aus Übereifer und Phlegma. Manche Reformen kommen überstürzt, sind in ihren Nebenwirkungen undurchdacht, müssen mühsam korrigiert und jahrelang „nachjustiert" werden (wie bei der Einführung des G8-Gymnasiums oder der Bachelor- und Masterstudiengänge). Einige Neuerungen werden sogar so vermurkst, dass in Deutschland fast ein Kulturkampf ausbricht und niemand mehr weiß, was eigentlich Sache ist (Beispiel Rechtschreibreform).

Andere Themen dagegen, wie der Analphabetismus von Millionen Bürgern oder die systematische Ausgrenzung behinderter Kinder im Schulsystem, werden jahrzehntelang ignoriert, notwendige Maßnahmen vernachlässigt und verschleppt und dem Belieben jedes Bundeslandes anheimgestellt. So entsteht ein kaum mehr zu ordnender Wirrwarr.

Bei der Ausbildung und Einstellung von Lehrern ist Deutschland nicht nur weit entfernt von einem gemeinsamen nationalen Markt. Es gibt zudem einen hässlichen Flickenteppich an Regelungen, bei denen das Wohl der Schule, ihrer Lehrer und Schüler nicht im Vordergrund stehen – und oft überhaupt nicht bedacht werden. Seit Jahrzehnten kommen Ansätze für eine praxistauglichere Lehrerausbildung kaum voran, sie werden ausgebremst vom Eigensinn der Länder und von der Behäbigkeit der Universitäten und Kultusbürokraten.

Nicht immer scheitert die Umsetzung guter Ideen an der Politik und dem Mangel an Ressourcen, sondern manchmal auch am Mut, neue Wege zu gehen, oder schlicht an der Uneinigkeit innerhalb eines Lehrerkollegiums. Oft muss man dafür streiten, dass gute lokale Initiativen nicht durch politische Blockaden ausgebremst werden. Viele Ideen für einen besseren Unterricht und für eine lebendige Schulkultur lassen sich aber auch deshalb kaum verwirklichen, weil die Mittel nicht ausreichen, das Personal sowie die Bereitschaft fehlt, den Akteuren vor Ort Verantwortung und nennenswerte eigene Budgets zu übertragen.

Zwar kommt es immer wieder vor, dass die externe staatliche Kontrolle kläglich versagt, wenn es um einen groben Missbrauch pädagogischer Macht geht. Andererseits wird den Schulen und Lehrern, vor allem an staatlichen Einrichtungen, oft noch bis ins Detail vorgegeben, wie sie ihren Unterricht erteilen sollen und welche Ressourcen sie dafür zur Verfügung haben. Notwendig wäre auch hier eine bessere Balance zwischen Nähe und Distanz – zwischen Autonomie und Kontrolle der Institution Schule.

In den vergangenen Jahren haben einige Bundesländer begonnen, ihren Schulen mehr Autonomie einzuräumen. Das läuft unter Stichworten wie „selbstständige" oder „eigenverantwortliche" Schule. Mit der Eigenverantwortung ist es aber nicht weit her, wenn die Unterrichtspläne zu starr gefasst sind und der Etat und die Stundenkontingente für Lehrer, mit denen ein Schulleiter haushalten muss, nur eine Mängelverwaltung zulassen.

Bildungsgipfel als Misthaufen

Als wenig hilfreich haben sich in den vergangenen Jahren großspurige Politiker-Treffen erwiesen wie die sogenannten drei „Bildungsgipfel", zu denen sich Bundeskanzlerin Angela Merkel mit den Ministerpräsidenten der sechzehn Bundesländer traf. Die Kanzlerin hatte erkannt, dass Verbesserungen im Bildungssystem einen nationalen Kraftakt verlangen, dem jedoch die Verästelungen und das Zuständigkeitsgerangel im föderalen politischen System entgegenstehen. Mit einer Bildungsreise zu Kindergärten, Schulen und Hochschulen begann Merkel im Jahr 2008, sich des Themas zu bemächtigen. Sie verkündete das Ziel, das Land in eine „Bildungsrepublik" zu verwandeln. Dafür sollten die Investitionen in Schulen steigen. Das klang nicht schlecht. Was aber folgte? Ein jahrelanges Gezerre zwischen Bund und Ländern, Regierung und Opposition. Wieder einmal präsentierte sich das Land nicht als kreative, sondern als blockierte Demokratie.

Entscheidungen wurden immer wieder vertagt, feste Vereinbarungen gemieden, Ziele aufgeweicht, Statistiken zurechtgebogen. Man konnte in Deutschland genau das beobachten, was man schon aus der internationalen Politik und ihren ermüdenden Gipfeltreffen kennt (z. B. von den Klima-Gipfeln), an denen Dutzende Staaten beteiligt sind und bei denen dann jedes Mal nur minimale Fortschritte möglich sind, wenn überhaupt.

Ein bisschen ist besser als gar nichts, mag man sagen. Aber die Frage ist, wie lange sich ein Land diese Bescheidenheit bei den Schulen leisten kann. Die deutsche Bildungspolitik lieferte mit ihren Gipfeltreffen ein trauriges Beispiel dafür, dass es politische Propaganda auch in der Demokratie gibt. „Ein Propagandist macht aus einem Misthaufen einen Ausflugsort", heißt es bei Bertolt Brecht. Der Ausflugsort der Kanzlerin und der Ministerpräsidenten hieß „Bildungsgipfel". In Wahrheit haben sie bei ihren Treffen keinen Gipfel erklommen, sondern nur einen Haufen Mist. Man muss das leider so drastisch sagen.

Der bildungspolitische Misthaufen hatte mehrere Schichten. Sein Fundament bildete eine Föderalismusreform, die 2006 verabschiedet wurde und nun einer besseren nationalen Koordination der Bildungspolitik im Wege stand. Die Reform hatte den Ländern, die traditionell für die Schulen zuständig sind, endgültig alle Macht über die Klassenzimmer überlassen. Eine nationale Strategie, wie sie Merkel vorschwebte, musste und muss so immer wieder am Eigensinn der Ministerpräsidenten und den Machtspielchen im dunklen Dickicht des Föderalismus scheitern.

Merkels Bildungsministerin Annette Schavan hat schließlich, sichtlich entnervt, eingeräumt, dass die Föderalismusreform in dieser Form ein Fehler war. Zu Zeiten, als Schavan noch selbst Landespolitikerin war, nämlich zehn Jahre lang als Kultusministerin in Baden-Württemberg, hatte das noch etwas anders geklungen. Das Amt bestimmt das Bewusstsein.

Viel zu spät rudern einige, die damals beim föderalen Murks fleißig mitgemacht haben, inzwischen zurück. Also betreiben sie jetzt die Reform der Reform. Man kann sich des Eindrucks nicht erwehren, dass die Bildungspolitik ständig um sich selbst kreist und sich ihre eigenen Probleme schafft, statt die echten Herausforderungen – draußen in der Welt der Schule – anzugehen. Was erst einmal im Gesetzesblatt steht – in diesem Falle sogar im Grundgesetz –, lässt sich nicht mehr so schnell ändern. Und so geht das Ringen um die Hoheit über die Schulen und die Mitwirkungsrechte des Bundes immer weiter; es ist zu einem ermüdenden Topos der deutschen Politik geworden.

Eine zweite Schicht des bildungspolitischen Misthaufens, auf dem Merkel und die Ministerpräsidenten bei ihren Gipfeln Platz nahmen, bestand aus den Zahlen, die sich die Politiker ganz nach ihren Interessen zurechtbogen. Als großes, aber viel zu abstraktes und pauschales Ziel, wurde verkündet, man wolle die Bildungsausgaben des Landes bis zum Jahr 2015 auf sieben Prozent des Bruttoinlandsprodukts steigern, plus drei Prozent für Forschung, macht zusammen: das „Zehn-Prozent-Ziel". Man hätte lieber definieren sollen, wo Geld am dringendsten gebraucht und es am besten und effektivsten investiert wird, wenn es darum geht, möglichst viel zu bewirken.

Stattdessen verlor man sich im ausweglosen Streit über die Finanzverteilung von Bund und Ländern und über eine abstrakte Kennziffer, deren Wert(losigkeit) man aus anderen Zusammenhängen schon kennt. Seit Jahren will die Bundesregierung zum Beispiel 0,7 Prozent der Wirtschaftskraft für Entwicklungshilfe ausgeben. Dieser Wert wird in schöner Regelmäßigkeit nicht erreicht. Ein anderes Beispiel: Die Europäische Union hatte schon vor langer Zeit beschlossen, dass die Mitgliedsländer ihre Ausgaben für Forschung und Innovation auf drei Prozent des Bruttoinlandsprodukts erhöhen sollten – und zwar bis zum Jahr 2010. Auch das wurde nicht eingehalten.

Vielleicht setzen solche Zielmarken die Regierungen wenigstens ein bisschen unter Druck, könnte man meinen. Sonst sähe es vielleicht noch schlimmer aus. Allerdings tritt, wenn ein Ziel ständig verfehlt wird, auch ein Gewöhnungseffekt ein. Und eine Strafe ist in den genannten Fällen nicht vorgesehen.

Im Falle der Bildungs- und Forschungsausgaben ist die Zielmarke besonders diffus. Denn dazu zählen in der Rechnung der Politiker staatliche ebenso wie private Investitionen, beispielsweise die Kita-Gebühren oder das Schulgeld für eine Privatschule, das Eltern bezahlen, sowie die beträchtlichen Summen, die große Unternehmen in ihre Innovationsabteilungen stecken. Im Sommer 2011 jubelte die Bundesregierung, das Zehn-Prozent-Ziel sei jetzt in Reichweite, die Bildungs- und Forschungsausgaben im Jahr 2009 lägen bereits bei 9,3 Prozent. Kunststück. In dem Jahr musste Deutschland einen massiven Konjunktureinbruch verkraften. In der Rezession sank das Bruttoinlandsprodukt. Da nun aber nicht gleich alle Lehrer und Professoren auf der Straße gelandet sind, sieht die Bilanz dann nicht schlecht aus. Zwar sind die Ausgaben auch real gestiegen, aber dank Konjunktureinbruch machen die Zahlen gleich viel mehr her.[77]

Das statistische Tricksen ist damit aber noch nicht beendet. Beim ersten Bildungsgipfel im Jahr 2008 in Dresden hieß es noch vollmundig, um den Zielwert zu erreichen, müssten jährlich 30 bis 60 Milliarden Euro zusätzlich in Bildung und Forschung fließen. Zwei Jahre später sollte es plötzlich nur noch um 13 Milliarden gehen. Da waren richtige Rechenkünstler am Werk.

In der Zwischenzeit hatte man allerlei statistische Umbuchungen vorgenommen, zum Beispiel die Pensionsleistungen für Lehrer in den Ausgangswert hineingerechnet. Die Bildungsgipfel haben nicht die pädagogische Fantasie beflügelt, sondern die statistische. Und nicht zu vergessen: die rhetorische. Die dritte Schicht des bildungspolitischen Misthaufens bestand nämlich aus lauter guten Worten, denen keine Taten folgten: aus einem Dickicht von Ankündigungen, Vertröstungen und politischen Papieren, die am Ende nichts wirklich verbessern an der Lage in den Klassenzimmern.

Gehetzte Schüler, lahme Politiker

Wenn es darum geht, die Autoindustrie zu päppeln und mit einer „Abwrackprämie" zu subventionieren, wenn es darum geht, einen Großkonzern zu retten, Landesbanken vor dem Ruin zu bewahren oder einen Kriegseinsatz zu bezahlen, werden flugs Milliardenbeträge mobilisiert und Beschlüsse durch die Parlamente gepeitscht. Da heißt es dann, es sei Gefahr im Verzug. Die Gesetze werden nach dem „Tina"-Prinzip durchgesetzt: There is no alternative (Es gibt keine Alternative).

Geht es jedoch um wirkungsvolle Hilfen für die Schulen, lässt man sich Zeit. Da muss schon ein Brandbrief eine nationale Großdebatte auslösen, wie im Falle der Berliner Rütli-Schule im Jahr 2006, damit sich für eine Institution etwas ändert. Aber es kann nicht jedes Kollegium ständig damit drohen, die eigene Schule dicht zu machen.

Schüler und Studenten werden gerne hingehalten, obwohl man bei deren Ausbildung gnadenlos aufs Tempo drückt. Die Jugendlichen sollen immer schneller ihre Abschlüsse machen – die Kanzlerin und die Ministerpräsidenten trödeln derweil von einem Gipfel zum nächsten.

Gipfel Nummer eins brachte nicht viel mehr als ein vages Versprechen, dass das Land irgendwann einmal mehr Geld für Schulen und Hochschulen ausgeben werde. Ein Jahr später, im zweiten Anlauf, ergab sich das gleiche Bild. Merkel und die Ministerpräsidenten sprachen dabei gar nicht wirklich über Bildung. Sie taktierten und feilschten, und sie gönnten jeder dem anderen keinen Erfolg. Die Sorgen der Schüler und Lehrer, der Studenten und Wissenschaftler waren längst in den Hintergrund getreten. Und als litten die Politiker unter einem Wiederholungszwang, verlief der dritte Bildungsgipfel wieder nach demselben Muster: viel Streit, kein Ergebnis. Die Föderalismusfalle schnappte zu, bevor Merkel auch nur einen Fuß in Richtung Gipfel setzen konnte. Statt einer Bildungsrepublik Deutschland gibt es lauter Kleinrepubliken. Auf dem deutschen Bildungsgipfel flattern sechzehn Landesfähnchen.

Nicht einmal die ebenso simple wie sinnvolle Idee, mehr Sozialarbeiter an die Schulen zu bringen und sie flächendeckend einzusetzen, ist Wirklichkeit geworden. Sie tauchte erst wieder bei den Verhandlungen von Bund und Ländern über das „Bildungspaket" für die Kinder von Hartz-IV-Empfängern auf und wurde zunächst weiter vertagt. Nach langem Hin und Her können jetzt die Kommunen ein paar mehr Sozialarbeiter engagieren, wenn sie das Geld entsprechend hin- und herschichten. Eine große Lösung war wieder mal nicht drin.

Betteln ums Geld

Mehr Geld und mehr Personal würden natürlich nicht automatisch bedeuten, dass die Schulen effektiver arbeiten und die Leistungen der Kinder sofort besser werden. Wenn man zum Beispiel allen Lehrern unmittelbar 200 Euro mehr im Monat bezahlte, würde das die Bildungsausgaben mit einem Schlag zwar drastisch in die Höhe treiben. Ob damit allerdings die Zufriedenheit im Beruf dauerhaft steigen, die Schüler nachhaltig besser gefördert und bessere Ergebnisse erzielt würden, ist fraglich. Das Gießkannen-Prinzip, nach dem in Deutschland bildungs- und familienpolitische Leistungen verteilt werden, ist eine große Verschwendung von Ressourcen. Es löst nicht die besonderen Herausforderungen von Schulen, die in schwierigen Vierteln liegen und an denen speziell geschulte Förderlehrer nötig wären, die sich intensiv um die Kinder kümmern müssten, ergänzend zum regulären Unterricht.

Es kommt darauf an, wie und wo das Geld eingesetzt wird. Das ist eigentlich eine Selbstverständlichkeit. Manchmal hat man aber den Eindruck, dass Politiker daraus den Schluss ziehen, folgende Formel sei wahr: Weniger Geld gleich bessere Schulen.

Kurz vor seinem Abgang als hessischer Ministerpräsident gefiel sich Roland Koch in der Rolle des Provokateurs, der die Notwendigkeit höherer Bildungsausgaben in Frage stellte. Das hatte seinen Grund: Kochs Landesregierung war gerade dabei, ihren Universitäten und Schulen einen Sparplan aufzudrücken und so Millionenbeträge einzusparen.

Auch andere Bundesländer haben in den vergangenen Jahren immer wieder den Rotstift bei der Bildung angesetzt, entgegen allen Beteuerungen in Sonntagsreden. Zwar haben Proteste und die allgemein gestiegene Aufmerksamkeit für das Thema dazu geführt, dass manche angedrohte Kürzung am Ende doch nicht oder nicht ganz so schlimm kam, wie sie zunächst geplant war. Aber der Staat leistet sich in anderen Politikfeldern noch immer viele Ausgaben und Subventionen, deren Nutzen sehr fragwürdig ist und die stattdessen in sinnvolle Bildungsprojekte gesteckt werden könnten. Man denke nur an die massive steuerliche Begünstigung von Dienstwagen, deren Ende dem Staat mehrere Milliarden Euro einbringen würde. Aber lieber lässt man Manager in subventionierten Limousinen herumfahren als lernschwache Schüler besser und intensiver zu fördern.

Kürzungen im Bildungsbereich werden gerne verschleiert. In den Etataufstellungen werden die Posten hin und her geschoben, bis einem schwindlig wird. Ein beliebtes Mittel ist, Lehrerstellen zu sperren oder auslaufen zu lassen und mit einem „kw"-Vermerk zu versehen. Das Kürzel bedeutet „künftig wegfallend" und fand sich zum Beispiel in großer Zahl in dem Plan, den die bayerische Landesregierung für den Doppelhaushalt 2011/12 aufstellte. Einsparungen werden dabei gern mit „Schülerveränderungen" begründet. Dahinter verbergen sich Prognosen einer sinkenden Schülerzahl.

Zwar hatten die Kultusminister immer wieder versprochen, sie würden trotz des Geburtenrückgangs die Ausgaben nicht senken und die sogenannte „demografische Rendite" dafür nutzen, die Qualität der Bildungseinrichtungen zu stärken. Aber die Wirklichkeit sieht leider oft anders aus.

In Hessen verkündete die Kultusministerin Dorothea Henzler im September 2011 freimütig: „Weniger Schüler brauchen für den gleichen Unterricht weniger Lehrer. Das ist doch logisch."[78] Es klingt logisch, ist politisch aber eine Frechheit. Stets hatten die Kultusminister so getan, als könnten sie den Rückgang der Schülerzahlen nutzen, um den Unterricht und die Betreuung der Schüler zu verbessern. Stattdessen soll nun der „gleiche Unterricht" fortgesetzt werden.

Kinder als Versuchsaffen

Vielleicht müsste ein kluger Finanzexperte auch einmal ausrechnen, wie viel Geld verschleudert worden ist, weil die Kultusminister das verkürzte Gymnasium (G8) so schlampig vorbereitet haben, dass immer wieder neue Korrekturen an den Lehrplänen, Stundentafeln und Abiturregeln nötig werden. Die Kultusbürokratie hat sich jahrelang damit herumgeschlagen, die gröbsten Mängel des G8 in den Griff zu bekommen – als hätte das Land nicht noch andere wichtige Bildungsbaustellen. Ganze Schülerjahrgänge wurden so zu Versuchsaffen der Schulexperimentatoren.

Die Auswirkungen der Schulzeitverkürzung beschränkten sich nicht nur auf den Unterricht, auf verdichtete Lehrpläne und in den Nachmittag verlängerten Unterricht. Es entstanden bzw. entstehen doppelte Abiturjahrgänge in den Jahren, in denen die Absolventen des alten G9 und des neuen G8 gleichzeitig aus den Gymnasien entlassen wurden bzw. werden. Jeder wusste das, es gab genügend Zeit, sich darauf vorzubereiten. Und doch hatten und haben die betroffenen Schüler allen Grund zur Unruhe und zur Sorge, dass es für sie besonders schwer sein wird, einen Studienplatz oder eine Lehrstelle zu finden.

Das Versagen von Politik und Hochschulen zeigt sich exemplarisch daran, dass sie es über Jahre hinweg nicht geschafft haben, ein transparentes Bewerbungssystem für Studienplätze einzuführen. Die Folge: Hunderttausende Abiturienten wurden verunsichert, viele haben erst verspätet ihr Studium antreten können, wenn überhaupt. So viel zum Thema „mehr Tempo durch G8 und kurze Bachelorstudiengänge". Die jungen Menschen werden nach dem Abitur in Warteschleifen geschickt. Auf dem Ausbildungsmarkt ist das ohnehin seit Jahren üblich. Da landen Zehntausende Jugendliche nicht in einer qualifizierenden Ausbildung, sondern in einem sogenannten „Übergangssystem". So nennen Fachleute den Wirrwarr an Kursen und Hinhalte-Angeboten, mit denen Jugendliche versorgt werden, ohne dass ihnen damit eine Perspektive eröffnet würde.

In der Bildungspolitik fehlt es an Achtsamkeit. Zum Teil liegt das vielleicht daran, dass dieses Politikfeld trotz eines Bedeutungsaufschwungs noch immer ein Thema ist, bei dem sich in den Details nur wenige Politiker auskennen. In den Parlamenten sitzen viele Lehrer (und noch mehr Juristen), aber die Zahl der Fachleute in den Parteien, die einen Überblick über die Strukturen und die aktuelle Forschung haben, ist gering.

Das Feld ist wegen des deutschen Föderalismus und der Vielzahl an Schulen und Hochschulen unübersichtlich. Weil ein Großteil der wichtigen Entscheidungen und Probleme in den einzelnen Bundesländern, in den Städten und Gemeinden getroffen wird, fehlt auch vielen der Überblick. Das erschwert es, die Probleme bundesweit zu diskutieren und zu lösen.

Immerhin war und ist Bildung und Forschung mittlerweile einer der erklärten Schwerpunkte der Bundesregierung. Das Bundesbildungsministerium hat seinen Etat in den vergangenen Jahren deutlich gesteigert. Den allgemeinbildenden Schulen nützt das jedoch fast überhaupt nichts, denn für sie ist die Bundesregierung bisher nicht zuständig. Das Geld des Bundes fließt vor allem in große Forschungsprogramme und in Hilfen für den Ausbau der Hochschulen.

Halbherziger Aktionismus

Wie schwerfällig die Bildungspolitik in Deutschland ist und wie dürftig ihre Beschlüsse oft ausfallen, lässt sich an einigen Initiativen der vergangenen Jahre illustrieren. Da ist zwar immer wieder Sinnvolles begonnen, dann aber nur halbherzig umgesetzt und auf halber Strecke abgebrochen worden:

- Lange ist versäumt worden, Kindern von Einwanderern möglichst schon vor Beginn ihrer Schulzeit zu gutem Deutsch zu verhelfen. Nach dem PISA-Schock haben die Bundesländer zwar endlich reagiert und Sprachtests und Förderprogramme eingeführt, die vor der Einschulung beginnen. Das war gut. Doch wissenschaftlich begleitet und überprüft wurden die Maßnahmen kaum. Planlos verfolgte man verschiedene Test- und Förderstrategien, ohne ihre Wirkung zu messen und den föderalen Wildwuchs zu begrenzen. So sind etliche Programme entstanden, deren Nutzen unklar und fragwürdig ist. Außerdem bleibt die Förderung noch viel zu punktuell. Viele Schüler müssten auch in den höheren Klassen weiter unterstützt und kontinuierlich begleitet werden. Vor allem aber müssten die Kinder der Einwanderer nachhaltiger erreicht werden; es ist nicht damit getan, ihnen die deutsche Grammatik beizubringen. Sie müssen sich in ihrer Biografie und auch in ihrer Muttersprache anerkannt fühlen. Stattdessen dominiert in Deutschland ein bloß funktionaler, wenig motivierender Zugang zur Sprache – oder sogar eine feindselige Haltung gegenüber allen, die noch nicht perfekt Deutsch sprechen.[79]

- Unter Bundeskanzler Gerhard Schröder hat die damalige rot-grüne Regierung den Ausbau von Ganztagsschulen bundesweit mit vier Milliarden Euro vorangetrieben. Das war eine wichtige und überfällige Investition. Doch weil der Bund für die Schulen eigentlich nicht zuständig ist, gab es nicht nur das übliche Gerangel mit den Ländern, sondern das Geld durfte nur in Bauprojekte fließen, etwa in die Einrichtung einer Schulkantine oder einer Aula. Die Initiative hat dabei zumindest einen mentalen Wandel befördert. Ganztagsschulen sind heute, quer durch die Parteien, ein anerkanntes Ziel. Es kommt allerdings auf die Qualität an. Wenn die Schüler mehr schlecht als recht verwahrt werden, wenn die Gebäude unwirtlich und die Förderangebote halbgar sind, ist nichts gewonnen. Viele Ganztagsschulen, die in den vergangenen Jahren entstanden sind, betreiben einen Etikettenschwindel. Sie gewährleisten bestenfalls eine Betreuung bis in den Nachmittag. Es fehlt ein pädagogisches Konzept, das den Unterricht am Vormittag mit den Angeboten und Kursen am Nachmittag verbindet. Und vielerorts fehlt für ein anspruchsvolles Konzept auch das Personal. Man behilft sich mit ein paar Honorarkräften und ehrenamtlichen Helfern. So läuft man Gefahr, die große Chance zu verspielen, die Ganztagsschulen bieten: mehr Zeit und Freiraum zu haben für vertieftes Verstehen und das Eingehen auf den Einzelnen, für kulturelle Projekte und ein Lernen mit allen Sinnen.

• Statt für Kinder von Langzeitarbeitslosen pauschal höhere Summen zu zahlen, will der Staat lieber die Bildungsleistungen für diese Gruppe verbessern. So entstand das sogenannte „Bildungspaket" für Hartz-IV-Empfänger. Eigentlich ein guter Gedanke. Aber was sich so gut anhört, entpuppt sich bei näherem Hinsehen als völlig unzureichend. Da gibt es nun einen Essenszuschuss für die Schulkantine. Doch erstens gab es diesen Zuschuss in sehr vielen Regionen längst – nur dass das Geld nicht vom Bund kam, sondern vom Land, der Kommune oder einer Stiftung. Dem Empfänger ist es freilich egal, welche politische Ebene ihm das Geld gibt. Zweitens besuchen viele Kinder Schulen, an denen weiterhin keine Schulkantine existiert. Sie gehen leer aus. Unmittelbar mit einer besseren Bildung hat das warme Mittagessen ohnehin nichts zu tun, auch wenn es sich mit leerem Magen bekanntlich nicht gut lernt. Vielversprechender klingt die Förderung von Nachhilfekursen und von Freizeit- und Kulturangeboten. Auch diese sind Teil des „Bildungspakets". Aber in dem Paket steckt mehr Packpapier als echte Substanz. Die Mittel sind lächerlich gering, der Aufwand, es zu verteilen, unverhältnismäßig groß. Wie soll ein Kind mit zehn Euro im Monat ernsthaft Klavierunterricht nehmen? Und das Päppeln des privaten Nachhilfemarkts geht letztlich nur zu Lasten der Förderangebote an den Schulen. Als das Paket nach langem Gezerre endlich geschnürt war, fehlte Anfang des Jahres 2011 prompt die Resonanz der Betroffenen: Anträge gingen nur schleppend ein. Und schon wieder musste die Politik-Mühle in Bewegung gesetzt werden, mit „Runden Tischen" und neuem Aktionismus – wie so oft, mit wenig Wirkung.

• In der Politik ist in den vergangenen Jahren zwar das Bewusstsein dafür geschärft worden, dass man Kinder so früh wie möglich fördern und Defizite ausgleichen muss, solange es noch nicht zu spät ist. Bei der Offensive dominiert aber der quantitative Fokus – zu wenig Wert wird darauf gelegt, dass die Kindergärten und Krippen ihrem Bildungsauftrag auch wirklich gerecht werden. Es fehlt an qualifizierten Kräften, die dauerhaft in der Sprachförderung tätig sind und Brücken zu den Familien bauen. An jedem Kindergarten sollten Sprachlehrer arbeiten – nicht nur einen Tag in der Woche, sondern täglich. Der Betreuungsschlüssel, also die Zahl der Kinder je Erzieher bzw. Erzieherin, müsste in Kindergärten, in denen überdurchschnittlich viele Kinder mit Entwicklungsproblemen sind, besonders gut sein. In München ist ein entsprechendes Modell eingeführt worden – aber in vielen anderen Kommunen fehlt dafür der Wille, das Geld oder beides. Und es fehlt auch an einem bundesweiten Transfer von guten Praxisbeispielen – viele Programme werden notdürftig und befristet über Stiftungen angeschoben und bleiben lokal begrenzt. Um eine systematische, bundesweite Forschung und Evaluation der Bildungsprozesse in den Kindergärten hat man sich nicht gekümmert. Dabei behaupten doch die Politiker so gern: Auf den Anfang kommt es an.

• Seit langem klagen Lehrer über die Zustände, die sie während ihrer Ausbildung an den Universitäten und im Referendariat erdulden mussten. Die Probleme der Schule beginnen so gesehen an den Hochschulen. Dort ist die Betreuung von Lehramtskandidaten in der Regel sehr lieblos. Und es fehlt an guten Fachdidaktikern, die das fachliche Studium mit dem notwendigen Vermittlungswissen für die Schulpraxis verbinden. Das wird sich, da jetzt immer mehr Universitäten ihre Programme umbauen, irgendwann in den kommenden Jahren vielleicht ändern. Hoffentlich. Aber erschwert wird dieser Aufbruch durch die Reformen, die die sechzehn Länder vorgeben. Jedes Bundesland geht einen eigenen Weg. Statt produktiver Konkurrenz herrscht ein planloses Durcheinander. Mit großer Geste haben Politiker einen angeblich „gemeinsamen europäischen Bildungsraum" geschaffen und dafür das System der traditionellen deutschen Universitätsabschlüsse umgeworfen. Doch bei der Lehrerausbildung ist sogar innerhalb Deutschlands ein Wirrwarr entstanden, bei dem selbst Experten kaum noch durchblicken. Die Bildungspolitik entpuppt sich wieder einmal als Propagandaakt: Man gibt vor, die Bildungsabschlüsse europaweit harmonisiert zu haben. In Wahrheit stehen Bildungsbarrieren sogar an den Grenzen zwischen Bayern und Hessen oder zwischen Niedersachsen und Mecklenburg-Vorpommern.

Als Bürger ist man das politische Durcheinander und Gerangel bereits so gewohnt, dass man dazu neigt, die Ansprüche von selbst zu senken. Eltern sind schon zufrieden, wenn wenigstens die Toiletten in der Schule funktionieren. Und weil in Deutschland tausende Lehrer fehlen, sind viele Mütter und Väter schon froh, wenn nicht wieder eine Schulstunde ausfällt. Hauptsache Unterricht. Fragen zur Qualität des Gebotenen wagt da bald niemand mehr zu stellen. Was nützen auch die besten didaktischen Reformen, wenn nicht ausreichend Pädagogen vorhanden sind, die sie umsetzen?

Willkür beim Einstellen der Lehrer

In Zeiten des Lehrermangels (den es nur in bestimmten Fächern gibt) jagen sich die Bundesländer gegenseitig die Bewerber ab. Bei der Rekrutierung ist in Mangelfächern – also dort, wo es zu wenige Kandidaten gibt – in den vergangenen Jahren ein ruinöser Wettbewerb entbrannt, mit regelrechten Abwerbekampagnen.

Die Bedingungen, zu denen die Länder Pädagogen einstellen, sind dadurch mittlerweile ziemlich unterschiedlich geworden. Die einen stellen ihre Lehrer als Angestellte ein, andere verbeamten sogar Seiteneinsteiger, die nur noch ein paar Jahre unterrichten werden. Bei der Ausbildung und Übernahme von Lehrern wird seit Jahren nicht vorausschauend agiert, sondern nur kurzfristig reagiert. Huch, plötzlich fehlen Physiklehrer! Dann wird ihnen, für kurze Zeit, der rote Teppich ausgerollt.

Haben in dem einen Jahr selbst Absolventen mit Bestnoten keine Aussicht auf eine Stelle, kommen in einem anderen Jahr auch Lehramtsanwärter sofort zum Zug, die ihre Prüfung mit Ach und Krach bestanden haben. Für die Betroffenen sieht das nicht nur aus wie Willkür. Es ist Willkür.

Es gibt keine Vorsorge, kein vorausschauendes Einstellen, keine nennenswerte Reserve, die man pflegt und sinnvoll einsetzt. Wenn akuter Mangel in den Schulen herrscht, sind auch Quereinsteiger plötzlich sehr willkommen. Sonst aber macht jedes Land ein großes Gewese um seine jeweiligen Standards, stuft beispielsweise einen Lehramtsanwärter aus einem anderen Bundesland herunter und stellt ihn ans hintere Ende der Bewerberschlange. Es herrscht bei der Rekrutierung von Pädagogen eine zwischen Bürokratie und Anarchie schwankende Mangelwirtschaft.

Nötig wäre es, junge Lehrer gezielt über den Bedarf einzustellen und sie dort einzusetzen, wo sie am dringendsten gebraucht werden, beispielsweise in der Sprachförderung. Stattdessen stehen Deutsch- und Geschichtslehrer auf der Straße oder hangeln sich von Befristung zu Befristung. Gelegentlich reagiert ein Kultusminister auf Klagen über Unterrichtsausfall und stellt ein paar mehr Lehrer ein oder verdonnert die Pädagogen zu Überstunden. Oft werden dabei falsche Prioritäten gesetzt: Wäre der Unterricht, beispielsweise durch individuelle Wochenpläne, so organisiert, dass die Schüler gelernt hätten, sich auch allein und selbstständig sinnvoll zu beschäftigen, könnten sie den kurzfristigen Ausfall eines Lehrers gut verkraften. Es wäre nicht unbedingt nötig, einen anderen Lehrer zu schicken, der nur Aufsichtspflichten übernimmt und kaum pädagogisch und fachlich tätig wird.

Wichtiger als ein undifferenzierter Kampf gegen den Unterrichtsausfall wäre es, mehr Tandem-Lehrer einzusetzen, also zwei Pädagogen gleichzeitig in einer Lerngruppe. Das würde es erleichtern, einzelne Schüler zu fördern. Natürlich würde das einiges kosten. Doch am Ende hätten nicht nur die Schüler und die Lehrer etwas davon. Gelingt es, die Zahl der Schulverweigerer und der leistungsschwachen Schüler zu senken, profitiert davon die gesamte Gesellschaft.

Blockaden im Föderalismus

Eine bundesweite Koordination der Bildungspolitik soll eigentlich die Kultusministerkonferenz, kurz KMK, leisten. Das ist jene Runde der sechzehn Landesminister, deren Arbeitstempo sogar von Politikern gerne mit der Geschwindigkeit einer griechischen Landschildkröte verglichen wird. Dabei fehlt es manchmal gar nicht unbedingt an dem Willen, schnell zu entscheiden, sondern vor allem an der Einigkeit des Gremiums und der charakterlichen Größe der einzelnen Mitglieder, ohne taktische Spielchen an einem Strang zu ziehen – und zwar in dieselbe Richtung. Wichtige Beschlüsse kann die KMK nur im Konsens treffen, und der ist schon aus parteipolitischen Gründen schwer zu erzielen.

Man könnte nun hoffen, dass auf diese Weise wenigstens keine extremen Beschlüsse gefasst und also auch keine gravierenden Fehler gemacht werden können. Welch ein Trost!

Berater der Bundesregierung haben 2011 in einem Gutachten den Föderalismus in der Bildungspolitik scharf kritisiert. Die Runde der Kultusminister sei zu ineffektiv, nötig sei eine „weniger blockadeanfällige" Politik. Das Gutachten ist ohne große Resonanz verhallt.

Die KMK ist als Ministerriege nicht einmal besonders demokratisch. Denn es handelt sich ja um eine Veranstaltung der Exekutive, einen Club der Regierenden – die Kontrolle und Anbindung ihrer Arbeit durch die Parlamente und die von den Bürgern gewählten Abgeordneten ist gering. Die Parlamentarier werden zu Abnickern von KMK-Vorgaben degradiert, wenn sie denn überhaupt noch etwas abnicken dürfen. So gesehen würden auch eine Aufwertung der KMK und ein effizienteres Verfahren, zum Beispiel mit Mehrheitsentscheidungen, demokratietheoretisch zum Problem werden. Denn dann könnten die Kultusminister noch mehr über die Köpfe der Bürger und Parlamente hinweg entscheiden.

Wollte man die Bildungspolitik grundlegend neu ordnen, müsste man sie vom Kopf auf die Füße stellen. Was würde das bedeuten? Vielversprechend wäre eine Kombination aus bundesweiten, zentralen Regeln und kommunaler dezentraler Verantwortung. Für die einzelnen Länder bliebe dann schulpolitisch wenig übrig. Aber das wäre ja gerade das Gute daran.

Idealerweise gäbe es einen bundesweiten Rahmen, über den die Bundespolitik bestimmen könnte, am besten unterstützt durch einen starken, unabhängigen Fachbeirat, angesiedelt bei einer überparteilichen Autorität wie dem Bundespräsidenten. Alle Details sollten dagegen dezentral in den Kommunen und an den einzelnen Schulen geregelt werden können.

Es gäbe dann eine wirklich bundesweite Koordination, die aber nicht ausarten müsste zu einer behäbigen zentralistischen Bürokratie. Was weitgehend entfiele: die Macht der Kultusbürokratie auf Länderebene. Zwar müsste es weiterhin eine Schulaufsicht geben, diese würde aber nicht jedes Land für sich allein organisieren.

Ein solches Modell der gleichzeitigen Stärkung kommunaler und bundespolitischer Kompetenz trifft auf erbitterten Widerstand der Bundesländer. Realistisch ist allenfalls eine langsame Evolution in diese Richtung. Handstreichartig die KMK abschaffen, wie es einmal vor Jahren Christian Wulff vorschlug, als er noch Ministerpräsident in Niedersachsen war, wird nicht gelingen. Realistischer ist es, sie von Seiten des Bundes, der Kommunen und der lokalen Schulträger in die Zange zu nehmen und nach vorne zu treiben.

Ein Anfall von Mut

Es gab nur zwei Themen, bei denen die KMK in den vergangenen Jahren halbwegs mutig war: bei den PISA-Studien und bei der Einführung bundesweiter „Bildungsstandards". In einem lichten Moment entschlossen sich die Minister Ende der 1990er Jahre, an der internationalen PISA-Studie teilzunehmen. Ihre „Konstanzer Beschlüsse" (1997) zu Leistungsvergleichen beendeten einen jahrzehntelangen bildungspolitischen Blindflug. PISA und andere internationale Untersuchungen können natürlich nicht alle Fragen beantworten, die für eine gute Bildung wichtig sind. Aber die Studien haben die Augen für viele Probleme geöffnet, vor allem für die große Zahl der sehr leistungsschwachen Schüler, die als Jugendliche kaum über das Niveau der Grundschule hinauskommen. Die Politik kann hinter diese Erkenntnisse nicht mehr zurückfallen. Und sie kann es sich nicht mehr erlauben, die Qualität der Schulen und den Leistungsstand der Jugendlichen nur nach Gefühl zu beurteilen.

Eine konkrete Folge der PISA-Studien war, dass die KMK bundesweit geltende „Bildungsstandards" erstellen ließ, zunächst für die Kernfächer. Die Standards geben an, was die Schüler zu einem bestimmten Zeitpunkt, etwa am Ende der Grundschule oder am Ende der Sekundarstufe I, können und beherrschen sollen. Es sind keine Stoffpläne, die genau vorschreiben, welche Texte und Themen im Unterricht wann und wie zu behandeln sind. Die Standards zeigen, über welche Kompetenzen die Schüler verfügen sollen – und das bundesweit.

Zum ersten Mal hat die KMK damit ihre Fesselung durch den Föderalismus überwunden – zumindest theoretisch. In der Praxis gibt es trotz der Standards weiterhin hunderte verschiedene Lehrpläne und Schulbücher. Jedes Bundesland setzt die neuen Standards auf seine Weise um, und übertriebene Eile kann man ihnen dabei nicht vorwerfen. Viele Lehrer wissen bis heute nicht, was die Standards sollen und welche Chancen sie bieten, ihren Unterricht so auszurichten, dass die Schüler nachhaltig lernen und nicht bloß mit Stoff abgefüllt werden, den sie nach einem halben Jahr wieder vergessen haben. Die Standards sind in der Aus- und Fortbildung von Lehrern bisher einfach noch zu wenig verankert. Bei einer Diskussionsveranstaltung im März 2011 gab das der langjährige, damals noch amtierende Generalsekretär der KMK, Erich Thies, sogar unumwunden zu.[80] Er sagte, die neuen Anforderungen seien nicht richtig umgesetzt, nicht richtig in der Schulpraxis angekommen und daher „völlig wirkungslos". Welch ein Eingeständnis der eigenen Ohnmacht!

Wenn es schlecht läuft, werden die Standards im Zusammenhang mit zentralen Prüfungen die Gängelung der Schulen eher noch verstärken und die Freiräume für selbstständiges Lernen weiter einengen. Das ist aber gerade nicht ihr Sinn. Von Anfang an hätte man sie als *Mindest*anforderungen konzipieren müssen, die noch genügend Luft lassen für eine freie pädagogische Arbeit, wenn die Schüler diesen Anforderungen genügen.

Ewiger Streit über die Schulstruktur

In der deutschen Bildungspolitik folgt auf jeden Schritt nach vorn mindestens ein halber zurück. Manchmal geht es auch gleich wieder zwei Schritte rückwärts.

Betrachtet man die leidige Streiterei über die Schulstruktur, möchte man dem Kultusminister-Tango am liebsten ein für alle Mal entrinnen. Seit Jahrzehnten geht es hin und her: Gesamtschule bzw. Gemeinschaftsschule versus gegliedertes Schulsystem, Grundschule vierjährig versus sechsjährig, Hauptschule stärken oder Hauptschule abschaffen. Eigentlich mag diese Debatten niemand mehr führen. Aber es vergeht kein Wahlkampf in den Bundesländern, in dem sie nicht doch im Zentrum der politischen Auseinandersetzung stehen. Als wäre es nicht endlich an der Zeit, einen vernünftigen bundesweiten Kompromiss zu suchen und dann alle Kraft und Ressourcen in die innere Gestaltung der Schulen und eine wirklich individuelle Förderung der Schüler zu investieren.

Die demografische Entwicklung zwingt ohnehin in der Strukturfrage zu einem pragmatischen Weg. Weil immer weniger Schüler nachrücken, müssen viele Schulen, wenn man sie nah an den Wohnorten der Kinder erhalten will, offen sein für unterschiedliche Bildungswege und für verschiedene Abschlüsse. Mancherorts hat sich sogar das Gymnasium schon de facto zu einer „Schule für alle" entwickelt.

In vielen Bundesländern haben die Kultusminister den Kurs in Richtung eines „Zwei-Säulen-Modells" eingeschlagen: Neben den Gymnasien gibt es dann nur noch eine weitere Schulart, die möglichst alle Abschlüsse anbietet und so auch bis zur Hochschulreife führen kann (allerdings nach neun Jahren, nicht wie beim verkürzten Gymnasium nach acht). Das Zwei-Säulen-Modell wird von vielen Bildungsforschern seit langem befürwortet. Es könnte zu dem Modell werden, dass den scheinbar ewigen Schulkampf in Deutschland doch noch beendet.

Aber wieder einmal bastelt jedes Bundesland an seiner eigenen Version, so dass sich die Schulsysteme auf dem Weg zu den zwei Säulen weiterhin in wichtigen Details voneinander unterscheiden. Das beginnt schon bei der Namensgebung. In dem einen Land heißt die zweite Säule neben dem Gymnasium Oberschule, im anderen Sekundarschule, im nächsten Realschule plus, Mittelschule oder Regionale Schule. Mancherorts, vor allem in Bayern, sperren sich die Politiker noch vehement gegen die Idee der zwei Säulen. Man will die Hauptschulen retten – und sei es nur deshalb, weil man jahrelang den angeblichen Erfolg dieser Schulart behauptet hat und nun nicht einfach einknicken möchte. Die Zeit der ideologischen Kämpfe ist immer noch nicht beendet. Auf dem Parteitag der CSU im Oktober 2011 wetterte der bayerische Kultusminister Ludwig Spaenle gegen Gesamtschulen und nannte sie die „größten Versager der deutschen Bildungsgeschichte". Spaenle und die CSU sperren sich auch gegen den Kurs der Bundes-CDU, sich nach und nach vom dreigliedrigen System zu verabschieden. In Nordrhein-Westfalen und Bremen hat die CDU sogar einen „Schulfrieden" mit Rot-Grün geschlossen. Die Frage ist nur, wie lange dieser Frieden hält und ob er über die Grenzen eines einzelnen Bundeslandes hinaus wirken kann. Bis auf Weiteres ist keine bundesweite Einigung in Sicht. So kann der alte Schulkampf immer wieder aufflammen.

Weil das Zwei-Säulen-Modell auf die bestehenden Strukturen aufgepfropft wird und es diese erst allmählich verdrängen kann, steigt die Unübersichtlichkeit zunächst weiter – es gibt Dutzende verschiedene Schulformen; zugleich werden die Arten der Abschlüsse zusehends von ihnen entkoppelt. Bildungsforscher sprechen vornehm von einer „strukturellen Zerfaserung des Systems".[81] Anders gesagt: Es herrscht Durcheinander.

Ein System, das niemand kapiert

Eltern können, mindestens wenn sie umziehen müssen, an dieser Vielfalt verzweifeln. Ausländer erst recht. Man brauche wohl einen eigenen Volkshochschulkurs, um das deutsche System zu kapieren, lästert ein Engländer in einem Internet-Forum. Ja, wenn ein Volkshochschulkurs überhaupt reicht. Und ein Amerikaner berichtet, an der Schule seines Kindes gebe es glücklicherweise eine Elternsprecherin, die ihm bei jedem Treffen eine kleine Lektion über das hiesige Schulwesen erteile.

Es ist kein gutes Zeichen, wenn ein Land ein Bildungssystem betreibt, das niemand versteht. Die deutsche Schullandschaft ist ein struppiges Gelände. Wie hieß es doch so schön in der Schule, wenn mal wieder die Hefte kontrolliert wurden: „Die äußere Form spiegelt das Innere wider."

Die Vielfalt sei Ausdruck eines produktiven Wettbewerbs in der Schulpolitik, sagen unverdrossen die Anhänger des Föderalismus. Doch in der Bevölkerung überwiegt längst der Verdruss. In einer Umfrage der Universität Koblenz-Landau sagten fast zwei Drittel der Befragten, der Bund und nicht die Länder sollten für Schulstrukturen zuständig sein. In anderen Umfragen finden Forderungen nach einheitlichen Schulbüchern und einem bundesweiten Zentralabitur klare Mehrheiten. Die meisten Bürger – und auch Lehrer – sind offenbar genervt von den großen Unterschieden in den Schulsystemen der verschiedenen Bundesländer.[82]

Wenn sich schon der Föderalismus in der Bildung nicht so einfach reformieren lässt, müssten die Länder wenigstens bereit sein, sich in den Schulstrukturen aufeinander einzustellen und einen gemeinsamen Weg zu suchen. Die Zeit wäre reif für einen deutschen Schulfrieden.[83]

Schließt einen Schulfrieden!

Nach Jahrzehnten des Kampfes um die richtige Schulstruktur müssten Linke und Konservative aufeinander zugehen. In den Parteien sollte die Einsicht wachsen, dass es ein großes gemeinsames Ziel gibt: die hohe Zahl der Bildungsverlierer zu reduzieren und zu verhindern, dass die soziale Herkunft weiterhin so klar über den Schulerfolg entscheidet, wie das in Deutschland bisher der Fall ist.

Bis heute wabert eine diffuse Begabungstheorie durch das Land, die krampfhaft versucht, die Kinder in praktisch begabte Hauptschüler, theoretisch begabte Gymnasiasten und irgendetwas Dazwischenliegendes, nämlich Realschüler, einzuteilen. In Wahrheit testet die Schule diese Begabungen überhaupt nicht. Genauso gut könnte man auspendeln, welcher „Gruppe" man die Kinder zuordnet. Es geht schlicht darum, ob sie Defizite beim Lesen und Rechnen haben. Eine Bildungspolitik, die so vorgeht, macht es sich zu einfach. Es ist paradox: Das „differenzierte" deutsche Schulsystem mit seinen vielen Schularten ist äußerlich so komplex, dass es die Bürger völlig verwirrt. Zugleich ist es aber auch sehr simpel gestrickt und verstößt dabei gegen den Grundsatz, auf die individuellen Stärken und Schwächen der Kinder einzugehen. Die pädagogische „Differenzierung" hat in diesem System nicht besonders gut funktioniert.

Naiv wäre es allerdings, zu glauben, Gemeinschaftsschulen und längeres gemeinsames Lernen, wie es Linke seit langem fordern, würden automatisch bessere Ergebnisse und mehr Gerechtigkeit bringen. Man blicke nur in die USA. Dort ist die High School seit jeher eine Gemeinschaftsschule – aber weder hinsichtlich der Leistungen noch der sozialen Gerechtigkeit sind die Schulen in den USA ein gutes Vorbild. Im Gegenteil, das Beispiel USA zeigt, dass auch in Gemeinschaftsschulen Integration misslingen kann. Das Leistungsgefälle zwischen armen und reichen Regionen ist in Amerika erschreckend hoch, und wer es sich erlauben kann, schickt sein Kind auf eine elitäre Privatschule.

Ein gerechtes Schulsystem ist vielfältig gegliedert – das bedeutet aber nicht, dass es sich in verschiedene Schularten unterteilen muss. Ein gerechtes System lebt von einem Unterricht der vielen Geschwindigkeiten, in dem individuelle Förderung kein leeres Wort ist. Es verzichtet auf ein schematisches Sortierverfahren.

Ein gerechtes Schulsystem ist so gesehen weder einheitlich noch drei- oder viergliedrig. Es ist tausendgliedrig. Es stellt den einzelnen Schüler mit seinen Stärken und Schwächen in den Mittelpunkt, statt ihn zuzurichten auf einen bestimmten Schultyp.

In einem schematisch sortierenden Schulsystem ist die Versuchung groß, Störer und Störrische einfach loszuwerden, sie abzuschieben zu anderen Schulen. Studien zeigen, dass das traditionell dreigliedrige (oder, wenn man Förderschulen einrechnet, viergliedrige) System nicht einmal in seiner eigenen Logik konsequent ist: Die Schulempfehlungen am Ende der Grundschulzeit sind oft fragwürdig, und die Leistungen vieler Realschüler entsprechen denen von Gymnasiasten und umgekehrt. Es ist eben nicht möglich, wirklich „homogene" Leistungsgruppen zu bilden.

Kinder lassen sich nicht etikettieren wie Eier, denen man die Güteklasse A, B oder C aufstempelt. Sie entwickeln sich, und sie haben ihre je eigenen Potentiale, sich zu entfalten. Was Kinder lernen, hängt ab von dem Lernmilieu, in das sie geraten, und der Zuwendung, die sie erhalten. Auch Fleiß und Motivation haben großen Einfluss auf den Lernerfolg, sie entstehen jedoch nicht unabhängig vom sozialen Umfeld und der Anerkennung, die Kinder erfahren sollten.

Eine „Schule für alle", die die Kinder mehr verbindet als trennt, ist so gesehen ein schönes Ziel. Falsch wäre aber die Illusion, damit würde gleich alles gut werden. Eine neue Schulstruktur einzuführen, bringt wenig (oder ist sogar gefährlich), wenn nicht die Schulkultur und der Unterricht sich entsprechend verändern – und wenn nicht auch in der Wohnungspolitik, auf dem Arbeitsmarkt und den anderen Politikfeldern etwas dafür getan wird, dass die sozialen Gegensätze in der Gesellschaft nicht überhandnehmen.

Und selbst dann wird es weiterhin „Problemschulen" geben. Man darf sich da nichts vormachen. Die soziale Struktur der Schülerschaft hängt nicht zuletzt vom Einzugsgebiet ab. Die Politik sollte die Bildung sozialer Ghettos verhindern – aber es wird wohl immer Wohnviertel mit unterschiedlicher Einkommens- und Bildungsstruktur geben. Entscheidend ist dann, dass alle Kinder die Chance haben, aufzusteigen. Und deswegen sollten gerade die „Problemschulen" in die schönsten und besten Schulen verwandelt werden, die das Land zu bieten hat.

Um möglichst viel Kraft in diese Schulen stecken zu können, wäre ein Ende der Strukturdebatten sehr hilfreich. Das Zwei-Säulen-Modell ist ein möglicher Weg – was bisher fehlt, ist eine bundesweite Abstimmung und eine länderübergreifende Politik, die die Parteien nicht gleich bei der nächsten Landtagswahl wieder umwerfen.

Die Last der zwei Säulen

Wenn Jugendliche nicht mehr durch die Zuweisung an eine Hauptschule entmutigt und stigmatisiert werden und ihnen außerhalb des Gymnasiums noch alle Abschlüsse offenstehen, kann auch der Übertritt nach der Grundschule seinen Schrecken verlieren. Die Schule neben dem Gymnasium, also die zweite Säule, muss dazu attraktiv, stark und stabil sein. Denn mit dem Ende der Hauptschule ist es allein nicht getan. Auch das Zwei-Säulen-Modell birgt Gefahren. Wenn es schlecht läuft, verfestigt es ein Zwei-Klassen-System, in dem die Chancen weiterhin sehr einseitig verteilt sind. Falls eine der beiden Säulen zu schwach ist, kann die ganze Konstruktion kippen und zusammenbrechen. Unklar ist, ob beispielsweise die

Hochschulreife, die außerhalb des Gymnasiums vergeben wird, von Leistungen und Reputation her mit dem klassischen Abitur mithalten kann. Schon jetzt ist eine „Hierarchisierung" eigentlich gleichlautender Abschlüsse zu bemerken – in Abhängigkeit davon, an welcher Schulart sie erworben wurden.[84] Formal gleichlautende Abschlüsse erhalten dann informell unterschiedliche Wertigkeiten.

Diese Tendenz könnte sich, angeheizt durch eine größere Freiheit und größere Unterschiede im Profil einzelner Schulen, in Zukunft verstärken. Es käme dann für statusbewusste Eltern immer stärker darauf an, ihr Kind auf eine Schule mit gutem Namen zu schicken. Letztlich finden solche Eltern in jedem System Wege, ihren Kindern Startvorteile zu verschaffen.

Je mehr Freiräume einzelne Schulen bekommen, ein eigenes pädagogisches Profil herauszubilden, desto stärker kann die Frage in den Vordergrund rücken, welche Schule ein Absolvent denn besucht hat. Solche Tendenzen und Risiken muss man in Kauf nehmen, will man überhaupt einen Fortschritt erzielen und wegkommen von der absurden Wucherung unterschiedlicher Schularten, wie sie in den vergangenen Jahrzehnten entstanden ist.

Das Gymnasium kann dabei niemand ernsthaft angreifen, schon allein deshalb, weil es vielerorts bereits von der Hälfte aller Kinder eines Jahrgangs besucht wird und weithin als erfolgreich gilt, allen Klagen über den Druck im G8-System und über einen oft sehr traditionellen Unterrichtsstil zum Trotz. Wer das Gymnasium abschaffen will, hat den Rückhalt der Bürger bereits verloren, bevor er auch nur einen weiteren bildungspolitischen Pieps sagen kann.

Das Zwei-Säulen-Modell dagegen bietet Linken wie Konservativen die Möglichkeit, ihr Gesicht zu wahren. Die Linken akzeptieren das Gymnasium. Und die Konservativen geben dafür die Hauptschule endgültig auf und lassen zu, dass es neben dem Gymnasium nur noch „Oberschulen" als eine weitere Schulform gibt. Diese Oberschulen sollten integrativ arbeiten und ihre leistungsstarken Schüler ebenfalls bis zur Hochschulreife führen können.

Der Schrecken von Hamburg

Der Volksentscheid in Hamburg, mit dem die Bürger im Jahr 2010 die Schulreform des damaligen schwarz-grünen Senats in der Hansestadt stoppten, war eine unmissverständliche Warnung: Schulreformen sind gegen den Widerstand der bildungsbürgerlichen Eliten kaum durchzusetzen. Das mag man finden, wie man will. Es zu ignorieren, wäre unklug.

In Hamburg wollten die Grünen, gebilligt von der Union, die Grundschulzeit um zwei Jahre auf dann sechs Schuljahre verlängern. Sie erhofften sich davon mehr Gerechtigkeit und größere Chancen gerade für Kinder aus sozial schwächeren Stadtteilen. Doch der Widerstand der klassischen Gymnasialklientel war immens. Sie sah das Gymnasium bedroht und zeigte wenig Sinn für die Vorteile längeren gemeinsamen Lernens. Man kann lange darüber streiten, ob sich dahinter ein egoistischer Bildungsdünkel verbarg.

Wenn man die Sache aber einmal nüchtern betrachtet, so ist die Niederlage des grünen Projekts weniger dramatisch, als es der heftige Meinungskampf um den Volksentscheid suggerierte. Das Beispiel Berlins, wo die Grundschule seit jeher sechs Jahre dauert, lehrt: Ein Garant für bessere Leistungen und ein gerechteres System ist das nicht. Und in jedem Fall hätte das Hamburger Modell dem föderalen Durcheinander ein weiteres Element hinzugefügt; denn in fast allen anderen Bundesländern, auch den unmittelbaren Nachbarn der Hansestadt, dauert die Grundschule nur vier Jahre.

Und schließlich: Die wirklich entscheidende Reform in Hamburg betraf gar nicht die Dauer der Grundschule, sondern die Einführung des Zwei-Säulen-Modells. Diese Reform hat der Volksentscheid nicht gestoppt. Wenn man die zweite Säule neben dem Gymnasium stark genug macht, verliert, wie gesagt, die Entscheidung nach der vierten Klasse an Brisanz. Worauf es also ankommt: dass die Schule auch jenseits des Gymnasiums ein Ort der „Schicksalskorrektur" sein kann.[85]

Sture Opposition

Für diese Herausforderung müssen sich die Schulen rüsten – und die Pädagogen müssen sie annehmen wollen. Wie der Bildungsforscher Thomas Rauschenbach darstellt, setzt die Schule Kompetenzen voraus, die zu großen Teilen außerhalb des Unterrichts erworben werden – oder eben nicht.[86] Es geht um Ausdauer, Konzentration, Frustrationstoleranz, um Motivation und Leidenschaft für die in der Schule vorkommenden Themen. Der Erziehungswissenschaftler spricht von einer „Alltagsbildung", die an vielen Orten stattfinde, in der Familie, im Freundeskreis, in der Freizeit, beim Medienkonsum. Rauschenbach diagnostiziert eine „schleichende Erosion dieser lebensweltlichen Bildungsleistung".

Die Schulen dürfen diese Entwicklung nicht ignorieren. Sie müssen mit aller Macht versuchen, für Kompensation zu sorgen und Wege zu finden, wie sie bei den Kindern auch jene Kompetenzen fördern, die sie früher einfach stillschweigend vorausgesetzt haben.

Parteipolitiker begnügen sich dagegen gern mit Strukturreformen, die für sich genommen noch gar nichts bewirken. Und sie suchen dabei stets nach Positionsvorteilen für ihre jeweilige Partei. Das verhindert immer wieder Kompromisse, wo sie von der Sache her eigentlich naheliegen. Als die sogenannte Jamaika-Koalition im Saarland aus CDU, FDP und Grünen ein Konzept für eine Gemeinschaftsschule entwarf, weigerte sich zum Beispiel die SPD, es mitzutragen. Sie stieß sich an Details, obwohl sie eigentlich ein ähnliches Modell im Programm hat. Sicher ist es gut, wenn die Bürger in einer Demokratie Alternativen geboten bekommen. In der Schulpolitik wäre es aber dringend an der Zeit, dass man die Grundprobleme – und dazu gehört die

Schulstruktur – im größtmöglichen Einvernehmen löst und sich anschließend im Wettbewerb der Parteien an die vielen pädagogischen und schulpolitischen Aufgaben macht, die dann noch übrig bleiben.

Gleichwertige Lebensverhältnisse?

Ärgerlich sind der bildungspolitische Krieg aller gegen alle und das föderale Durcheinander nicht nur deshalb, weil sie die Mobilität behindern und allen Eltern und Lehrern zusetzen, die es wagen, die Grenzen ihres Bundeslandes zu überschreiten. Auch der verfassungsrechtliche Grundsatz einer Gleichwertigkeit der Lebensverhältnisse ist in Gefahr. Wie die PISA-Studien und andere Untersuchungen belegen, gibt es ein großes Leistungsgefälle in Deutschland, das sich nicht allein mit der unterschiedlichen sozialen Zusammensetzung der Schülerschaft erklären lässt. Zum Zufall der familiären Herkunft kommt also noch der regionale Faktor hinzu: Wenn ein Kind Glück hat, wächst es dort auf, wo es in der Schule gut gefördert wird. Hat es Pech, bleibt es auf der Strecke. So darf man mit Kindern nicht umgehen.

Vielen Politikern ist mittlerweile klar, dass sie auf das wachsende Unbehagen der Bürger reagieren und mehr Ordnung in den Irrgarten des deutschen Schulsystems bringen müssen. Eines ihrer Lieblingsprojekte heißt jetzt: das bundesweite Zentralabitur. Es suggeriert, endlich werde mehr Übersicht und Gerechtigkeit geschaffen. Doch das bundesweite Zentralabitur zäumt das Pferd von hinten auf. Es nutzt wenig, wenn sich an den dahinter stehenden Strukturen – den Lehrplänen, den Stundentafeln, den Lehrbüchern, der Schulorganisation – nichts ändert. Zentrale Tests sind auch nur dann hilfreich, wenn sie die Freiheit der Schulen und die Individualität der Interessen von Jugendlichen nicht so weit beschneiden, dass am Ende nur noch stumpfsinnig auf bestimmte Aufgaben hin trainiert wird.

Wenn in einem Land der Bildungseifer wachsen soll, müssen die Schüler genügend Freiräume haben, zwischen unterschiedlichen Fächern und Themen wählen zu dürfen. Auf dieser Ebene täten mehr Vielfalt und weniger Uniformität den Schulen gut. Wenig vielversprechend ist ein zentralistisches Bildungssystem, das zwar den Irrgarten des Föderalismus überwindet, zugleich aber die Individualität der Lernwege ignoriert und alle in die gleiche Stoffbahn zwingt.

Es ist nicht notwendig, dass alle Schüler an demselben Tag dieselben Aufgaben lösen. Es müssen nicht alle ihr Abitur über Schillers „Räuber" schreiben oder über Kafkas „Prozess", es müssen nicht alle die gleiche Kurvendiskussion in Mathematik bewältigen können. Wichtig ist nur, dass alle die gleichen grundlegenden Standards und damit das gleiche Anspruchsniveau einhalten – das ist der Ansatz der bundesweiten Bildungsstandards, den man nun effektiv und länderübergreifend in den Unterricht und in die Prüfungen übersetzen muss.

Unterschiedliche Schüler reizen unterschiedliche Aufgaben. Sie fühlen sich von unterschiedlichen Themen angesprochen und herausgefordert. Die Freiheit, wählen zu dürfen und seinen eigenen Lernweg zu bestimmen, ist für Kinder und Jugendliche in den meisten Schulen keineswegs zu groß. Sie ist viel zu klein. Wer seinen Schülern echte Bildungserlebnisse ermöglichen will, muss ein Klima erzeugen, in dem sie sich trauen, Themen selbst auszusuchen und nicht bloß pflichtschuldig oder widerwillig zu übernehmen.

Die Bildungspolitik hat die Weichen aber in den vergangenen Jahren in eine ganz andere Richtung gestellt: Wahlmöglichkeiten im Abitur sind eingeschränkt, das Studium mit dem Bachelor übermäßig „verschult" worden. Es ist Zeit umzukehren.

Das deutsche Wort „Schule" leitet sich von dem lateinischen „schola" her, was so viel bedeutet wie „Muße", „Ruhe" oder „Innehalten". Die Schule muss innehalten und die Muße des Lernens zurückgewinnen.

10.
Schule mit Herz

Dem Besucher einer Schule in Wolfenbüttel geht das Herz auf. Das „Gymnasium im Schloss" ist schon rein äußerlich ein kleiner Palast. Das Städtchen Wolfenbüttel, berühmt für sein klassisches Bildungsgut, Wirkungsstätte von Leibniz und Lessing, Standort der Herzog-August-Bibliothek, hat in seinem schönen Schloss nicht nur ein Museum untergebracht, sondern auch das staatliche Gymnasium. So sollte es sein! Die Schüler laufen dort über Parkett, es gibt Stuckdecken, Arkaden und alte Holztüren. In der Adventszeit stellt sich eine Schüler-Bläsergruppe vor ein Erkerfenster und bespielt den Hof mit Weihnachtsliedern: „Lasst uns froh und munter sein."

Als der Besucher staunend durch die Flure wandelt, bekommen die Lehrer beinahe Angst, er könnte die Probleme, unter denen sie sogar hier leiden, übersehen. Also sprechen sie über die baulichen Widrigkeiten, die es in denkmalgeschützten Gebäuden gibt. Sie zeigen auf zugige Container hinter dem Schloss, in denen einige Klassen provisorisch untergebracht werden mussten, weil der Platz nicht reicht, solange ein neuer Anbau nicht fertig ist. Und vor allem erzählen sie von den ständigen Schulreformen, mit denen sie Schritt halten müssen, und von den verhaltensauffälligen Schülern, die es längst in jeder Schule gibt. In Umfragen sagen die meisten Lehrer in Deutschland, das Unterrichten sei in den vergangenen Jahren anstrengender geworden – und eine Förderung einzelner Schüler im Rahmen der Lehrplanvorgaben nur sehr eingeschränkt möglich.[87]

Auch die Lehrer in Wolfenbüttel fühlen sich mit vielen ihrer Sorgen alleingelassen. Sozialarbeiter? Fehlanzeige. Die Stunden für den Beratungslehrer? Zusammengestrichen. Ein Schulpsychologe? Irgendwo in einer anderen Stadt, zuständig für dutzende Schulen.

Das Gymnasium im Schloss wirkt zwar wie eine privilegierte Schule. Wahrscheinlich ist sie das auch. Die Jugendlichen, die hier den Unterricht besuchen, sind im Großen und Ganzen weniger problembeladen als in vielen anderen Schulen, in den sozialen Brennpunkten der Großstädte. Umso bedrückender ist es, wenn sogar in der vermeintlich geordneten Welt eines Kleinstadt-Gymnasiums Not und Bedrückung zu spüren sind.

Die Lehrer klagen darüber, dass ihr pädagogischer Freiraum in den vergangenen Jahren immer weiter geschrumpft ist. Ständig kämen neuen Aufgaben hinzu, neue Ansprüche und Erwartungen. Und viele Schüler bräuchten Hilfe, weil sie sich angespannt und überfordert fühlen. Viele Jugendliche wissen nicht, was sie später beruflich machen sollen, einige haben Angst, beim Abitur zu versagen. Es fehlt die Ruhe, es fehlt die Zuversicht. „Das ist doch nicht gesund", seufzt die Direktorin.

Nein, gesund ist das nicht. Und dennoch geht dem Besucher das Herz auf. Denn nicht nur die Lehrer reflektieren klug und kritisch über die Schule und ihre Probleme. Auch Schüler berichten begeistert von ihrem „Schülerrat" (einem Forum zur Mitbestimmung), von Demokratie und Dialog in der Schule, von Aktionen für die Aidshilfe und den Bemühungen, eine lebendige Schulgemeinschaft zu stiften. Konflikte, sagt die Schulsprecherin, müsse man eben miteinander lösen, und die Lehrer gäben sich wirklich Mühe, die Schüler ernst zu nehmen. Und dann fällt der Satz: „Wenn man eine gute Beziehung zu den Lehrern hat, geht man auch gern in die Schule."

Ja, sagt ein anderer Jugendlicher, es sei eben wichtig, gemeinsam mit den Lehrern etwas zu unternehmen, ein Fest oder den Weihnachtsmarkt zu besuchen oder ein Museum. Und nicht nur die Aufgaben aus dem Lehrbuch zu lösen. „Wenn man sich mit den Lehrern gut versteht, will man auch gut im Unterricht sein."

Diese Jugendlichen wünschen sich eine Schule mit Herz. Und es ist zu spüren, dass das an ihrem Gymnasium nicht bloß ein frommer Wunsch geblieben ist. – Ein Schloss für die Schule und beherzte Pädagogen für die Kinder: Schule kann schön sein!

Ein eigener Acker

Es muss nicht immer gleich ein echtes Schloss sein. Pädagogische Schätze kann man auch woanders finden. Zum Beispiel auf dem Acker. In Irsee, im bayerischen Schwaben, gibt es eine kleine Grundschule, die einen eigenen Schulacker hat, 3000 Quadratmeter groß. Die Kinder pflanzen und ernten dort im Öko-Anbau allerlei Feldfrüchte, und dabei lernen sie nicht nur, wie Hafer aussieht oder Flachs. Sie spüren, wie Disteln pieksen, und sie sehen, wie Spinnen krabbeln. Sie lernen, zusammen zu arbeiten und über die Natur und den Menschen nachzudenken. Es gehe ihr um „Achtsamkeit", sagt die Rektorin, um einen Sinn für die Natur und die Mitmenschen, und das alles nicht nur in grauer Theorie, sondern in einer bunten Praxis.

An dieser Schule kennt wirklich noch jeder jeden, und das Lernen wird oft zu einem gemeinsamen Erlebnis. Als ich die Schule besuche, lesen die Viertklässler den Erstklässlern Geschichten vor, die sie sich selbst ausgedacht haben. Sie zeigen einander voller Stolz ihre selbst hergestellten kleinen Bilderbücher. So schön kann Schule sein: gemeinsam lachen und arbeiten, staunen und zweifeln, fragen und forschen.

Für Kinder und Jugendliche ist es wichtig, dass ihre Lehrer sie nicht einfach abfertigen, sondern ausreichend Zeit und Interesse für sie mitbringen. Glücklicherweise schaffen viele Lehrer es selbst unter ungünstigen Rahmenbedingungen, ihre Schüler ernst zu nehmen und auf sie einzugehen. Gerne würden sie noch mehr für sie da sein.

Bei der letzten PISA-Studie haben etwas mehr als zwei Drittel der getesteten Fünfzehnjährigen in Deutschland der Aussage zugestimmt: „Die meisten meiner Lehrer(innen) interessieren sich für das, was ich zu sagen habe." Bei der ersten PISA-Studie im Jahr 2000 sagte das lediglich jeder zweite Jugendliche. Die Mehrheit der Jugendlichen fühlt sich von den meisten Pädagogen außerdem fair behandelt und unterstützt. Es gibt so gesehen keinen Massenunmut, keine Enttäuschung, die so tief sitzt, dass man alles über den Haufen werfen müsste, was an den Schulen geschieht. Das ist die gute Nachricht. Die schlechte ist, dass manchmal schon ein einziger lausiger Pädagoge ausreichen kann, um das Klima an einer Schule zu trüben. Und dass es nicht reicht, dass die Lehrer und Schüler guten Willens sind. Man muss ihnen auch den Rücken stärken, damit sie ihren Idealen und Ansprüchen folgen können.

Das pädagogische Hexagon

Es darf nicht sein, dass Lehrer massenweise an ihrem Beruf verzweifeln, dass sie ausbrennen und aus ihren Schulen fliehen. Es darf nicht sein, dass Jugendliche frustriert alles hinschmeißen, ohne Abschlüsse und ohne einen Sinn für die Freude, die trotz allem in den Anstrengungen des Lernens liegt.

Schulen mit Herz wissen Leistung und Lernfreude zu verbinden, sie fordern die Kinder heraus, geben ihnen aber zugleich Sicherheit und, ja, sogar ein Gefühl der Geborgenheit: das Gefühl, hier gut aufgehoben zu sein und sich auch Schwächen erlauben zu dürfen und dabei stets die Gewissheit zu haben, nicht im Stich gelassen zu werden.

Um solche Schulen zu schaffen, reicht es nicht, sie mit Geld zu überschütten oder ihnen einen ganz neuen Lehrplan zu schreiben. Obwohl auch das schon gut wäre: So einfach ist es leider nicht. Viele Dinge müssen zusammenkommen – zunächst der Wille aller Beteiligten, in der Schule mehr zu sehen als eine lästige Pflicht.

Wäre die Schule eine Uhr, genügte es vielleicht, an einem Rädchen zu drehen, damit sie richtig tickt. Schulen sind aber kein einfacher Apparat. Sie richtig einzustellen, ist mühsam. Es gibt für die Schulentwicklung keinen klaren Plan, kein schnelles Rezept, das Erfolg garantiert.

Für den „Deutschen Schulpreis", eine Initiative der Robert-Bosch- und der Heidehof-Stiftung, haben Experten sechs Felder identifiziert, auf denen sich Schulen bewähren müssen, wenn sie vorbildlich arbeiten wollen.[88] Sie bilden, wenn man so will, das „pädagogische Hexagon", auf das Politiker und Pädagogen achten müssen. Die Ecken des Hexagons sind miteinander verbunden, zusammen ergibt das eine Figur, die der Komplexität des Schullebens gerecht werden kann. Wer Schulen verbessern will, darf nicht isoliert die eine oder andere Reform betreiben, sondern muss konfigurativ denken. Das sind die Ecken des pädagogischen Hexagons:

1. Leistung: Die schönsten Unterrichtsformen taugen nichts, wenn die Schüler am Ende zu wenig gelernt haben. Eine Schule mit Herz, in der die Kinder kognitiv unterfordert sind, ist ein Widerspruch in sich. Wer Kinder emotionalen Halt geben und sie zu stabilen Persönlichkeiten bilden will, muss auch ihren Kopf ansprechen. Es ist allerdings zu einfach, nur auf PISA-Punkte (die Studie bewertet übrigens gar nicht einzelne Schulen) und auf das Abschneiden bei Vergleichsarbeiten zu blicken. Gute Schulen führen die Kinder nicht nur in den Kernfächern zu guten Leistungen, sondern auch in Musik, Kunst und Sport. Sie fördern die Kreativität.

2. Umgang mit Vielfalt: Lehrer und Schüler müssen Wege finden, mit sozialen Unterschieden produktiv umzugehen. Nur wenn Lehrer sich bewusst sind, dass ihre Schüler verschiedene Voraussetzungen mitbringen, kann individuelle Förderung gelingen. Dies gilt nicht nur, aber in besonderer Weise für die Förderung von Einwanderern und ihren Kindern. Die Unterschiede zwischen den Migrantengruppen sind allerdings groß; und die Kinder dürfen auf keinen Fall reduziert werden auf ihre (vermeintliche) Zugehörigkeit zu einer bestimmten sozialen Gruppe. Auch sie sind, in allen ihren Schwächen und Stärken, Individuen. Aber die vielen verschiedenen Erfahrungen, die Kinder aus ihren

Familien mitbringen, kann man nicht einfach ignorieren. Die Schulen müssen sich auf die Vielfalt der Biografien einlassen. Warum werden nicht auch türkische Gedichte gelesen und der Reichtum dieser Sprache erschlossen? Warum ist der Geschichtsunterricht so stark auf Europa konzentriert? Die Pflege eigener Bildungstraditionen und das Betonen einer „europäischen Kultur" dürfen nicht in Provinzialismus münden.

3. Unterrichtsqualität: Gute Schulen verlassen sich nicht darauf, dass jeder Lehrer schon irgendwie weiß, wie er guten Unterricht erteilt. Sie arbeiten beharrlich an der Qualität des Unterrichts, immer wieder auch gemeinsam im Kollegium. Der oft gescholtene Frontalunterricht kann zuweilen ein wirksames Prinzip sein – als allein dominierende Unterrichtsform hemmt er jedoch das selbstständige und eigenverantwortliche Lernen. Hilfreich sind Wochenarbeitspläne, Tischgruppen und individuell gestellte Aufgaben („Binnendifferenzierung"), gezielter Förderunterricht und fächerübergreifende Projekte. Gute Schulen überschreiten dabei immer wieder ihre Grenzen und lassen die Jugendlichen an anderen Orten lernen: im Wald, im Hafen, auf Baustellen, in Ateliers und Bibliotheken.

4. Verantwortung: Erziehungsaufgaben werden für Schulen immer wichtiger. Die Lösung von Konflikten, das Einüben und Einhalten von Regeln und demokratischen Verfahren nehmen gute Schulen ebenso ernst wie den Fachunterricht. Verantwortung sollen Schüler nicht nur für sich selbst und ihre fachlichen Leistungen übernehmen. Sie sollen sensibel für die Situation der anderen sein und in einer solidarischen Gemeinschaft mitwirken. Eine Schule, die nur lauter schlaue Einzelkämpfer entlässt, ist eine Bedrohung, keine Verheißung.

5. Schulleben: Zu einer guten Schule gehört ein anregendes „Klima", in dem Kreativität gefördert und niemand ausgebremst wird. Kulturelle Veranstaltungen und Feste, der Aus-

tausch zwischen Pädagogen, Eltern, Schülern und anderen Partnern (Firmen, Vereinen) ist rege. Gute Schulen sind offen für Angebote und Anregungen von außen. Sie kapseln sich nicht ab, sondern werden zu einem Zentrum der Zivilgesellschaft.

6. Lernende Institution: Zu dem Besten, was man über eine Schule sagen kann, gehört, dass sie selbst als Institution lernfähig ist. In guten Schulen arbeiten die Lehrer eng zusammen; sie besuchen sich gegenseitig in ihrem Unterricht und lernen voneinander. Sie bilden sich laufend fort und evaluieren die Leistungen ihrer Schule. Sie sind offen für guten Rat und konstruktive Kritik. Sie warten nicht darauf, dass ihnen externe Kontrolleure Anweisungen geben, sondern arbeiten selbstständig daran, das Leben und den Unterricht in ihrer Institution angenehm und effektiv zu gestalten. Dafür vernetzen sie sich auch mit anderen Einrichtungen und nutzen deren Kompetenzen.

In Deutschland gibt es bereits eine Reihe von Schulen, die mit großer Kraft an diesen sechs Punkten arbeiten und das pädagogische Hexagon fest im Blick haben. Die Aufgabe, der sie sich stellen, ist schwer – wunderbar, dass sie es tun.

Zirkus, Labor, Studierstube

Wenn man die Lichtenberg-Gesamtschule in Göttingen, den Gewinner des Deutschen Schulpreises 2011, betritt, eröffnet sich eine Welt, die man so in den meisten anderen Schulen noch nicht gesehen hat. Kinder sausen auf Einrädern durch den Flur, andere proben gerade mit Gästen aus Costa Rica eine Zirkusnummer, tanzen und jonglieren. Zuschauer versammeln sich im Halbrund eines kleinen Amphitheaters. Ein paar Schritte weiter wird in einem Spanischkurs ein Dokumentarfilm gezeigt, die Jugendlichen sitzen in einem Filmraum mit richtigen Kinosesseln. Im Musiktrakt leiht sich ein Junge eine Conga aus, an der Wand hängen zahlreiche akustische und elektrische Gitarren, bereit zur Ausleihe.

In der Schule gibt es Werkshallen mit schwerem Gerät; die Schüler bauen aus langen Eisenstangen ein Stövchen. Es gibt eine Disco, eine Teestube, eine große Bibliothek, einen Grillplatz und einen hübschen Kräutergarten, in dem die Fünftklässler Heilpflanzen wachsen lassen, Kartoffeln, Rosmarin und Lavendel.

Mit einigem Geschick hat die Schule Mittel an Land gezogen, um auch Extras finanzieren zu können, einen Beachvolleyballplatz zum Beispiel. In einem kleinen Mathe-Labor stehen lauter geometrische Figuren, ein Fußball aus großen Puzzleteilen, es gibt Spiele zum Experimentieren und zum Begreifen des Abstrakten.

Die beneidenswert gute Ausstattung der Schule ist nicht alles. Sie ist noch nicht einmal das Entscheidende. Vielmehr ist es der Geist, der hier lebt, das Bewusstsein, dass in jedem Kind Interessen und Stärken stecken, die es zu entdecken und zu fördern gilt. Dafür braucht man Anregungen und Gelegenheiten – diese Schule hält sie bereit. Sie ist viel mehr als nur ein Unterrichtsort. Sie ist ein Atelier und ein Theater, ein Labor und ein Zirkus, eine Studierstube, ein Festsaal. Die gute Ausstattung ist Ausdruck eines pädagogischen Selbstverständnisses, das nach vielfältigen Lernarrangements verlangt. Schulleiter Wolfgang Vogelsaenger sagt, er würde es als persönliche Niederlage empfinden, wenn ein Jugendlicher seine Schule verlässt und nicht das Gefühl hat: „Ich kann was!"

Regelmäßig findet an der Schule die Aktion „Hut ab vor der Kunst" statt. Dann präsentieren Schüler ihre neuen Werke: Gemälde, Collagen, Skulpturen. Lehrer, Eltern und Mitschüler bilden das Publikum und hören sich an, was die verschiedenen Schüler vorbringen; sie stellen Fragen, diskutieren. Und am Ende verneigen sie sich alle und sagen, bevor sie zum nächsten Werk schreiten: „Hut ab vor der Kunst!"

Diese Mischung aus Anerkennung und Heiterkeit, aus Offenheit und Ritualisierung ist ein Weg, um eine Schule herauszuführen aus dem stumpfen Takt der reinen Lehrplanarbeit.

Die Schule verschließt über all dem nicht die Augen, wenn Schüler straucheln, wenn sie Sorgen haben, die über das hinausgehen, was im Unterricht und in der Klasse zur Sprache kommen kann. Es gibt ein Schülercafé und gleich daneben, mitten im Schulhaus, ein großes offenes „Büro" mit einem Team von Sozialpädagogen, die sich um die Probleme kümmern, die anfallen: um die Folgen eines Scheidungskriegs; um Schüler, die von zu Hause ausziehen; um Prüfungsängste oder Konflikte zwischen den Jugendlichen oder zwischen einzelnen Lehrern und Schülern. „Man kann nur gut lernen, wenn man den Kopf frei hat", sagt eine der Mitarbeiterinnen. Warum gibt es nicht in jeder Schule so ein Team?

Auch die Lehrer in Göttingen können sich nicht allein auf ihren Unterricht verlassen; sie müssen sich mit den Familien auseinandersetzen. An zwanzig Tagen im Schuljahr besuchen die Lehrer die Eltern und Schüler zu sogenannten „Tischgruppenabenden". In einer Tischgruppe sitzen sechs Schüler. Sie treffen sich mitsamt ihren Eltern reihum bei einer Familie, die Tutoren (Klassenlehrer) kommen dazu. Dort wird über den Unterricht gesprochen, Pläne werden geschmiedet, Probleme benannt und (hoffentlich) gelöst. Finden es manche Eltern nicht peinlich, den anderen Familien Einblick in die eigene Wohnung zu geben? Überschreitet die Schule hier nicht eine Grenze? So mag denken, wer die Schule vor allem als einen Ort des Wettbewerbs versteht und wer Angst hat vor der Konfrontation mit sozialen Unterschieden. So mag denken, wer die Schule als ein Ort der Beschämung kennengelernt hat. Wer aber die Schule als einen Ort der Integration betrachtet, als einen Ort, an dem Respekt und Toleranz geübt werden, sieht in dem Modell mehr Chancen als Risiken.

Niemand darf Angst haben

Die Kinder wissen ohnehin, dass der Professorensohn in einer kleinen Villa und das Kind des Arbeitslosen in einer beengten Sozialwohnung leben. Die Schule ist ein Ort, an dem alle – auch die Erwachsenen – lernen können, dass man einander dennoch auf Augenhöhe begegnen kann. Wenn der Schulleiter in Göttingen neue Kinder begrüßt, sagt er: „Das wichtigste Prinzip an dieser Schule ist, dass niemand vor anderen Angst haben darf."

Ausgrenzung und Abwertung spielen leider auch zwischen Schulen eine Rolle. Da tun dann beispielsweise manche Gymnasien so, als hätten die eigenen Schüler die Weisheit mit Löffeln gegessen. In Köln musste lange Zeit das Genoveva-Gymnasium damit leben, dass andere es als „Ausländerschule" schmähten; als „Hauptschule, wo man Abi machen kann". Dabei ist das Genoveva-Gymnasium gerade ein Beispiel für eine Schule mit Herz, die Beachtliches zustande bringt, obwohl die Bedingungen dafür nicht günstig zu sein scheinen. Die Schule liegt im Stadtteil Mülheim, wo viele Arbeitslose und Einwanderer leben. Die Schule ist nicht hervorragend ausgestattet, die Gebäude sind alt und renovierungsbedürftig. Wenn man eben noch in der geräumigen, großzügig eingerichteten Schule in Göttingen war, kommt man sich hier vor, als sei man in ein Schwellenland gereist.

Das Kölner Gymnasium besuchen Kinder aus mehr als dreißig Nationen; viele von ihnen haben Eltern, die das deutsche Bildungssystem kaum kennen. Die Schule nimmt auch Kinder auf, die gerade erst in Deutschland angekommen sind und die in ihrer Heimat sehr gut in der Schule waren. Warum sollen sie in Deutschland keine Chance haben, nur weil sie noch nicht richtig Deutsch sprechen? In intensiven Förderkursen bringt das Kölner Gymnasium diese Schüler rasch auf ein Niveau, auf dem sie dem Unterricht folgen können – und weil man hier an die Kinder glaubt und sie ermutigt, schaffen am

Ende viele von ihnen das Zentralabitur, manche mit ausgezeichneten Ergebnissen.

Eine Abiturientin sagt, die meisten Lehrer nähmen sich viel Zeit, sie hätten immer ein Ohr für die Schüler, und es sei im Grunde egal, aus welchem Land ein Schüler oder dessen Eltern kämen. Neben der Deutsch-Förderung setzt das Gymnasium einen Schwerpunkt auf das Tanzen. Dafür hat es eigens Tanzpädagoginnen engagiert; die Eltern müssen sich an den Kosten beteiligen. Das Tanzen tut vielen Schülern gut; es stärkt den Zusammenhalt, es schult nicht nur die Bewegung, sondern bildet die Persönlichkeit, das Selbstvertrauen, die Artikulations- und Ausdrucksfähigkeit. Die Familien und Kinder sind sehr dankbar für die Hilfe und Förderung, die sie hier bekommen. Ein Lehrer sagt: „Wir reden nicht groß über Integration. Wir leben das."

Herkunftslotterie ausschalten

Das Genoveva-Gymnasium ist eine Schule, die zeigt, was für eine große Wirkung Lehrer haben können, wenn sie die Kinder nicht einfach der Herkunftslotterie überlassen. Warum folgen nicht mehr Schulen diesem Beispiel? Warum tut die Politik nicht alles, damit dieses und andere Beispiele wirklich Schule machen?

Es sind nicht immer nur die berühmten „Vorzeigeschulen", die glänzen, nicht nur die Einrichtungen, die Extramittel erhalten und gesegnet sind mit reichen Fördervereinen und einer starken Lobby. Eine ganze Reihe von Schulen hat sich auf den Weg gemacht, den Widrigkeiten zu trotzen und darauf zu schauen, was die Kinder wirklich brauchen. Sie durchbrechen den starren Stundentakt und erneuern ihren Unterricht mit Projekt- und Freiarbeit. Sie nehmen auf die Stärken und Schwächen ihrer Schüler Rücksicht und differenzieren entsprechend die Aufgaben. Sie lassen die Kinder am Nachmittag forschen und lesen, bauen und musizieren.

Die Politik müsste mehr dafür tun, diese Bemühungen zu unterstützen und weitere Schulen dafür zu gewinnen. Nicht nur die Jugendlichen, auch die Schulen als Institutionen brauchen Rückhalt und Ermutigung. Sie müssen die Mittel und Freiräume erhalten, die es ihnen erlauben, deutlich mehr zu leisten, als nur ihre Schüler zu verwalten und den Lehrstoff abzuspulen.

Auf allen Ebenen ist dazu die Aus- und Fortbildung der Pädagogen zu stärken – das beginnt im Studium, sollte sich aber im Alltag der Schulen fortsetzen. Schulen und ihre Lehrer brauchen, um es neudeutsch zu sagen, ein professionelles „Coaching". Und sie müssen, kurzfristig und wenn nötig dauerhaft, zusätzliche Hilfen bekommen können, um auf besondere schulische Herausforderungen zu reagieren – sei es auf Schüler, die einen erhöhten Förderbedarf haben, sei es auf Eltern, die nicht zugänglich sind und sich nicht um ihre Kinder kümmern. Dafür ist es notwendig, dass auf lokaler Ebene die Bildungs- und Sozialpolitik eng vernetzt wird und Probleme nicht von einer Stelle an die andere delegiert und von einem Schreibtisch zum nächsten und wieder zurück geschoben werden. Es darf nicht sein, dass sich am Ende niemand für einen strauchelnden Schüler verantwortlich fühlt.

Schule mit Herz – das bedeutet, es muss im Kollegium klare Ansprechpartner geben und Lehrer, die sich um Einzelne kümmern, und sei es, dass sie weitere Hilfe von den Ämtern, von Vereinen, Sozialarbeitern und Schulpsychologen mobilisieren. Gut wäre es, das System der Vertrauenslehrer ernster zu nehmen und auszuweiten zu einem echten Mentoren-Modell.

Lehrer als Mentoren

Warum sollen Lehrer sich nicht verantwortlich fühlen für einen oder mehrere Schüler, die sie nicht mehr selbst im Unterricht haben, aber aus früheren Jahrgangsstufen oder aus fachübergreifenden und außerunterrichtlichen Aktivitäten schon kennen? Gerade den als „schwierig" geltenden Schülern fehlt oft ein Fürsprecher im Kollegium, ein Pädagoge, der in ihnen nicht nur den Störer und den Leistungsschwachen sieht.

Typischerweise delegieren die Schulen die Sorge um ihre „Problemfälle" an Sozialarbeiter und Psychologen. Es wäre jedoch für die Schulkultur sehr förderlich, wenn auch die Lehrer selbst eingebunden blieben. Das würde bedeuten: Bei der Berechnung von Unterrichtsdeputaten und der Organisation des Schullebens muss dieses pädagogische Engagement eingerechnet werden. Sonst ziehen die Lehrer nur ihren Unterricht durch.

Vielleicht wäre es sogar sinnvoll, ein Mentoren- und Patensystem über Schulgrenzen hinweg aufzubauen – und zwar nicht nur mit Ehrenamtlichen, wie es mancherorts schon geschieht, mit Berufstätigen und Senioren, die den Jugendlichen zur Seite stehen, sondern mit Lehrern anderer Schulen. Ein solches Mentorensystem würde dazu führen, dass sich die Kollegien verschiedener Schulen besser kennenlernen und die Jugendlichen professionelle Fürsprecher und Helfer aus einer Einrichtung gewinnen, der sie nicht selbst angehören. Das kann für alle Beteiligten zu einer Bereicherung werden. „Oh weh", mögen viele denken. Das kann ja was werden, wenn jetzt noch die Lehrer einer anderen Schule sich einmischen! Allein dieser Einwand ist jedoch schon ein Hinweis darauf, wie nützlich und notwendig so ein Modell sein kann. Die Lehrer der anderen Schulen hätten den Auftrag, als konstruktives Korrektiv zu wirken – und dabei die Interessen der betreuten Schüler an die erste Stelle zu setzen.

Derzeit müssen Lehrer einen schweren Spagat schaffen zwischen ihren verschiedenen Rollen: als fachliche und pädagogische Ansprechpartner auf der einen Seite und als Kontrolleure, Noten- und Chancenverteiler auf der anderen Seite.

Ein System wechselseitig verschränkter Lehrerverantwortung könnte auch die Basis bilden, um den teuren privaten Nachhilfemarkt zurückzudrängen.

Letztlich geht es stets darum, das so gern benutzte Schlagwort der individuellen Förderung mit Leben zu füllen und der Person des einzelnen Schülers gerecht zu werden. Dafür bedarf es nicht nur der Aufmerksamkeit jedes Lehrers; es müssen Regeln und Organisationsformen gefunden werden, die der Individualisierung entgegenkommen.

Mehr Wahlfreiheit

Die bundesweiten Bildungsstandards, die den Rahmen vorgeben, sind in individuelle Bildungspläne zu übersetzen, und zwar so, dass Motivation und Eigenverantwortung der Schüler gestärkt werden. Es ist nicht einzusehen, warum alle Schüler monatelang dieselben Aufgaben bearbeiten und dieselben Texte lesen müssen. Innerhalb eines übergreifenden Themas sollten die Schüler sich ihre eigenen Herausforderungen suchen dürfen, sie sollten sich ihre Stoffe selbst wählen und Arbeitsschritte selbst planen können. Wenn sie die Begründung für ihre Wahl und ihre Ergebnisse den anderen mitteilen müssen, so profitieren auch diese davon – und sie alle üben eine Arbeitsweise ein, wie sie später im Alltag vieler Berufe üblich ist.

Die Deutschen sind noch immer sehr stolz auf „ihren" Wilhelm von Humboldt und auf dessen anspruchsvollen Bildungsbegriff. Sie sollten jedoch seine Einsichten endlich einmal beherzigen. Humboldt schrieb: „Was nicht von dem Menschen selbst gewählt, worin er auch nur eingeschränkt und geleitet wird, das geht nicht in sein Wesen über, das bleibt ihm ewig fremd, das verrichtet er nicht eigentlich mit menschlicher Kraft, sondern mit mechanischer Fertigkeit."[89]

Die Schule muss alles dafür tun, dass ihre Schüler zu Lernenden werden, die selbst wählen. Jeden Tag aufs Neue muss sie gegen den Charakter einer Zwangsanstalt ankämpfen. Im Palast des Lernens soll der Schüler möglichst sein eigener Herr sein.

Das Ziel sind junge Menschen, die etwas nachhaltig verstanden haben. Wer sie intellektuell und ästhetisch schulen und ihre Persönlichkeit stärken will, muss sie für Themen und Werke begeistern. Er muss Leidenschaft wecken, die zum selbstständigen Lernen bewegt. Das braucht Zeit. Im pädagogischen Mastbetrieb, der die Schule heute oft ist, kann es nur schwer gelingen.

Nehmt euch Zeit! Am Ende werden die Schüler mehr können und mehr verstanden haben, als wenn man versucht, das Lehrbuch von vorne bis hinten durchzuhecheln.

Günstig sind kleine, überschaubare Einheiten, in denen sich alle kennen und für den anderen verantwortlich fühlen. In Finnland sind die Schulen oft sehr klein und zugleich ist die Teamarbeit unter Pädagogen selbstverständlicher als in Deutschland. Die Lehrer werden nicht alleingelassen; es gibt eine Reihe von Fachkräften, die man ihnen an die Seite stellt: Schulkrankenschwestern, die nicht nur für Hilfe bei Unfällen und akuten Verletzungen da sind, sondern die sich präventiv um die Gesundheit und Stabilität der Kinder bemühen; Pädagogen, die auf Streitschlichtung und Konfliktlösungen spezialisiert sind und dazu beitragen, ein angenehmes Schulklima zu schaffen; Schulpsychologen, die sich intensiv um die Nöte einzelner Schüler kümmern und dabei auch die Familien im Blick haben; Förderlehrer, die didaktische Tricks kennen und wissen, mit Schwächen wie Legasthenie und Dyskalkulie (Rechenschwäche) umzugehen; und schließlich pädagogische Assistenten, die Lehrer unterstützen, wenn sie in größeren Gruppen arbeiten.

Die Schulleiter und Kollegien in Deutschland benötigen mehr Macht und Mittel, ihre Schulen nach ihren Bedürfnissen zu gestalten. Sie brauchen hervorragende Verwaltungsmitarbeiter und die Freiheit, Lehrer, pädagogische Assistenten und Honorarkräfte selbst einzustellen. Sie sollen Künstler engagieren und Handwerkern Aufträge erteilen können. Auch in den Ferien soll es attraktive und lehrreiche Angebote geben, in denen Schüler fachlich gestützt und herausgefordert werden, aber auch genügend Raum ist für Kreativität, Spiel und Entspannung. Jede Schule sollte ein kleines Kulturzentrum sein – das ganze Jahr über.

Drei Appelle an Politiker

Wenn man das Herz der Schulen kräftigen will, muss man im Großen wie im Kleinen ansetzen. Bei den Bürgern gibt es eine große Bereitschaft, dafür notfalls höhere Steuern in Kauf zu nehmen. Man kann diese Steuern, beispielsweise als „Bildungssoli" (einen Zuschlag auf die Einkommensteuer), gerecht erheben – zugute kämen sie letztlich allen. Nur wollen sich die Steuerzahler natürlich darauf verlassen können, dass das Geld wirklich zweckgebunden und effektiv für bessere Schulen eingesetzt wird. An die Politiker sollte man deshalb drei Appelle richten:

1. Definiert *erst*, wo am dringendsten zusätzliches Geld benötigt wird und wie man es einsetzen kann! Sucht *anschließend* Wege, das Geld zusammenzubekommen und erklärt den Bürgern klar und transparent, wofür es gebraucht wird.

2. Vergesst erst einmal die Frage, wer wofür in Deutschland zuständig ist. Ob es der Bund ist, die Länder, die Gemeinden, die einzelnen Schulen – schaut zunächst, was getan werden muss. Und wenn ein sinnvolles Konzept an den Zuständigkeiten scheitern würde: Ändert die Zuständigkeiten!

3. Findet endlich einen bundesweiten Kompromiss für die Frage der Schulstruktur – und zwar so, dass er die nächsten Jahre trägt! Konzentriert euch anschließend ganz auf eine Unterstützung der Schulen und die Verbesserung des Unterrichts. Schaut weniger darauf, welche Zeugnisse und Zertifikate jemand mitbringt, sondern darauf, was jemand tatsächlich kann und leistet und was er noch lernen und leisten will.

Es gibt dann noch immer sehr viel zu tun. Wenn man sich überlegt, was jeden Tag tausenden Kindern und Lehrern zusetzt und was verhindert, dass die Schule ein schöner oder jedenfalls ein noch schönerer Ort wird, dann kommt man auf viele vermeintliche Kleinigkeiten, die zusammen aber mehr als das sind. Das beginnt schon am frühen Morgen, wenn sich die Kinder auf engstem Raum in Schulbusse drängeln. Und das setzt sich fort, wenn wieder mal die Heizungsanlage in der Schule versagt oder die Lehrbücher und das Labormaterial so alt sind, dass schon alles auseinanderfällt.

Alter Mief

Manchmal ist es gut, seine eigene alte Schule zu besuchen. Das kann ein schönes Wiedersehen sein. Aber vielleicht erschrickt man, wie wenig sich verändert hat. In meinem Falle stand die Schule immerhin kurz vor einer baulichen Modernisierung. Die hatte sie auch bitter nötig. Es fehlte eine Mensa, und die Turnhalle war längst nicht mehr modern. Eigentlich sah alles noch genau so aus, wie man es in Erinnerung hatte. Eine Lehrerin zeigte den Erdkunderaum. Es roch wie damals. Der ganze alte Mief war noch da. In einer Kammer gab es sogar noch die ganz alten Karten, über die sich die Schüler damals schon lustig gemacht hatten, weil es niemanden überrascht hätte, wenn auf ihnen der Limes und die Grenzen des Römischen Reiches als aktueller geografischer Stand verzeichnet worden wären. Es war eine seltsame Reise in die Vergangenheit. Der herzliche Empfang durch die Lehrer hat das mulmige Gefühl ausgeglichen. Die meisten Lehrer freuen sich wirklich, wenn sie ab und zu ein Ehemaliger besucht. Warum wird das nicht viel öfter gemacht?

Und wieso wird auch im Alltag der Schulen oft so wenig dafür getan, dass sich alle jeden Tag aufs Neue wohl und willkommen fühlen? Das beginnt gleich am Morgen. An manchen Schulen gibt es eine Begrüßungszeremonie; andere stellen jede

Woche oder jeden Monat unter ein bestimmtes Motto und gestalten die Eingangshalle entsprechend. Warum folgen nicht mehr Schulen diesem Beispiel? Es sind oft Kleinigkeiten, die dazu beitragen, die Schule zu einem schönen Ort zu machen. Viele gute Kleinigkeiten zusammen ergeben eine Schule mit Herz.

In Grundschulen gibt es manchmal einen „Morgenkreis", in dem die Kinder zusammenkommen, bevor der Fachunterricht beginnt. Im Morgenkreis können sie über aktuelle Ereignisse und Erlebnisse und auch über sich, ihre Sorgen und ihre Konflikte sprechen. In den weiterführenden Schulen dagegen fehlen meistens die Freiräume für solche Gespräche. Je älter die Schüler werden, desto schwerer fällt es ihnen, Schwächen zu zeigen und mit Niederlagen umzugehen. Doch eine Schule, die auf das Leben vorbereiten will, müsste genau das üben. Es muss Foren geben, in denen die Jugendlichen lernen, einander zuzuhören und über das Unterrichtsgeschehen hinauszublicken.

Mut zum Glück

In Heidelberg hat ein Rektor ein eigenes Fach eingeführt mit dem schönen Titel: „Glück". Was zunächst ein bisschen schräg klingt, ist gar keine schlechte Idee. Im Fach „Glück" tanzen, musizieren und kochen die Jugendlichen; sie lernen, über sich und ihre Ängste zu sprechen. Das Fach kombiniert vieles, was sonst zu kurz kommt: Philosophie, Religion, Ethik und „Lebenskunde", ästhetische und musische Erfahrungen, Gespräch und Begegnung, Kunst und Reflexion. Allerdings: „Glück" sollte eigentlich ein ständiges Leitmotiv für die Schule sein, nicht ein abgegrenzter Bezirk in einem ansonsten unglücklichen System.

Konservative Intellektuelle haben Ende der 1970er Jahre in ihrem Manifest „Mut zur Erziehung" die Fahnen für Fleiß und Disziplin hochgehalten und gegen pädagogische Glücksansprüche polemisiert: „Wir wenden uns gegen den Irrtum, die Schule könne Kinder lehren, glücklich zu werden, indem sie sie ermuntert, ‚Glücksansprüche' zu stellen. In Wahrheit hintertreibt die Schule damit das Glück der Kinder und neurotisiert sie." Die Schule soll offenbar eher dazu beitragen, dass Kinder unglücklich werden. Lebensfreude erscheint als unpädagogisch. Welch ein krudes Menschenbild, welch eine technische, grausame Vorstellung vom Charakter der Schule!

Es mag ja sein, dass die Konservativen damals Angst vor einer Ideologisierung der Schule, vor den vermeintlichen Heilslehren der Linken hatten. Aber mit ihrer Anti-Glücks-Formel haben sie den Kindern einen schlechten Dienst erwiesen. Auch heute plappern Disziplin-Prediger gerne dem alten Anstaltsgeist nach.

Der Philosoph Ernst Tugendhat sah in der Anti-Glücks-These eine „totalitäre Tendenz": In entsprechenden Systemen „ist nicht das System für das Glück des Menschen da, sondern der Mensch auf seine Funktion für das System reduziert. Die Schule ist dafür da, dass die Kinder rechtzeitig lernen, sich mit dieser Funktion zu identifizieren."[90]

Die Schule sollte aber für die Kinder da sein. Sie sollte ihr Glück fördern, statt es zu ignorieren oder zu hintertreiben. Die Schulen brauchen Mut zum Glück. Dazu gehört auch Humor. An einer Augsburger Grundschule wird zum Beispiel am Ende jeder Woche der „Witz der Woche" vorgetragen. Der Abschluss der Woche soll mit einem Lächeln begangen werden. Außerdem stellen die Schüler einander zum Wochenabschluss Projekte vor, Themen, die sie bearbeitet, Kunstwerke, die sie erstellt, oder Lieder, die sie einstudiert haben. Warum gibt es so eine kleine „Wochenshow" nicht in jeder Schule (im Falle großer Schulen zum Beispiel unterteilt nach Jahrgängen)?

Und warum gibt es nicht an jeder weiterführenden Schule eine Phase, in der die Jugendlichen sich ein Projekt wählen können, an dem sie eigenständig arbeiten und das sie hinausführt aus dem engen Korsett des Unterrichts?

Eine Schule, die sich nur um abprüfbare fachliche Kompetenzen kümmert, will zu wenig. Es muss ihr darum gehen, starke, selbstbewusste und sensible Persönlichkeiten zu bilden, die in der Lage sind, Verantwortung für andere zu übernehmen und auch mit persönlichen Niederlagen und Krisen umzugehen. Sind diese Ansprüche etwa zu hoch gesteckt? Oder sind sie nicht am Ende für die Gesellschaft und für den Einzelnen viel wichtiger als die Frage, ob sich ein Schüler in der Mathearbeit bei der dritten Kommastelle verrechnet hat oder nicht?

Weil man reife Persönlichkeiten am besten fördern kann, wenn auch die Lehrer solche Persönlichkeiten sind, darf man auch diese nicht gängeln und ausbremsen. Die Begeisterung für ihren Beruf müssen sie pflegen können. Dafür ist es von Zeit zu Zeit nötig, die Schule zu verlassen. Jeder Lehrer sollte alle paar Jahre hinauskommen in die weite Berufswelt außerhalb der Schulmauern. So wie Schüler Praktika absolvieren, brauchen Pädagogen ein „Sabbatical", das ihnen neue Perspektiven verschafft. Warum wird dies nicht gezielt organisiert und unterstützt?

Den Urwald mit Taschenmessern roden

Der Verweis auf das liebe Geld zieht als Gegenargument nicht. Man sollte einmal in Rechnung stellen, was es den Staat kostet, wenn jedes Jahr Tausende Lehrer mit Burn-out aus dem Unterricht fliehen. Und wenn viele von denen, die das (noch) nicht tun, innerlich schon fast abgeschlossen haben mit ihrem Beruf und einfach nur noch einer Routine folgen, die weder sie selbst noch ihre Schüler begeistert.

Damit ihr Unterricht wirkt, müssen Lehrer eben mehr leisten, als zu unterrichten. Das muss dann aber gebührend berücksichtigt werden im Profil ihres Berufs, in der Gestaltung und Organisation ihres Arbeitsplatzes, in der Berechnung ihrer Stunden und Aufgaben: Jenseits der reinen Unterrichtszeit und der fachlichen Vor- und Nachbereitung müssen Lehrer mehr

Zeit für ihre pädagogische Arbeit, für Besuche in den Familien, für Projekte und Angebote außerhalb des Unterrichts, für Fortbildung, Schulentwicklung und Supervision bekommen.

Wer so etwas fordert, erntet mittlerweile oft beifälliges Nicken – sogar in Kultusministerien. Aber: Umsetzen und zahlen will es am Ende niemand. Zu viele angebliche Sachzwänge stehen dagegen, von den Einwänden der Finanzminister gar nicht zu reden. Vor mehr als hundert Jahren hat die schwedische Reformpädagogin Ellen Key in ihrem berühmten Manifest „Das Jahrhundert des Kindes" Worte für die Misere gefunden, die leider noch immer passen: „Wer vor die Aufgabe gestellt würde, mit einem Taschenmesser einen Urwald zu fällen, müsste vermutlich dieselbe Ohnmacht der Verzweiflung empfinden, die den Reformeiferer vor dem bestehenden Schulsystem ergreift – diesem undurchdringlichen Dickicht von Torheit, Vorurteilen und Missgriffen."[91]

Key war, wie man leider sagen muss, selbst verstrickt in Torheiten und Vorurteile. Ihr Manifest, verfasst zu Beginn des 20. Jahrhunderts, enthielt befremdliche Passagen zur Eugenik und rassistische Bezüge, geleitet von abstrusen Ideen für einen „neuen Menschen". Daran darf man nicht anknüpfen. Keys Vision von einer besseren Schule war jedoch fortschrittlicher als Key selbst. Die Vision zielte darauf, die Schule für die Kinder zu gestalten – und nicht die Kinder der Schule zu unterwerfen.

Es ist der Traum von einer Schule, in der die Kinder sich ihre geistigen Genüsse selbst erarbeiten und in der ihnen nicht das Wissen mit großen Löffeln einverleibt wird. Es ist der Traum von einer Schule, in der die Schüler sich selbst einzuschätzen lernen und die Lehrer erst auf den Wunsch der Schüler hin Prüfungen abnehmen. Key hatte eine Schule vor Augen, in der die Bibliothek das größte, schönste und wichtigste Lehrerzimmer ist, und Schulhäuser, die Kunstwerke beherbergen und die von großen Gärten und Handwerksräumen umgeben sind.

Es ist ein Traum geblieben. Es gibt Schulen, die sich hier und dort dem Traum annähern; einige sind schon erwähnt worden. Aber in den mehr als hundert Jahren, die seit dem Manifest vergangen sind, ist vieles auch ganz beim Alten geblieben. Noch immer hocken viele Schüler in statischen Reihen mit Blick zur Tafel und hören mehr oder weniger (des-)interessiert den Monologen ihrer Lehrer zu. Noch immer richtet sich alles auf Prüfungen, deren Sinn und Ziel für viele Jugendliche allein im Bestehen und Hintersichbringen liegt. Noch immer fehlt den meisten Schulen Platz für ordentliche Arbeitsräume. Die Lehrer werden zusammengepfercht in Aufenthaltshallen, die Schüler werden über dunkle Flure geschickt. Noch immer fehlt es an einer systematischen Feedback-Kultur, bei der die Schüler signalisieren können, wie der Unterricht bei ihnen ankommt und welche Probleme sie gerne lösen möchten.

Die Schulen brauchen Unterstützung, um effektiver und einladender zu werden. Es reicht nicht, die Schulen mit Vergleichstests zu überziehen. Die Prüfer kommen und gehen. Zurück bleiben die Kinder.

Die ganze Testerei, die im Windschatten von PISA entstanden ist, bringt nur etwas, wenn daraus der Ansporn gewonnen wird, etwas zu verbessern. Dafür brauchen die Lehrer Hilfe. Zugleich muss verhindert werden, dass die Schulen eindimensional werden und beispielsweise die kulturelle Bildung, die nicht Gegenstand standardisierbarer Tests ist, marginalisiert wird.

Der alte Spruch, beim Lernen gehe es um Kopf, Herz und Hand, ist noch immer wahr. Und noch immer setzt die Schule viel zu oft auf den Kopf, ohne auch Herz und Hand einzubeziehen, noch viel zu oft ist sie eine allenfalls ordentlich, aber nicht leidenschaftlich verwaltete, eine bestenfalls kluge, aber kühl berechnete und berechnende Institution.

Kinder und Jugendliche brauchen eine Schule mit Herz. Sie darf nicht als unpersönliche Stoffabspulanlage organisiert sein. Sie darf ihre Schüler freilich nicht bedrängen, sie muss Distanz und Takt wahren. Sie muss großen Wert auf das soziale und emotionale Lernen legen und sollte weit mehr sein als eine Wissensvermittlungsbehörde mit angeschlossener Zeugnisvergabestelle.

Die Schulen müssen so weit wie möglich in echte Lebens- und Lernräume verwandelt werden: in Gemeinschaften, in denen nicht gestresste Unterrichtsfunktionäre die Schüler Wissen aufsagen lassen, sondern in denen gemeinsam gefragt, gezweifelt und geforscht wird. In eine Schule, die kein Angstbetrieb ist, sondern ein Atelier, in dem Kinder sich ausprobieren können und in dem sie sich trauen, Fehler zu machen. Eine Schule, in der jedes Kind genügend Zeit und Hilfe bekommt, um aus seinen Fehlern zu lernen.

Jeden Tag aufs Neue muss die Schule ihre Schüler und Lehrer einladen zum großen Fest der Bildung. Und dann wird ausgiebig gefeiert.

Anmerkungen

[1] „Zwang funktioniert", Interview im „Spiegel", 4/2011, S. 128f. Chuas Erziehungstagebuch erschien auf Deutsch unter dem Titel: „Die Mutter des Erfolgs. Wie ich meinen Kindern das Siegen beibrachte", Nagel & Kimche, München 2011.

[2] „Viele britische Eltern für Prügel in der Schule", Deutsche Presse-Agentur, 16.9.2011. Die Umfrage wurde im Auftrag des Magazin „Times Educational Supplement" vom Meinungsforschungsinstitut YouGov durchgeführt. Befragt wurden mehr als zweitausend Eltern.

[3] David Cameron: „Speech on Free Schools", dokumentiert in „Huffington Post", 9.9.2011.

[4] Vgl. Gerhard Roth: Bildung braucht Persönlichkeit. Wie Lernen gelingt. Klett-Cotta, Stuttgart 2011.

[5] So sagte es der Marburger Entwicklungspsychologe und Experte für Hochbegabung, Detlef H. Rost, in einem Interview der „Süddeutschen Zeitung", 31.1.2010.

[6] Christian Füller: Sündenfall. Wie die Reformschule ihre Ideale missbrauchte. DuMont, Köln 2011.

[7] Jürgen Oelkers: Eros und Herrschaft. Die dunklen Seiten der Reformpädagogik. Beltz, Weinheim 2011.

[8] Martin Buber: Reden über Erziehung. Gütersloher Verlagshaus 2005, S. 65.

[9] Die geschilderte Szene ist real und spielte sich so im Sommer 2010 an einem Gymnasium ab. Der Ausruf „Setzen!" fiel dabei freilich nicht. So was hören Schüler heute kaum noch, da sie ja in der Regel nicht mehr aufstehen müssen, wenn der Lehrer sie etwas fragt.

[10] Entsprechende Befunde (unter Rückgriff auf eine Befragung von 1200 Gymnasiasten) waren Thema auf dem „Deutschen Schmerzkongress" im Oktober 2010. Die Mediziner dort fragten, ob die Verdichtung und Beschleunigung des Lebens auf die Dauer die Gesundheit schädigen werden. Sie empfahlen mehr Bewegung für Schüler und mehr Raum für Entspannung.

[11] John Dewey: Demokratie und Erziehung. Beltz, Weinheim 2000, S. 62.

[12] Vgl. etwa die renommierte Lernforscherin Elsbeth Stern in einem Interview in „Futura", 4/2008. Und zum „milden Stress": Gerhard Roth: Bildung braucht Persönlichkeit. Wie Lernen gelingt. Klett-Cotta, Stuttgart 2011.

[13] Lloyd deMause (Hrsg.): Hört ihr die Kinder weinen. Eine psychogenetische Geschichte der Kindheit. Suhrkamp Verlag, Frankfurt a. M. 1980, S. 12.

[14] In Katharina Rutschky (Hrsg.): Schwarze Pädagogik. Quellen zur Naturgeschichte der bürgerlichen Erziehung. Ullstein Verlag, München 2001, S. 437. Rutschkys Anthologie hat geholfen, die Geschichte der schulischen Gewalt aufzuarbeiten. Leider hat Rutschky später unter dem Schlagwort „Miss-

brauch des Missbrauchs" dazu beigetragen, die Probleme sexueller Gewalt in der Gesellschaft zu verharmlosen – im Falle der Odenwaldschule beispielsweise wurden die Opfer jahrelang nicht gehört und ernst genommen. Rutschky war mit Kreisen der Täter gut bekannt und vernetzt. Für eine kurze Geschichte der Prügelpädagogik siehe auch Benno Hafeneger: Strafen, prügeln, missbrauchen. Gewalt in der Pädagogik. Brandes & Apsel, Frankfurt a. M. 2011.
[15] In Katharina Rutschky (Hrsg.): Schwarze Pädagogik. Quellen zur Naturgeschichte der bürgerlichen Erziehung. Ullstein Verlag, München 2001, S. 149 und S. 243.
[16] Hermann Hesse: Unterm Rad. Suhrkamp Verlag, Frankfurt a. M. 2005 [1905/06], S. 57.
[17] In Katharina Rutschky (Hrsg.): Schwarze Pädagogik. Quellen zur Naturgeschichte der bürgerlichen Erziehung. Ullstein Verlag, München 2001, S. 172.
[18] Kathrin Friedl: Schulzeit. Wie's früher war. Böhlau, Wien 2010, S. 108.
[19] Jürgen Oelkers, Eros und Herrschaft.
[20] Mitteilung des Kinderschutzbundes vom 8.11.2010. Insgesamt sind autoritäre Erziehungsstile in den vergangenen Jahrzehnten rückläufig, aber laut dem Generationenbarometer 2009, einer repräsentativen Befragung des Instituts für Demoskopie Allensbach, ist noch fast jeder vierte unter 30-Jährige als Kind mit Schlägen bestraft worden. Bei den Befragten ab 60 Jahren jeder zweite. Anfang der 1990er Jahre berichteten noch 81 Prozent der Jugendlichen in einer Emnid-Umfrage von Ohrfeigen, 30 Prozent von einer „Tracht Prügel", vgl. Benno Hafeneger: Strafen, prügeln, missbrauchen. Brandes & Apsel, Frankfurt a. M. 2011, S. 17ff.
[21] Kriminologisches Forschungsinstitut Niedersachsen (KFN): Kinder und Jugendliche in Deutschland: Gewalterfahrungen, Integration, Medienkonsum, Forschungsbericht Nr. 109, 2010.
[22] Die zuletzt genannten Angaben beziehen sich auf Studien in Österreich von Volker Krumm und Susanne Weiß; es gibt wenig Anlass zu vermuten, dass die Situation in Deutschland ganz anders wäre. Die Angaben davor zu den Demütigungserfahrungen der Schüler stützen sich auf eine deutsche Untersuchung: Kriminologisches Forschungsinstitut Niedersachsen (KFN): Jugendliche in Deutschland als Opfer und Täter von Gewalt, Forschungsbericht Nr. 107, 2009.
[23] Nach einer lokalen Studie der Universität Freiburg sind innerhalb eines Jahres mehr als 40 Prozent der Lehrer Pöbeleien ausgesetzt, vier Prozent werden bedroht, 1,4 Prozent körperlich attackiert.
[24] Vgl. Mechthild Schäfer/Gabriela Herpell: Du Opfer! Wenn Kinder Kinder fertigmachen. Rowohlt Verlag, Berlin 2010.
[25] In Katharina Rutschky (Hrsg.): Schwarze Pädagogik. Quellen zur Naturgeschichte der bürgerlichen Erziehung. Ullstein Verlag, München 2001, S. 25–33 und 41–42.
[26] Ulrich Bröckling: Das unternehmerische Selbst: Soziologie einer Subjektivierungsform, Frankfurt/M., Suhrkamp 2007.

[27] Zafer Senocak: Deutschsein. Eine Aufklärungsschrift. Edition Körberstiftung, Hamburg 2011.

[28] Deshalb ist es schädlich, wenn man bei Kindern von Einwanderern den Eindruck weckt, ihre Muttersprache sei wenig wert und müsse zugunsten des Deutschen einfach über Bord geworfen werden. Es ist glücklicherweise unstrittig, dass jedes Kind so früh wie möglich sehr gut Deutsch lernen muss. Aber die Wertschätzung und Anerkennung für andere Sprachen – und nicht nur für das Englische, Italienische, Französische – dürfen darüber nicht verlorengehen.

[29] Vgl. Remo Largo: Lernen geht anders. Bildung und Erziehung vom Kind her denken. Edition Körber-Stiftung, Hamburg 2010, S. 40 ff.

[30] Aus einem Gespräch mit Gisela Schultebraucks, der langjährigen Rektorin der Grundschule Kleine Kielstraße, die mit dem Deutschen Schulpreis ausgezeichnet wurde. Der Rektorin war es gelungen, aus ihrem Kollegium ein echtes Team zu formen, das gemeinsam Unterrichtseinheiten herstellt und sich überlegt, wie es die Schüler noch besser fördern und gerade jenen helfen kann, die von ihren Familien nicht unterstützt werden. Die Schule wurde außerdem ausgebaut zu einem sozialen Zentrum, einem Ort, an dem Mütter Deutsch lernen und Väter Hilfe bekommen, wenn sie Probleme mit Ämtern haben.

[31] Aus den „Techniken des Strafens" (1902) von A. Matthias, in: Katharina Rutschky (Hrsg.): Schwarze Pädagogik. Quellen zur Naturgeschichte der bürgerlichen Erziehung. Ullstein Verlag, München 2001, S. 426–431.

[32] Vgl. Joachim Bauer: „Die Bedeutung der Beziehung für schulisches Lehren und Lernen. Eine neurobiologisch fundierte Perspektive", in: Pädagogik, 7–8/2010, S. 6–9.

[33] Manfred Prenzel „Deutsche Lehrer müssen die Stärken ihrer Schüler sehen", in: „Frankfurter Allgemeine Zeitung", 20.1.2011, S. 6.

[34] So der Titel eines empfehlenswerten Buches zweier renommierter Psychologen: Aljoscha Neubauer / Elsbeth Stern: Lernen macht intelligent. Warum Begabung gefördert werden muss. DVA, München 2007.

[35] Josef Kraus: Ist die Bildung noch zu retten? Eine Streitschrift. Herbig, München 2009.

[36] So zum Beispiel eine Umfrage unter etwa 10 000 Neun- bis 14-Jährigen, LBS-Kinderbarometer, veröffentlicht am 11.5.2010.

[37] Rede von Roman Herzog am 5. November 1997 auf dem Berliner Bildungsforum im Schauspielhaus am Gendarmenmarkt.

[38] Manfred Prenzel et al. (Hrsg.): PISA 2003. Untersuchungen zur Kompetenzentwicklung im Verlauf eines Schuljahrs. Waxmann, Münster 2006.

[39] Ken Bain: What the Best College Teachers Do. Harvard University Press, Cambridge 2004, S. 22 ff.

[40] Die bayerische Grundschullehrerin Sabine Czerny hat es gewagt, das auch öffentlich auszusprechen – und sich damit viel Ärger eingehandelt. Viele ihrer

Kolleginnen und Kollegen denken ähnlich wie sie, sagen es aber aus Vorsicht lieber hinter vorgehaltener Hand. Vgl. Sabine Czerny: Was wir unseren Kindern in der Schule antun. Südwest, München 2010.

[41] Ken Bain: What the Best College Teachers Do. Harvard University Press, Cambridge 2004, S. 32 ff.

[42] Adolph Freiherr von Knigge: Über den Umgang mit Menschen, 1788, Kap. 10.

[43] Vgl. Uwe Schaarschmidt: „Halbtagsjobber?" Psychische Gesundheit im Lehrerberuf. Beltz, Weinheim 2005.

[44] Vgl. zum Beispiel Inge und Daniel Faltin: Schule versagt. Warum Bildung ein Glücksspiel ist und wie sich das ändern kann. DTV, München 2011.

[45] Udo Rauin: Im Studium wenig engagiert – im Beruf schnell überfordert, in: „Forschung Frankfurt", im Internet unter http://www.uni-frankfurt.de/fb/fb04/download/Rauin_Studierverhalten.pdf. Zudem: „Ein gewisser Schlendrian", Interview in „Der Spiegel", 28.1.2008

[46] Vgl. zum Beispiel: Inge und Daniel Faltin: Schule versagt. Warum Bildung ein Glücksspiel ist und wie sich das ändern kann. DTV, München 2011

[47] Joachim Bauer: Lob der Schule. Hoffmann und Campe, Hamburg 2007, S. 14 ff.

[48] So sieht es auch der Hirnforscher Gerhard Roth. Er fordert: „Schüler sollten jeden Tag die Möglichkeit zur persönlichen Aussprache unter vier Augen haben. Dazu muss, am besten morgens, eine individuelle Sprechstunde vorhanden sein. An diese sollte sich eine rund halbstündige Aussprache des Klassenlehrers mit der Klasse anschließen, in der alle übrigen Probleme zur Sprache kommen können." Gerhard Roth: Bildung braucht Persönlichkeit. Wie Lernen gelingt. Klett-Cotta, Stuttgart 2011, S. 289.

[49] Übrigens sind bundesweit etwa 200 000 Lehrer keineswegs Beamte, sondern Angestellte. Sie verdienen oft mehrere hundert Euro netto weniger als ihre verbeamteten Kollegen. In Berlin werden neu eingestellte Lehrer generell nicht mehr verbeamtet. Auch in anderen Bundesländern und an Privatschulen arbeiten viele Angestellte in den Klassenzimmern. Die Gewerkschaften sprechen von „Beschäftigten zweiter Klasse".

[50] Ich gebe seine Anekdote im Folgenden sinngemäß wieder und belasse ihn zum Schutze der Töchter lieber in der Anonymität.

[51] Dies ergab eine Allensbach-Umfrage unter mehr als 500 Lehrern im Auftrag der Vodafone-Stiftung und des Deutschen Philologenverbands, veröffentlicht am 19.4.2011.

[52] Martin Wagenschein: Verstehen lehren. Beltz Verlag, Weinheim 1991, S. 27.

[53] Ken Bain: What the Best College Teachers Do. Harvard University Press, Cambridge 2004, S. 18 ff.

[54] Vgl. Mareike Kunter et al.: Professionelle Kompetenz von Lehrkräften. Waxmann, Münster 2011.

[55] Martin Wagenschein: Verstehen lehren. Beltz Verlag, Weinheim 1991, S. 52. Wagenschein liefert auch konkrete Beispiele für gründliches, exemplarisches

Lernen (etwa zur Erdrotation). Er war übrigens in den 1920er-Jahren Lehrer an der Odenwaldschule, jenem Internat, dessen „Sündenfall" noch weiter zu behandeln sein wird. Man kann fast sagen: Nahezu alle deutschen Pädagogen von Rang und Namen, die sich in den letzten 100 Jahren mit Fragen guten Unterrichts und kindgemäßer Erziehung auseinandersetzten, hatten irgendwelche direkten oder indirekten Kontakte zur Odenwaldschule und ihren Protagonisten. Das hat das Entsetzen über den Missbrauchsskandal an dieser angeblichen Musterschule entsprechend gesteigert. Glücklicherweise waren nicht alle diese Pädagogen verwickelt in den Missbrauchsskandal. Doch klar ist nun, wie wichtig es ist, zwischen Theorie und Praxis zu unterscheiden und sich nicht auf Traditionen und große Namen zu verlassen.

[56] Vgl. Manfred Prenzel / Lars Allolio-Näcke (Hrsg.): Untersuchungen zur Bildungsqualität von Schule. Waxmann, Münster 2006, S. 99 ff.

[57] Heidemarie Brosche (Hrsg.): Heaven, Hell & Paradise. Wißner Verlag, Augsburg 2010.

[58] Jakob Muth: Pädagogischer Takt. Quelle & Meyer, Heidelberg 1962.

[59] Barbara Bittner: „In den Armen der Lehrerin", „Süddeutsche Zeitung", 12.4.2010.

[60] Jakob Muth: Pädagogischer Takt. Quelle & Meyer, Heidelberg 1962, S. 58 f.

[61] Roald Dahl: Matilda. Rowohlt, Reinbek 1997. Die Geschichte ist auch verfilmt worden (von und mit Danny DeVito).

[62] Schon 1999 hatte der Journalist Jörg Schindler in der „Frankfurter Rundschau" einen Artikel veröffentlicht, der die sexuellen Übergriffe an der Schule aufdeckte – doch es gab kaum eine Reaktion. Der Beitrag wurde von anderen Medien nicht aufgegriffen, die Täter wurden gedeckt und nicht zur Verantwortung gezogen, die Aufklärung an der Schule war halbherzig (oder sogar weniger als das). Erst 2010 wurde das Schweigen endgültig durchbrochen. Vgl. Jürgen Dehmers: Wie laut soll ich denn noch schreien? Die Odenwaldschule und der sexuelle Missbrauch. Rowohlt, Reinbek 2011.

[63] Gustav Wyneken: Eros. Lauenburg, 1921, S. 67/71.

[64] Zu der Tradition und den Wortführern des „pädagogischen Eros" siehe Jürgen Oelkers: Eros und Herrschaft. Die dunklen Seiten der Reformpädagogik. Beltz, Weinheim 2011.

[65] Zitiert nach Thijs Maasen: Pädagogischer Eros. Gustav Wyneken und die Freie Schulgemeinde Wickersdorf. Verlag rosa Winkel, Berlin 1995, S. 104.

[66] Erich Obermayer: Kampf um Odilienberg. Axel Springer Verlag, Hamburg 1948.

[67] Martin Buber: Reden über Erziehung. Gütersloher Verlagshaus, Gütersloh 2005, S. 11–50. Auch andere Reformpädagogen haben frühzeitig vor einer „Liebespädagogik" gewarnt, beispielsweise Siegfried Bernfeld.

[68] Hierzu und zu den folgenden Abschnitten Jürgen Oelkers: Eros und Herrschaft. Oelkers differenziert allerdings zu wenig die sehr unterschiedlichen Traditionen der verschiedenen Landerziehungsheime. So ist Schloss Salem

seit jeher anderen pädagogischen Prinzipien gefolgt als etwa die Odenwaldschule.

[69] Paul Geheeb: Die Odenwaldschule 1909–1934. Hrsg. von Ulrich Herrmann, Edition Paideia, Jena 2010, S. 37.

[70] Jürgen Oelkers: Eros und Herrschaft, S. 137 ff.

[71] Jürgen Oelkers: Reformpädagogik. Klett und Balmer, Zug 2010, S. 272 f.

[72] Jürgen Oelkers: Eros und Herrschaft, S. 182.

[73] Martin Buber: Reden über Erziehung. Gütersloher Verlagshaus, Gütersloh 2005, S. 70.

[74] So zum Beispiel der Psychologe und Therapeut Frank Neuner im Interview mit der „Frankfurter Rundschau" am 25.1.2011 („Das Tabu bleibt").

[75] Ivan Illich: Fortschrittsmythen. Rowohlt Verlag, Reinbek 1983.

[76] Mit Salman Ansari hat der Autor des vorliegenden Buches darüber mehrere Gespräche geführt. Ansari hat seine Erfahrungen an der Odenwaldschule auch schriftlich festgehalten, beispielsweise eindrücklich in seinem Beitrag „Erziehung nach der Päderastie" in der „taz", 2.1.2011. Sehr eindringlich ist im Übrigen Christoph Röhls Dokumentarfilm über die Odenwaldschule: „Und wir sind nicht die einzigen …" (2010).

[77] Vgl. die Expertise des Bildungsökonomen Klaus Klemm für den DGB: „Drei Jahre nach dem Bildungsgipfel – eine Bilanz", DGB Bundesvorstand, Berlin Oktober 2011. Klemm sieht das „Zehn-Prozent-Ziel" noch immer „in weiter Ferne".

[78] „Henzler verteidigt Kürzungen bei Referendaren", dpa-Dossier Bildung/Forschung, 26.9.2011, S. 30.

[79] Der in Ankara geborene und in Deutschland aufgewachsene Schriftsteller Zafer Senocak hat das treffend beschrieben und beklagt, die persönliche Ebene der Kommunikation sei in Deutschland auffällig unterentwickelt. Zafer Senocak: Deutschsein. Eine Aufklärungsschrift. Hamburg, Edition Körber-Stiftung, 2011.

[80] Symposium „Talente entdecken – Talente fördern" der Schleyer- und der Nixdorf-Stiftung am 31.3.2011 an der TU München.

[81] Isabell van Ackeren / Klaus Klemm: Entstehung, Struktur und Steuerung des deutschen Schulsystems. VS Verlag, Wiesbaden 2011, S. 58 ff.

[82] Vgl. „Zukunft durch Bildung", eine Online-Umfrage von Roland Berger, der Bertelsmann-Stiftung, der Bild-Zeitung und der türkischen Zeitung „Hürriyet", veröffentlicht am 14.3.2011. Oder eine Allensbach-Umfrage im Auftrag der Vodafone-Stiftung und des Deutschen Philologenverbands, veröffentlicht am 19.4.2011.

[83] Vgl. auch das entsprechende „Manifest" der langjährigen Bildungssenatorin von Bremen und ihres Mannes: Renate Jürgens-Pieper / Wilhelm Pieper: Schulfrieden. BoD, Norderstedt 2011. In Bremen haben die Parteien einen Kompromiss gefunden und sich darauf geeinigt, die Schulstruktur in den kommenden Jahren nicht wieder umzuwerfen. Im Sommer 2011 haben die

Parteien auch in Nordrhein-Westfalen einen ähnlichen Schulfrieden geschlossen.

[84] Vgl. Isabell van Ackeren / Klaus Klemm: Entstehung, Struktur und Steuerung des deutschen Schulsystems. VS Verlag, Wiesbaden 2011, S. 61 ff.

[85] Heribert Prantl hat diese Funktion der „Schicksalskorrektur" in seinen Kommentaren in der „Süddeutschen Zeitung" oft gefordert. Auch wenn die Macht der Schule und der Kindergärten begrenzt ist: Welche anderen Institutionen sollten es schaffen, Kindern Wege zu zeigen, die ihnen von Hause aus nicht zugänglich sind?

[86] Thomas Rauschenbach: Zukunftschance Bildung. Juventa, Weinheim 2009, S. 86 ff.

[87] So eine Allensbach-Umfrage unter mehr als 500 Lehrern im Auftrag der Vodafone-Stiftung und des Deutschen Philologenverbands, veröffentlicht am 19.4.2011.

[88] Vgl. http://schulpreis.bosch-stiftung.de. Den Begriff „pädagogisches Hexagon" verwende ich inspiriert von dem Friedensforscher Dieter Senghaas und seinem Konzept „zivilisatorisches Hexagon".

[89] Aus Humboldts Schrift von 1792: „Ideen zu einem Versuch, die Grenzen der Wirksamkeit des Staates zu bestimmen", Trewendt Verlag, Breslau 1851, S. 25.

[90] Ernst Tugendhat: „Gegen die autoritäre Pädagogik", in: Ders.: Ethik und Politik. Suhrkamp, Frankfurt a. M. 1992, S. 20.

[91] Ellen Key: Das Jahrhundert des Kindes, RaBaKa Publishing, Neuenkirchen 2010, S. 208.

Literatur

Isabell van Ackeren / Klaus Klemm: Entstehung, Struktur und Steuerung des deutschen Schulsystems. VS Verlag, Wiesbaden 2011.
Ken Bain: What the Best College Teachers Do. Harvard University Press, Cambridge 2004.
Joachim Bauer: Lob der Schule. Hoffmann und Campe, Hamburg 2007.
Ulrich Bröckling: Das unternehmerische Selbst: Soziologie einer Subjektivierungsform. Suhrkamp, Frankfurt a. M. 2007.
Heidemarie Brosche (Hrsg.): Heaven, Hell & Paradise. Wißner Verlag, Augsburg 2010.
Martin Buber: Reden über Erziehung. Gütersloher Verlagshaus, Gütersloh 2005.
Bernhard Bueb: Lob der Disziplin. Ullstein Verlag, Berlin 2008.
Amy Chua: Die Mutter des Erfolgs. Wie ich meinen Kindern das Siegen beibrachte. Nagel & Kimche, München 2011.
Sabine Czerny: Was wir unseren Kindern in der Schule antun … und wie wir das ändern können. Südwest, München 2010.
Roald Dahl: Matilda. Rowohlt, Reinbek 1997.
Jürgen Dehmers: Wie laut soll ich denn noch schreien? Die Odenwaldschule und der sexuelle Missbrauch. Rowohlt, Reinbek 2011.
John Dewey. Demokratie und Erziehung. Eine Einleitung in die philosophische Pädagogik. Hrsg. von Jürgen Oelkers. Beltz, Weinheim 2000.
Inge und Daniel Faltin: Schule versagt. Warum Bildung ein Glücksspiel ist und wie sich das ändern kann. DTV, München 2011.
Kathrin Friedl: Schulzeit. Wie's früher war. Böhlau, Wien 2010
Ernst Fritz-Schubert: Schulfach Glück. Wie ein neues Fach die Schule verändert. Herder, Freiburg 2008.
Christian Füller: Sündenfall. Wie die Reformschule ihre Ideale missbrauchte. Dumont, Köln 2011.
Paul Geheeb: Die Odenwaldschule 1909–1934. Hrsg. von U. Herrmann, Edition Paideia, Jena 2010.
Benno Hafeneger: Strafen, prügeln, missbrauchen. Gewalt in der Pädagogik. Brandes & Apsel, Frankfurt a. M. 2011.
Hermann Hesse: Unterm Rad. Suhrkamp Verlag, Frankfurt a. M. 2005 [1905/6].
Wilhelm von Humboldt: Ideen zu einem Versuch, die Grenzen der Wirksamkeit des Staates zu bestimmen. Trewendt Verlag, Breslau 1851 [1792].
Ivan Illich: Fortschrittsmythen. Rowohlt Verlag, Reinbek 1983.
Renate Jürgens-Pieper / Wilhelm Pieper: Schulfrieden. BoD, Norderstedt 2011.

Ellen Key: Das Jahrhundert des Kindes. RaBaKa Publishing, Neuenkirchen 2010.

Eckhard Klieme et al.: PISA 2009. Bilanz nach einem Jahrzehnt. Waxmann Verlag, Münster 2010.

Josef Kraus: Ist die Bildung noch zu retten? Eine Streitschrift. Herbig, München 2009.

Mareike Kunter et al.: Professionelle Kompetenz von Lehrkräften. Ergebnisse des Forschungsprogramms Coactiv. Waxmann, Münster 2011.

Remo H. Largo: Lernen geht anders. Bildung und Erziehung vom Kind her denken. Edition Körber-Stiftung, Hamburg 2010.

Thijs Maasen: Pädagogischer Eros. Gustav Wyneken und die Freie Schulgemeinde Wickersdorf. Verlag rosa Winkel, Berlin 1995.

Lloyd deMause (Hrsg.): Hört ihr die Kinder weinen. Eine psychogenetische Geschichte der Kindheit. Suhrkamp Verlag, Frankfurt a. M. 1980.

Klaus Mertes / Johannes Siebner: Schule ist für Schüler da. Warum Eltern keine Kunden und Lehrer keine Eltern sind. Herder Verlag, Freiburg 2010.

Alice Miller: Am Anfang war Erziehung. Suhrkamp Verlag, Frankfurt a. M. 1983.

Jakob Muth: Pädagogischer Takt. Quelle & Meyer, Heidelberg 1962.

Aljoscha Neubauer / Elsbeth Stern: Lernen macht intelligent. Warum Begabung gefördert werden muss. DVA, München 2007.

Erich Obermayer: Kampf um Odilienberg. Axel Springer Verlag, Hamburg 1948.

Jürgen Oelkers: Reformpädagogik. Klett und Balmer, Zug 2010.

Jürgen Oelkers: Eros und Herrschaft. Die dunklen Seiten der Reformpädagogik. Beltz, Weinheim 2011.

Manfred Prenzel et al. (Hrsg.): PISA 2003. Untersuchungen zur Kompetenzentwicklung im Verlauf eines Schuljahrs. Waxmann, Münster 2006.

Manfred Prenzel / Lars Allolio-Näcke (Hrsg.): Untersuchungen zur Bildungsqualität von Schule. Waxmann, Münster 2006.

Manfred Prenzel: „Deutsche Lehrer müssen die Stärken ihrer Schüler sehen", in: „Frankfurter Allgemeine Zeitung", 20.1.2011, S. 6.

Thomas Rauschenbach: Zukunftschance Bildung. Familie, Jugendhilfe und Schule in neuer Allianz. Juventa, Weinheim 2009.

Gerhard Roth: Bildung braucht Persönlichkeit. Wie Lernen gelingt. Klett-Cotta, Stuttgart 2011.

Katharina Rutschky (Hrsg.): Schwarze Pädagogik. Quellen zur Naturgeschichte der bürgerlichen Erziehung. Ullstein Verlag, München 2001.

Uwe Schaarschmidt: Halbtagsjobber? Psychische Gesundheit im Lehrerberuf. Beltz, Weinheim 2005.

Mechthild Schäfer / Gabriela Herpell: Du Opfer! Wenn Kinder Kinder fertigmachen. Rowohlt Verlag, Berlin 2010.

Zafer Senocak: Deutschsein. Eine Aufklärungsschrift. Edition Körber-Stiftung, Hamburg 2011.

Heinz-Elmar Tenorth: Geschichte der Erziehung. Juventa Verlag, Weinheim / München 2008.

Ernst Tugendhat: „Gegen die autoritäre Pädagogik", in: Ders.: Ethik und Politik. Suhrkamp, Frankfurt a. M. 1992, S. 17–26.

Martin Wagenschein: Verstehen lernen. Beltz Verlag, Weinheim 1991.

Ein Modell macht Schule

Ernst Fritz-Schubert
Schulfach Glück
Wie ein neues Fach die
Schule verändert
192 Seiten I Paperback
ISBN 978-3-451-06323-7
Erscheint Januar 2012

Ein Heidelberger Schulleiter führt das Fach »Glück« als Alternative zu Schulangst und Notendruck ein. Es zeigt: Wenn Schüler lernen wie sie glücklich sind stimmt auch die Leistung.

In jeder Buchhandlung

HERDER
Lesen ist Leben

www.herder.de